内容提要

本书聚焦地方综合性大学教师教育实践，围绕地理科学专业师范生教育见习、教育研习、教育实习和教学技能竞赛等重要实践环节，系统阐释地理科学专业师范生教育实践的基本理念、主要内容、操作程序和相关规范性要求，全面提高地理科学专业师范生的教学能力、教学管理能力、教学研究能力等教师专业素质；系统引导地理科学专业师范生在教育实践过程中深入了解国情、了解基层，增强社会责任感、使命感和服务基础教育的师德意识。在此基础上，提出了地理科学专业教育实践基地建设、地理科学专业师范生创新创业策略，并结合浙江省高考、学考地理科改革，针对性研判地理科学专业师范生培养过程的提升着力点。

本书适用于综合性大学或高等师范院校的地理科学、科学教育、人文教育等专业本科生的教育见习、教育研习、教育实习和创新创业竞赛，也可供其他有志于从事教师职业的非师范专业学生开展教育实践活动参考。

普通高等学校地理与城乡规划类专业教材

地方综合性大学地理科学专业教师教育实践指导

马仁锋　李加林　徐　皓　袁海红　编著

ZHEJIANG UNIVERSITY PRESS
浙江大学出版社

图书在版编目（CIP）数据

地方综合性大学地理科学专业教师教育实践指导 / 马仁锋等编著. —杭州：浙江大学出版社，2018.9（2023.11 重印）
ISBN 978-7-308-18398-7

Ⅰ. ①地… Ⅱ. ①马… Ⅲ. ①地理学—教学研究—高等学校 Ⅳ. ①K90-4

中国版本图书馆 CIP 数据核字（2018）第 150137 号

地方综合性大学地理科学专业教师教育实践指导

马仁锋　李加林　徐　皓　袁海红　编著

责任编辑　杜希武
责任校对　杨利军　陆雅娟
封面设计　刘依群
出版发行　浙江大学出版社
（杭州市天目山路 148 号　邮政编码 310007）
（网址：http://www.zjupress.com）
排　　版　杭州好友排版工作室
印　　刷　浙江新华数码印务有限公司
开　　本　710mm×1000mm　1/16
印　　张　17
字　　数　342 千
版 印 次　2018 年 9 月第 1 版　2023 年 11 月第 2 次印刷
书　　号　ISBN 978-7-308-18398-7
定　　价　59.00 元

基金项目：

浙江省"十三五"师范教育创新工程建设项目"基于书院制的教师教育综合改革与实践"

宁波大学2016年校级教研项目"高中地理教学改革与地理科学专业培养方案的改进研究"

宁波大学2018年校级教研项目"面向中学地理教学的地理科学专业GIS课程实践教学改进研究"

浙江省"十二五"重点建设教师培养基地项目"通专结合的卓越教师培养基地"

联合资助阶段性成果。

前　言

教育的主要目的是帮助(年轻)人为今天、明天做好准备。然而,教育没有太多地关注未来,因为很难预测什么是未来。但是,在快速变化的社会中经常听到的论点是"年轻人首先需要一个健全的现有知识和基础技能,以避免未来事态发展"。当然,这个论点中有一些事实,但没有理由不去进一步观察。没有关于如何在不久的将来继续下去的想法和疑问,就很难知道应该学习什么知识和技能。关于未来的思考,有许多可想象的,需要特定的技能、知识和思维。与其他学科相比,地理学提供了更多获取知识和技能的机会,以便更清楚地了解地球及其表层事物的运行方式,以及我们在本地以及全球范围内可以采取不同的行动。因此,地理学应该成为全球基础教育的必修科目。年轻人应该能够利用他们的地理教育来帮助自己变得更加自主地进行决策和更多地解决社会疑问。显然,什么是地理教育能为将来所做的贡献,是一个至关重要和具有挑战性的问题。我们甚至认为地理教育是更多地让学生选择关注未来的学习,如考虑地理因素,考虑消费增长、经济和技术结构升级以及地方和全球之间的动态联系所带来的重大社会和环境变化。由于总是有不只一个未来需要思考,所以需要一个重要的工具来分析,讨论和辩论未来总是与"情景"一起发生。在地理课上讨论的问题,我们在情景思考练习上帮助学生了解地球是如何被人类改造。地理教师对情景思考活动参与非常积极,他们总是让学生在批判和思考中,理解或摸索他们国家的未来。这表明地理教师要能够采用清晰的地理视野,描绘、预测与预警未来。正视地理教育,是思考"未来"的必需途径。思考"未来"并不容易但具有挑战性,但考虑到其核心范畴,地理教育有可能成为最重要的推动科学之一。

作为培养地理教师的教学活动,大学地理科学专业教师教育实践必须能够帮助作为实习生的地理教师掌握捕捉学校地理教学过程中学生的原创性、创新性的思维和想法,掌握课堂教学与班级事务中的参与式研讨与情景设置技能,掌握学生家庭、地方与区域环境对学生地理学习兴趣或地理思维影响的辩证分析思维,愿意参与到基础教育活动中重振学校地理课程的魅力和社会功效,能够创造性地针对未来争议性问题以清晰、清新的风格组织地理情景分析工具帮助中学生化解迷茫、彷徨。显然,地理科学专业教师教育实践是在摸索一套能够适应时代发展需求和帮助年轻人勾勒未来的不可或缺的地理教师训练方法。

本书针对教育部于2016年3月17日发文《关于加强师范生教育实践的意见》(教师〔2016〕2号),就加强师范生教育实践提出"明确教育实践的目标任务、构建全方位的教育实践内容体系、丰富创新教育实践的形式、组织开展规范化的教育实习、全面推行教育实践'双导师制'、完善多方参与的教育实践考核评价体系、协同建设长期稳定的教育实践基地、建立健全指导教师激励机制、切实保障教育实践经费投入"等九条意见,进行深入解析;并结合源于宁波师范学院1982年创建的地理教育专业的宁波大学地理科学(师范)专业36年来的教育见习、教育实习案例,围绕学校、学科教师、学生、教师发展学校(实习中学)四类主体的程序性工作与互动逻辑,聚焦地方综合性大学教师教育实践,围绕地理科学专业师范生教育见习、教育研习、教育实习和教学技能竞赛等重要实践环节,系统阐释地理科学专业师范生教育实践的基本理念、主要内容、操作程序和相关规范性要求,全面提高地理科学专业师范生的教学能力、教学管理能力、教学研究能力等教师专业素质;系统引导地理科学专业师范生在教育实践过程中深入了解国情、了解基层,增强社会责任感、使命感和服务基础教育的师德意识。在此基础上,本书提出了地理科学专业教育实践基地建设、地理科学专业师范生创新创业策略,并结合浙江省高考、学考地理科改革,针对性研判地理科学专业师范生培养过程的提升着力点。

本书编撰缘起于2011年宁波大学地理学被立项纳入浙江省"十二五"重点学科建设(浙教高科〔2012〕80号),以及入职原宁波大学建筑工程与环境学院城市科学系(2000年3月—2015年12月)以来参与宁波大学地理科学(师范)专业的教学技能竞赛、教育见习与教育实习的相关感触。在宁波大学建筑工程与环境学院城市科学系杨晓平系主任、李伟芳系主任,地理学科带头人李加林教授的帮助与鼓励下,不断收集地理科学(师范)专业教育实践活动素材,抓住师范生教学实践活动环节请教杨晓平老师的相关问题,化解自己种种的迷思。直到2016年底有幸获批宁波大学2017年优秀青年骨干教师出国访学项目资助,乘访学英国University of Leeds环境学部地理学院之机,借鉴前人相关研究成果并系统整理宁波大学地理科学(师范)专业教育实践素材和自己的点滴想法,得以形成本书。

需要说明的是,本书是由宁波大学地理与空间信息技术系(宁波大学昂热大学联合学院)马仁锋、李加林、徐皓、袁海红通力协作的产出,其中第八章撰写者是李伟芳、李欣露、陆雪亭、张维维、傅杰超、马仁锋,第六章第2.2节素材分别由宁波大学教师发展学校"浙江省象山中学俞炯志、宁波市第三中学柳共和、宁波市第四中学骆海军"等地理科学(师范)专业校外教育实习指导教师提供。全书由马仁锋统稿。

本书的部分研究成果得到浙江省"十三五"师范教育创新工程建设项目"基于书院制的教师教育综合改革与实践"、宁波大学2016年校级教研项目"高中地理教学改革与地理科学专业培养方案的改进研究”、宁波大学2018年校级教研项目“面向中学地理教学的地理科学专业GIS课程实践教学改进研究”、浙江省“十二五”重点建设教师培养基地项目“通专结合的卓越教师培养基地”的资助。

感谢本系荣休教授杨晓平、宁波大学建筑工程与环境学院党委书记王益澄教授、宁波大学建筑工程与环境学院李伟芳教授、宁波大学资产经营有限公司总经理兼党工委书记马敬峰副研究员，在宁波师范学院地理系相关事件与前辈名录整理工作中给予的帮助。

本书引用了许多学者的研究成果和学术思想，虽然已经有标注和说明，唯恐遗漏，敬请谅解！虽然我们付出了巨大的努力，但由于时间仓促、水平有限，书中难免存在这样或那样的问题，恳请读者批评指正！

编　者

2018年3月18日

目　　录

第一章 绪　论

实践教学是地理科学专业师范生培养的重要组成部分，我国师范院校或综合性大学地理科学专业师范生教育实习主要采用各学科混合编队集中定点实习、单个学科集中定点实习、顶岗支教实习、学生分散式回原籍实习、学生分散自主式教育实习等模式。显然，这并未顺应基础教育发展时代需求，也未能将教育实践的见习、研习、实习等环节有机统一。在这其中，如何提升教育教学校内外实践更是值得探讨。

第一节 教育实践趋势与师范生教育实践变革

一、教育实践的组成与发展趋势

(一)组成

高等教师教育的教育实践，包括教育见习、教育研习与教育实习。《教师教育课程标准(试行)》对课程目标、课程内容、课程实施、课程评价、课程保障进行重新构建。地理教师教育实践课程在内容上，既有教学实践、班级管理实践、学校行政管理实践，又有教研实践；既有正式学校实践，又有校外非正式教育机构实践的课程内容。教育实践强调遵循先易后难的规律，实践与反思相结合；课程实施上加强实践课程规划和教育实践指导，优化实践模式和方法；课程评价上拓宽评价的目标，重视形成性评价，提倡评价主体的多元化。

本书中教育实践(Student Teaching)，泛指获得教师资格之前由教育机构组织学生进行的专业教育活动，即包括不脱离日常学习到中小学参观(见习)和研习，也包括脱离大学或师范院校的学生集中一段时间到指定地点进行的实习(综合性教育实习)和研习；亦即教师在职前培养的活动中，学生参观、见习中小学的教育教学活动以及试教等活动。但是，它们时间安排不同，组织形式也各异。

(二)发展趋势

2010 年以来，中国教育部先后发布《教育部关于实施卓越教师培养计划的意见》(2014 年 8 月)、《教育部关于加强师范生教育实践的意见(教师〔2016〕2 号)》(2016 年 4 月)等文件，强调师范生教育实践的重要性和新时代要求。

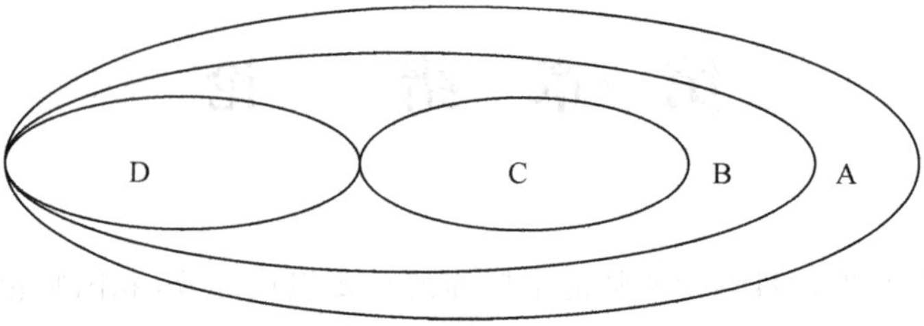

图 1-1-1-1 教育实践的组成及其关系

注释：A 教育实践(Student Teaching)、B 教育实习(Educational Practicum)、C 教育研习(Education Workshop)、D 教育见习(Educational Probation)

《教育部关于实施卓越教师培养计划的意见》对教育实践作出了如下强调：(1)建立高校与地方政府、中小学"三位一体"协同培养新机制，强调明确全方位协同内容。高校与地方政府、中小学协同制定培养目标、设计课程体系、建设课程资源、组织教学团队、建设实践基地、开展教学研究、评价培养质量。培养中等职业学校教师的高校还需加强与行业企业的协同。(2)落实《教师教育课程标准(试行)》，打破教育学、心理学、学科教学法"老三门"的课程结构体系，开设模块化、选择性和实践性的教师教育课程。(3)开展规范化的实践教学。将实践教学贯穿培养全过程，分段设定目标，确保实践成效。建立稳定的教育实践基地和教育实践经费保障机制，切实落实师范生到中小学教育实践不少于 1 学期制度。建立标准化的教育实践规范，对"实践前—实践中—实践后"全过程提出明确要求。实行高校教师和中小学教师共同指导师范生的"双导师制"。建设教育实践管理信息系统平台，探索教育实践现场指导与远程指导相结合的新模式。培养中等职业学校教师的高校还应联合行业企业建立稳定的专业实践基地，实践教学时间不少于 1 学年。

《教育部关于加强师范生教育实践的意见(教师〔2016〕2 号)》对教育实践作出了如下要求：

(1)构建全方位的教育实践内容体系。举办教师教育的院校要坚持把社会主义核心价值观融入教育实践全过程，将教育实践贯穿教师培养全过程，整体设计、分阶段安排教育实践的内容，精心组织体验与反思，促进理论与实践的深度融合。在师范生培养方案中设置足量的教育实践课程，以教育见习、实习和研习为主要模块，构建包括师德体验、教学实践、班级管理实践、教研实践等全方位的教育实践内容体系，切实落实师范生教育实践累计不少于 1 个学期制度。

(2)丰富创新教育实践的形式。举办教师教育的院校要采取观摩见习、模拟教学、专项技能训练、集中实习等多种形式，丰富师范生的教育实践体验，提升教育实践效果。充分利用信息技术手段，开发优质教育实践资源，组织师范生参加远程教育实践观摩与交流研讨，探索建设师范生自主研训与考核数字化平台。要积极开展实习支教和置换培训，鼓励引导师范生深入薄弱学校和农村中小学，增强社会责任感和使命感。要拓宽教育实践渠道，积极探索遴选师范生到海外开展教育实践等多种形式，开阔师范生的视野。

(3)组织开展规范化的教育实习。举办教师教育的院校要制订教育实习课程标准、实施计划、实习手册、评价标准等工作规范，做到实习前有明确要求、实习中有严格监督、实习后有考核评价。教育实习应包括教学实习、班主任实习、教研实习等多项内容，其中，教学实习应保证足量的课堂教学授课时数。实行实习资格考核制度，师范生必须通过相关课程学习和技能考核合格后方可进入教育实习环节。要建立完善以实习计划、实习教案、听课评课记录、实习总结与考核等为主要内容的师范生教育实习档案袋制度。

(4)全面推行教育实践"双导师制"。师范生教育实践由举办教师教育的院校教师和中小学教师共同指导。举办教师教育的院校要安排数量足够的责任心强、教学经验丰富、熟悉中小学教育教学实践的教师，采取驻校指导、巡回指导和远程指导等多种方式进行有效指导。举办教师教育的院校要与地方教育行政部门、中小学协同遴选优秀教研员和中小学教师担任指导教师。培养中等职业学校教师的院校还应联合行业企业，遴选企业专业技术人员和高技能人才担任指导教师。举办教师教育的院校要与中小学、教研机构通过专题研究、协同教研、定期培训等多种形式，不断提高指导教师的专业化水平和实践指导能力。

(5)完善多方参与的教育实践考核评价体系。举办教师教育的院校要以指导教师评价为主，兼顾同伴评价、自我评价、学生评价和实践基地评价，综合运用课堂观察、学生访谈及教育实践档案分析等多样化的方式，全面客观评价师范生教育实践。探索建设师范生教育实践管理系统和教师成长数字化档案，形成从职前培养到职后培训的教师专业发展档案库。完善教育实践与就业一体化的指导体系，大力推动教育实践与就业的有机结合。

(6)协同建设长期稳定的教育实践基地。地方教育行政部门要统筹考虑本地区师范生规模结构和服务面向，与举办教师教育的院校共同遴选建设长期稳定、多样化的教育实践基地。实践基地应具备良好的校风师风、较强的师资力量、丰富的课程资源和教改实践经验，确保能为师范生提供充足的实践岗位、充分的实践机会、有效的实践指导和安全健康的实践环境。鼓励各省(区、市)遴选建设一批示范性教育实践基地，在师范生教育实践、教师培训、教育教学研究、基地学校发展等多方面建立合作共赢的长效机制。中小学要将接纳师范生教育实践作为应尽义务和重要责任，地方教育行政部门要将接纳师范生教育实践作为中小学工作考核评价和特色评选的重要内容。

二、师范生教育实践变革导向[①]

(一)重实践:好教师是“练出来”的

教师是实践性很强的职业。过去教育实习时间大多不到8周,远远达不到培养合格教师的要求。近年来,一些师范院校切实强化实践教学环节,师范生的教育教学实践能力得到显著提升,师范生的职业情感和社会责任感不断加强,受到越来越多中小学的广泛欢迎和好评。《意见》强调,师范院校要推动教育教学改革创新,打破教育学、心理学、学科教学法“老三门”的课程结构体系,开设模块化、选择性和实践性的教师教育课程,注重在课程中充分融入优秀中小学教育教学案例。要通过建立稳定的教育实践基地和教育实践经费保障机制、实施高校教师和中小学教师共同指导师范生的“双导师制”、建立标准化的教育实践规范等举措,切实落实师范生到中小学教育实践不少于1学期制度,提高教育见习实习等实践教学的质量。

(二)促创新:教师培养必须适应信息化时代

信息技术的全面渗透深刻影响着教育理念、模式和走向,教育发展必须适应信息化时代的特征。近年来,越来越多的师范院校认识到,只有持续不断地培养一大批掌握教育技术、具有创新思维、能适应信息化教育环境的未来教师,才能从容面对从小成长于信息化环境的未来学生。《意见》强调,要推进以“自主、合作、探究”为主要特征的研究型教学改革,着力提升师范生的学习能力、实践能力和创新能力。要充分利用信息技术变革教师教学方式和师范生学习方式,提升师范生信息素养和利用信息技术促进教学的能力。

(三)强队伍:培养教师的教师最关键

教师教育师资队伍,是师范生培养最重要的“软实力”,同时也是师范生培养院校的“软肋”。培养党和人民满意的好教师,必须对症下药,在队伍建设方面“做文章”。《意见》明确要求,建立高校和中小学教师专兼职结合的教师教育师资队伍共同体,鼓励高校与中小学、教研机构、企事业单位和教育行政部门积极探索“协同教研”“双向互聘”“岗位互换”等教师发展新机制,并对高校教师教育类课程教师提出深入中小学等兼职任教、挂职实践每五年不少于一年的要求。同时要求,计划实施高校要在岗位职数、评聘条件等方面专门制定相关政策,为学科课程与教学论教师的职务(职称)晋升创造条件。

---

① 教育部教师工作司.加强师范生教育实践着力培养“四有”好教师——教育部教师工作司负责人就加强师范生教育实践答记者问.http://www.moe.edu.cn/jyb_xwfb/s271/201604/t20160411_237636.html,2016-04-12.

三、师范生教育实践模式的创新方向

(一)优化管理模式:统一领导和系(专业负责人)—实践基地联动负责

高等师范教育实践面临着大学机构行政化、层级化领导的多重协调困境,师范生教育实践涉及学校领导校教务、计划财务、后勤管理、国际合作、人事、资产与实验室管理等校级领导与行政机构,分别应对师范生教育实践的总体定位、培养方案与教育实践统筹或协调、实践经费保障与报销、实践活动的通勤保障、师范生国际化实践、实践过程校内外导师责任与权利的评判、校外实践基地(中小学、幼儿园、职业学校)签约与后续营运投入等。在师范生教育实践具体落实与组织管理过程中,专业负责人和系、专业年级班主任或辅导员肩负着全流程的动员、辅导、质量抽查与监控、收集保存各类影像与学生实践过程档案、实践过程的安全与对外联络、筹谋校外导师聘任与进课堂,以及对学院、学校负责等等。于是,作为一个日常性的教学活动,师范生教育实践活动不得不诉求相关行政机构的支持和学校的重视。为避免相关困境,现有教育部直属师范大学纷纷加强校内教师教育办学资源的统筹与组织协调,要么成立校级教师教育办公室隶属于教务处,如陕西师范大学于2008年5月设立挂靠教务处的副处级建制的教师教育办公室;要么成立教师教育学院统筹学校教师教育对外职能与校内学科性学院之间的协调,尤其是校外实践基地、校外导师、师范生教学技能校级大赛等,如北京师范大学、华东师范大学成立教师教育学院。当然,地方综合性大学也纷纷学习教育部直属师范大学探索教师教育的统筹制度与机构改革,焦点在于如何负责学校实施国家教师教育的管理和协调工作、教师教育和基础教育专项课题研究与建设的组织工作、本科与研究生教育一体化的教师教育人才培养改革的实施工作以及教师教育创新实验区建设工作等。于是,多所地方综合性大学在教师教育招生逐渐压缩情景下,将教育实践的领导交由本科教学主管副校长全面处理,确定在学校教务处设立教师教育科或归属实践科,负责教师教育人才培养规格和质量监控,并将具体性事务工作交由学校教师教育学院(一般设有心理学、教育技术学、普通教育学等本科专业和硕士研究生学位点),由其统筹师范专业所在的各学科性学院的校内师范生教师教育课程模块的日常教学与课程见习;校级层面的师范生技能大赛;学硕(课程与教学论或教育学硕士)或专硕(学科教学教育硕士)本硕一体化培养方案;学校校外实践基地(浙江省称之为教师发展学校,有些省份称之为实习学校/基地)建设方案等等。当然,具体的各学科性师范生教育实践过程由其培养系(学院)与专业统筹日常教学活动管理。

(二)重构衔接方式:一体化"见习—研习—实习"

教师教育实践涉及教育教学的见习、研习、实习三个阶段,内容、时长、学生认知与操作、实践地点等方面都存在差异。如何从实践时长、地点、内容(听课、备课、评课、学生指导、实验教学、基础教育与班级调查等)、双导师指导方式等方面提供详尽的统筹与衔接，是当今教育实践各阶段割裂导致的教育实践成效不显著的突破路径。为此，应分步改进各阶段工作流程，通过构筑"一体化"工作制度、多元化沟通交流平台形成"一体化"教育实践模式，实现教育见习、教育研习与教育实习的有序连贯。

(1)见习阶段，是师范生首先产生教师职业体验的阶段，不应是单纯的参观与考察，更重要的是循序渐进地培养学生对所学专业以及教师职业的兴趣与热情，激发学生学习专业理论知识与提升教学水平的积极性，为进入教育研习和教育实习阶段创造条件。改进见习阶段工作的主要抓手是：明确每次见习的任务和要求(性质、任务、规范、纪律和安排)，激发师范生的积极性，由系与专业负责人负责。①师范生初次走进实践基地，探索教学实践过程，以体验、观察为主，要求学生听课，做好听课笔记和观察记录。②学会观察，要求至少撰写3份教案，与指导教师进行更为深入的交流，探讨教学实践问题。③要求师范生能够进行一次讲课或者由小组代表进行讲课，全体组员评课，从而直接获得实践经验。同时，思考教育实践中的问题，为教育研习铺垫基础。难点在于如何做好每次见习之后的总结与反思，以及将"走出去"与"请进来"相结合。

(2)研习阶段，应以见习的问题为驱动，全面提升双导师的过程指导。以教师教育模块课程见习与第6学期的综合性见习观察、交流为基础筛选研习兴趣与议题，并在双导师制指导下完善研究问题的可行性、可驾驭性、研究价值等，形成完善的教育研究课题申报书与工作计划。随后在双导师的连续性、多样化交流平台(小组讨论、网络会议、实地指导)开展与实施。最后，教育研习为了保障学生研究能力和双导师指导便利性，可以2～3人一组完成相关研究议题，并需要进行分组汇报与评析。

(3)实习阶段，是教育实践运行的关键环节，是师范生完成角色转变顺利走向教师岗位的奠基石。①完善教育实习阶段的反馈渠道，搭建双导师与学生交流平台，有机统筹市内实习、异地实习和自主实习的工作规范化；大学教育质量主管部门与师范生所在专业/系应不定期对实习基地(学校)进行考察与督导，构建师范生、基地学校指导教师、高校指导教师三方合作平台。②丰富师范生的实习内容与体验途径，开拓除听课评课、讲课、班级管理、校情调查与地方校本教材开发等常规工作之外的实习内容，如帮助中学指导教师收集、整理教育项目的素材与国际文献；围绕毕业论文设计调查问卷；分析班级学生个案；承担学校社会活动协助工作等。③诊断与解剖实习全过程。针对本地城区实习学校、农村实习学校和异地实习学校，分组汇报与研讨，在双导师评析下进行剖析诊断并写出实习总结报告，甄别出每位学生教育教学技能的长短处。

厘清教育实践各阶段的内容与重难点之后，需要一体化"教育见习、研习、实习"，这是一个循序渐进、连贯统一的教学实践模式。未来，应以分步提升各阶段工作内容和工作要求为基础，逐渐建立一致性、一体化的管理制度，可从组建教育实践联合领导小组、加强各环节保障衔接、优化招生模式、制作"师范生成长档案袋"四方面着手，实现教育实践各环节的规范化、制度化、操作化与责权利激励分明的教育实践模式。

(三)搭建双导师指导平台:虚拟社区研讨与分组评析

以师范生为中心，以双导师为两翼，创建研习项目小组会、专业兴趣小组、示范课集体研讨会等的载体，如可以是现场实景，也可以是录像或微格，也可以是利用远程可视化系统(微信、Skype、学校专用远程视频教室等)的虚拟讨论会等，强调师范生、校内外导师在教育实践过程的集体研讨理论互补、思想交锋和智慧的碰撞，形成以教育实践改进为载体的研习氛围，为所有参与者提供平等对话协商的机会，落实集体参与、观察和反馈，促进教育教学实践共同体的成长。同时，系统落实师范生、实习基地(学校)和本系教师之间的多边研讨、评析、反思。

第二节 院校合并与地方综合性大学地理科学师范教育探索

一、地方高等师范教育主体趋向地方综合性大学主导

1990 年以来的中国高等教育机构改制、合并、升本，导致地方教育学院、高等师范专科学校等等变身综合性大学(或学院)的一部分。据不完全统计，现有开设地理科学(师范)专业的综合性大学如表 1-2-1-1 所示，除武汉大学外，其他综合性大学的地理科学(师范)专业源头均来自合并前的师范学院或高等师范专科学校。现有教育部直属师范大学每年地理科学(师范)专业本科生招生人数占全国该专业招生量的 5%左右，各省份师范大学(或师范学院)和本省综合性大学招收的地理科学(师范)专业学生成为本省中学地理科师资的主体。这说明随着我国高等教育发展，综合性大学开办师范教育已成为我国师范教育改革与发展的趋势。综合性大学开办师范教育，具有教育资源丰富、学术水平高、学科门类多、国内外学术交流频繁，能开阔学生视野、提高师范生的综合素质的优势。

综合性大学往往过于注重师范生学科专业知识和专业教育理论的学习，忽视师范生教育技能的有效培养，从而导致师范毕业生教育技能的专业化程度不高、岗位适应期偏长、工作成效欠佳等问题。同时，高等师范教育在综合性大学中的招生、教学管理、科研、教师职称等方面面临着诸多挑战，如招生比重逐年缩减、教师教育实习与其他理工农医实习不加区别对待、教师教育专业师资考核评聘标准简单等同所在文史哲理等学科的应用型专业，师范生教育实践时长、经费被削减等

等。在教师教育实践方面，综合性大学的师范教育存在以下问题[①]：(1)综合性大学的师范氛围普遍弱化，师范生职业意识和职业认同感不强。(2)综合性大学培养的师范生教学技能明显缺乏，与师范院校培养的师范生相比，在就业竞争中处于劣势。(3)体现师范特色的传统教学技能“三字一话”，已不适应新基础教育的需要，亟待研制新的师范生教学技能体系和考核标准。

表 1-2-1-1　1990 年以来合并组建综合性大学开设地理科学(师范)专业的院校(不完全统计)

省份	学校名称
浙江省	宁波大学
广东省	广州大学、韶关学院、嘉应学院、惠州学院
山东省	青岛大学、鲁东大学、临沂大学、德州学院、泰山学院、枣庄学院
江苏省	扬州大学、南通大学
江西省	九江学院
重庆市	西南大学
湖北省	武汉大学、湖北文理学院、湖北科技学院
湖南省	湖南科技大学、湖南文理学院、邵阳学院
河南省	许昌学院、平顶山学院
河北省	石家庄学院、邢台学院、唐山学院、邯郸学院
新疆维吾尔自治区	石河子大学、喀什大学
吉林省	延边大学
黑龙江省	齐齐哈尔大学、佳木斯大学、哈尔滨学院
辽宁省	沈阳大学、大连大学
福建省	闽江学院
陕西省	陕西理工大学、宝鸡文理学院、商洛学院
贵州省	凯里学院、铜仁学院、安顺学院
广西壮族自治区	钦州学院

二、地方综合性大学师范教育实践的行动策略

2003 年，张翼然在《合并组建类综合性大学师范教育的回顾与思考》指出合并组建的综合性大学师范生培养模式有四类：“4＋0”分专业培养模式、“3＋1”分流培养模式、“2＋2”大学科分段培养模式、双专业培养模式[②]。显然，院校合并重组类

① 孙玉丽. 师范生教学技能考核实践探索[J]. 宁波大学学报(教育科学版)，2012，34(5)：80-84.

② 张翼然. 合并组建类综合性大学师范教育的回顾与思考[J]. 青岛大学师范学院学报，2003(2)：71-75.

综合性大学，其师范教育在培养模式等方面已经被关注并已经开展了积极的实践和探索。2010年以来，随着国家教师教育变革和基础教育教师执业资格考试制度的实施，如何提升地方综合性大学师范教育实践，成为各地方大学教师教育变革的核心标靶。当前，各地方综合性大学在国家"双一流"、省重点高校以及国家高考新一轮改革政策驱动下开始大规模优化调整本科专业，师范类专业与学科首先成为缩减对象，并诱发各高校对教师教育的通盘考虑，主要集中在：(1)基于学校整体发展战略，重新认识与界定地方综合性大学的师范教育优劣势，顺势停招一些专业，如宁波大学将主要保留中学师资的语数外和小学教育师资对应的高等师范教育专业，这有助于地方综合性大学集中力量办教师教育，并树立相对省属师范大学的品牌。(2)整合师范教育专业形成教师教育学院协助学校统筹师范教育实践，提升教师教育的师范性与学术性，并在此基础上优化专业课程模块与通识素养模块，提升教师教育的学科交叉与融合，如南京师范大学。(3)基于国家教育部即将实施的《普通高等学校师范类专业认证实施办法(暂行)》(教师〔2017〕13号)，全面优化教师教育培养模式与课程体系，重点聚焦课程与教学、合作与实践、师资队伍、支持条件，其中对教育实践的课程体系、时间长短、教育实践基地、微格教学、语言技能、书写技能、学科实验教学实训室等尤其重视。(4)重视多学科在师德教育中的贡献，强化与基础教育界、地方教育行政部门的多边协同，系统适应中小学课程改革的需要，调整教师教育模块课程群，加强信息技术教育和教育见习、教育实习、教育研习等实践环节。

三、地方综合性大学地理科学专业教师教育实践探索

(一)遵循学校师范生教学技能竞赛与教育实习的统筹与质检

梳理各地方综合性大学对教学实践相关环节年度安排，各高校教务部门根据日常教学安排每年都例行发文对师范生教学技能竞赛(表1-2-3-1)和教育实习(表1-2-3-2)做出统筹，相关教育见习与教育研习作为课程予以实施。可知：(1)地方综合性大学地理科学专业教师教育实践在学校统领之下，以相对专业集中的专业混合组队形式入驻教师发展学校(实践中学)进行教育实习，当然也允许个别学生自主回原籍学校教育实习；(2)教育实习过程以课堂教学技能、班级管理、师德磨砺与基层教育调查研习为主要内容；(3)强调系负责人、校内指导教师对实习过程的指导与管理，并以学校随机质量抽检为教育实习质检主要途径；(4)强调实践基地对教育实习过程的保障性，以及大学指导教师与外聘中学指导教师的互动及其对实习过程的有效组织等。

表 1-2-3-1 地方综合性大学 N 大学的校级师范生教学技能竞赛组织

关于举行 N 大学第十一届师范生教学技能竞赛暨浙江省高等学校第十一届师范生教学技能竞赛选拔赛的通知

发布时间:2017 年 05 月 19 日 14:04 | 发布部门:教务处 | 阅读人数:128

各相关学院:

为进一步适应基础教育改革发展对师资培养的要求,加强师范生教学基本技能的训练,提高实践应用水平,促进教师教育的发展。经研究,学校决定举办 N 大学第十一届师范生教学技能竞赛暨浙江省高等学校第十一届师范生教学技能竞赛选拔赛。现将有关事项通知如下:

一、组织机构

主办单位:教务处

承办单位:教师教育学院

1.竞赛组织委员会

主任:本科教学主管校长

副主任:教师教育学院院长、教务处主管师范教育副处长

成员:设有师范专业的学科性学院本科教学主管院长

秘书:教师教育学院教务办老师

2.专家委员会由组织委员会聘任,负责制定竞赛方案、设计评审标准、组织竞赛巡视、审定竞赛奖次、处理竞赛异议等问题。

二、竞赛项目

本届竞赛共分普通组和学前组两大竞赛组。其中,普通组包含语文、数学、外语、综合一、综合二和综合三共六个小组;综合一包括历史、思想政治、历史与社会、心理、地理;综合二包括物理、化学、生物、科学、信息技术;综合三包括音乐、体育和美术。

普通组竞赛项目由“教学设计、多媒体课件制作、即席讲演、模拟上课·板书”四个部分组成;

学前组竞赛项目由“教学活动设计和说课、儿童故事讲述、艺术技能展示(音乐、舞蹈、美术)”三个部分组成;

竞赛采用院级选拔赛和全校决赛两个阶段进行。详细规则及评价标准见附件 1。

三、竞赛安排

1. 院级选拔

相关学院要成立“师范生教学技能竞赛”领导小组,按照本通知规定的竞赛内容具体组织实施本学院的竞赛活动。各学院的竞赛活动要求 2014 级师范生必须全部参加,做到人人过关。在全员考核的基础上选拔优秀师范生参加学校竞赛。各相关学院要制定本学院的师范生技能竞赛方案并上报 N 大学师范生技能竞赛组织委员会秘书处并同时发送至教务处,各学院的竞赛要在 6 月 21 日以前完成。届时,N 大学师范生技能竞赛组织委员会将组织相关人员到各学院进行检查,没有组织 2014 级全体师范生参与竞赛的学院,原则上取消该学院的参赛名额。

2. 决赛命题

2017 年 6 月 21 日前根据竞赛项目要求组织专家完成命题。

3. 校级决赛

各学院按参赛名额选拔成绩优异的学生,并指派 1 名带队老师参加全校决赛。具体名额见附件 2。

一、二等奖获得者将优先代表 N 大学参加 11 月下旬的浙江省普通高校第十一届师范生教学技能竞赛。

续表

四、竞赛日程

1. 5月20日—5月27日:宣传发动;

2. 5月27日—6月5日:上报院级竞赛方案;

3. 6月5日—6月21日:院级竞赛准备指导;院级竞赛,并上报参加校级决赛名单;

4. 7月1日:校级决赛。

五、奖项设置和获奖等级评定

决赛分别设立全能奖(教学设计、多媒体课件制作、即席讲演、模拟上课·板书四部分的总成绩)和各类单项奖(教学设计、多媒体课件制作、即席讲演、模拟上课·板书四个项目中其中一项的成绩。如获全能奖的选手同时获单项奖,则只能选择1项),对获奖的学生给予表彰奖励。

省级竞赛的相关信息将在浙江省教育厅网站(http://www.zjedu.gov.cn)以及师范生教学技能竞赛网站(http://www.jsjns.cn)发布。供教师、同学们参考。

六、竞赛办公室联系方法

联系地址:××楼305室

联系电话:×××

联系人:××

E-mail:××

教务处

2017年5月19日

表1-2-3-2 地方综合性大学N大学的校级师范生教育实习统筹

N大学关于2017年师范生教育实习相关工作的通知

发布时间:2017年05月17日 10:17 |发布部门:教务处| 阅读人数:157

各相关学院:

2017年师范生的教育实习各项准备工作即将开始,根据《浙江省教育厅关于深化教师教育改革的实施意见》(浙教师〔2014〕41号)文件精神和《N大学教育实习工作管理办法》(N大政〔2006〕115号)文件的有关要求,现将2017年教育实习工作的相关事宜通知如下,请有关学院认真组织实施。

一、实习时间的安排

1. 2017年本科(含专升本)各师范专业教育实习时间初步拟定在2017年9月11日至12月8日,为期12周。

2. 专科各师范专业教育实习时间初步拟定在2017年9月11日至11月24日,为期10周。

二、实习资格的审核

所有参加教育实习的学生,必须同时满足以下两个条件,方准许参加教育实习。

1. 须参加教师教育相关的教育学、教育心理学、微格教学、教师语言艺术等课程的学习,经考核合格。

2. 须参加N大学师范生教学技能竞赛暨浙江省高等学校第十一届师范生教学技能竞赛选拔赛,师范生教学技能考核必须做到人人过关。

续表

三、实习学校的落实 实习学校的选择应以市教育局公布的教师发展学校为主，教师发展学校的初次联系由教务处统一负责。各学院各专业应结合自身特点与优势，拓宽合作渠道，创新合作模式，与教师发展学校建立紧密的联系，形成互利共赢的工作关系。2017 年度，教育实习学校由各学院预排，未确定的由教务处统筹协调。
四、实习计划的制订 各学院应根据各专业开课计划和教育实习大纲的要求，于 6 月 9 日之前，制订各专业教育实习计划，报教务处备案。
五、指导教师的选派 各学院应选派具有三年以上教学经验，原则上应具有中级以上职称的学科教育学教师担任教育实习指导工作。每位指导教师指导的学生数原则上不超过 8 人。 各学院应对各专业教育实习指导教师应提出明确的工作任务，并对指导教师在教育实习期间的指导工作进行督促、检查。
六、实习学生的准备 实习生应提高对教育实习的认识，强化安全意识，在思想和心理上做好充分的准备。同时，要了解并熟悉本专业课程标准和主流教材的编制理念及基本框架，熟悉教材内容，增强自身对基础教育的适应性，为实习工作做好准备。
七、安全管理的强化 根据《N 大学学生实践教学安全管理办法》(N 大政〔2015〕39 号)文件精神，各学院作为安全管理和安全教育的第一责任人，要为每一位参加实习的学生做好实习期间人身意外保险的投保工作，要层层落实安全管理责任，指定每个实习点的带队教师和每位学生的实习联系人，制定突发事件应急预案，有计划地、有成效地组织开展安全教育活动。
八、实习工作的总结 教育实习结束后，各学院要及时、主动征求实习学校对实习工作的意见和建议，组织好对各专业教育实习计划的执行情况、教育实习质量、存在问题及解决措施、经验体会和建议等进行交流、总结，写出书面总结材料，报教务处备案。各学科性学院作为教育实习过程管理的第一责任人，要做好实习相关过程材料的整理、归档工作。 同时，要灵活运用学习研讨、经验交流等多种形式，搭建起参加实习学生和下一届学生间沟通的渠道，努力实现我校师范生教育实习质量的逐年稳步提升。

九、教育实习工作日程安排

时　间	内　容
6 月 7 日前	★完成自主联系实习学生的审批流程(附件 2，纸质)，填写好参加集中实习学生的《教育实习学生编组情况一览表》(附件 3，实习学校未确定的可先不填)、《自主联系教育实习汇总表》(附件 4)，报教务处备案(电子)。

续表

6月9日前	★各学院成立教育实习工作领导小组(附件1),报教务处备案(纸质、电子)。 ★各专业应制定规范、完整的《教育实习大纲》(附件2),经所在系审核、学院批准后实施,由学院报教务处备案(纸质、电子)。 ★各专业制定《教育实习计划》(附件2),由学院汇总后报教务处备案(纸质、电子)。
6月15日前	教务处完成《2017年教育实习工作手册》编制并下达至各学院。
9月初	★各学院要进行实习前思想动员,开展安全教育活动。 ★各学院要为参加实习学生做好实习期间人身意外保险的投保工作(按照N大政〔2015〕39号文件执行)。
9月11日—12月8日	★学生实习,教师指导,学院、学校检查。
12月15日前	★整理汇总实习材料,确定实习生实习成绩,《教育实习成绩评定表》放入学生档案(附件2,纸质)。 ★做好《自主联系教育实习协议书》《自主联系学生家长承诺书》《自主联系单位接受证明》《听课记载表》《教育实习成绩考核一览表》的整理归档工作(附件2,纸质)。
12月19日前	★推荐优秀实习生和优秀指导教师,总结交流教育实习工作体会,及时召开全学院的教育实习工作汇报交流会(吸收下一届学生参加),写出书面总结材料,报教务处备案(电子)。

教务处

2017年5月17日

(二)细化学校规定贯穿校内外导师督导全程和学科教育实践规律反思

地理科学专业师范生以教育实习为主的教育实践主要发生在第7学期,时间一学期,一般分为实习准备、基地实习、总结反思三个阶段,其中在实习基地(学校)教学实践三个月。基地实习期间节假日以实习基地(学校)工作安排为准。

1. 鉴于与学院其他专业教学实践差异制定了专业教育实践工作职责

(1)依据教务处总体实习安排,制定地理科学(师范)专业教育实习计划;确定地理科学专业负责人(副系主任)全面负责本系实习带队教师遴选和管理,确定地理科学专业年级班主任帮助带队教师解决学生实习管理困难;及时解决教育实习期间出现的管理问题;明确系主任、专业负责人和指导教师不定期的检查实习工作,确保实习质量。

(2)确定专业负责人做好实习基地联系,系主任、班主任协助校内实习指导教师负责实习小组组队、实习动员、实习生护送、看望、接回等工作。

(3)按照学校规定的教师发展学校确定每年地理科学师范专业学生的实习学校,如无变故一般安排在N市三中、N市四中、浙江省N县×中学、N区×中学等实习学校。

(4)利用实习动员大会加强对实习学生的纪律教育、安全教育、实习内容与实习要求教育。

(5)确定系主任、专业负责人、班主任与实习校内外指导教师共同组织实习结束后实习分组汇报、审定学生的教育实习成绩,专业负责人与年级班主任负责协助校内实习指导教师整理、归档相关实习材料,以及实习总结等工作。

2. 细化校内实习带队教师工作职责

(1)实习期间,带队教师是实习学生安全责任第一人,要把师生安全放在首位,要随实习学生在基地学校全程驻校,不得擅自离岗;到每个实习点看望、指导实习生不少于8次。

(2)做好实习前的准备工作。制订本实习组工作计划,协助专业做好实习小组的组队和安排工作,了解实习学生的具体情况,组织实习学生认真学习学校有关实习的规章制度;组织学生学习中小学相关课程标准、教材等;做好实习学生的思想教育和组织工作;做好与实习基地学校的沟通工作,确定学生的实习年级、讲授科目、教材版本、教学进度等;做好实习点指导教师聘书的颁发工作。

(3)协助指导教学实习工作。根据实习学校的教学实习任务,组织实习生备课、试讲、随堂听课、课后评议;全面掌握实习学生的工作情况,及时发现和解决教学实习工作中的问题。

(4)指导班主任见习工作。协助实习学校指导教师分配有关任务,组织实习学生制订班主任工作实习计划,指导实习学生分析了解班级和学生情况,解决有关问题。

(5)指导实习学生开展基础教育调查研究,评阅实习学生基础教育调查研究报告。

(6)根据实习计划安排和实习学校具体情况,完成实习小组各周工作计划和周工作小结,完成指导小组的实习工作总结。

(7)每周向教务处报送教育实习动态(包括新闻稿、图片资料、学生感想、工作小结等)。

(8)与实习学校指导教师共同做好实习成绩评定与总结鉴定工作。

(9)按照学校实习经费的使用规定,管理实习小组经费开支。

(10)加强与学院、实习基地学校的协调沟通,积极解决实习学生在实习过程中出现的各种问题,确保实习工作顺利开展。

3. 专业负责人和实习基地(学校)保持高效沟通与协作

(1)实习生进入前,系主任或专业负责人与实习基地(学校)地理教育组的负责人全面沟通,落实本年度实习学生实习期间的组织、指导和管理工作,明确本年度实习学校地理科教研组的指导教师名录与联系方式,进而协商召开实习学校主管校级领导、教导处、总务处、地理科年级组长、教研组长、指导教师代表等参加的年度实习预备会议，落实本年度实习计划。

(2)落实实习生实习年级及见习班级，选派学科指导教师。

(3)协调解决我校实习带队教师和实习生的食宿等生活问题。

(4)组织相关活动，向实习师生介绍实习地区和学校的基本情况，为实习学生提供必要的工作条件。

(5)与校内带队教师共同做好实习学生成绩评定工作与相关材料的整理存档。

4. 全面落实大学、实习基地(学校)对实习学生的要求

(1)实习学生要按教师标准严格要求自己，实习期间佩戴N大学校徽。

(2)实习生要严格遵守实习学校及N大学的有关规章制度，为人师表，讲究礼貌，衣着整洁，仪表端庄。实习期间，注意自己言行举止，不给中学生及学校带来不良影响。

(3)实习生要自觉接受实习学校指导教师和本校带队教师的管理和指导，充分发挥主观能动性和创造性，团结互助，提高实习质量；对实习学校的意见和建议，要通过带队教师有组织地反映。

(4)学生要按时参加教育实习，实习期间不准私自回家或探亲访友，确有正当事由需暂时离开实习单位，必须亲自履行请假、销假手续，请假时必须提交请假证明。实习生请假一天以内者，须经教育实习基地学校同意，实习带队教师批准；一天以上三天以内(含三天)者，须经教育实习带队教师和实习基地学校同意，学院主管领导批准；三天以上六天以内(含六天)者，由学院主管领导批准，报教务处备案；七天以上(含七天)者，本次教育实习成绩不合格，不予认定相关学分，必须参加下学年教育实习。实习期间，无故离校一天以内者，给予批评教育；无故离校两天以内(含两天)者，令其写出书面检查；无故离校超过三天(含三天)的实习成绩按零分计，必须重修教育实习。

5. 地理科学专业教育实习内容

实习内容主要包括教学工作实习、班主任工作见习和教育调查研习等。实习结束后，每位学生要向所在学院提交《N大学本科生教育实习记录本》、教育实习总结及主题班会设计、课程教学设计、基础教育调查报告和多媒体教学课件各一份。

教学工作实习是教育实习的主要内容：(1)每位学生都应承担本专业的课堂教学任务，熟悉并掌握备课、授课、辅导、批改作业、考试测评等教学基本环节和技能；练习制作一定数量的多媒体教学课件，掌握多媒体辅助教学的基本方法；实习期间授课节数不少于20节，其中授新课不少于10节。(2)同一学校的实习生要经常相互听课和评课，练习说课，掌握说课的基本理论与基本技能。(3)认真研读本学科的课程标准和教学内容，钻研教材。积极关注高考改革，至少练习2套本学科高考题，初步掌握中考、高考命题的基本原则和特点。

班主任工作实习要求：(1)全面了解实习班级内每一个学生，深入分析学生思想、心理、学习、生活状况。关心爱护全体学生，平等对待每一个学生，尊重学生人格。采取多种方式与学生沟通，有针对性地进行思想道德教育，促进学生德智体美全面发展。(2)认真做好班级的日常管理工作，维护班级良好秩序，培养学生的规则意识、责任意识和集体荣誉感，营造民主和谐、团结互助、健康向上的集体氛围。(3)组织、指导开展班会、团队会(日)、文体娱乐等形式多样的班级活动，注重调动学生的积极性和主动性，并做好安全防护工作，掌握班主任工作的原则、内容和方法。实习期间，主持开展的班集体活动不少于3次，其中主题班会不少于2次。

基础教育调查研习要求：(1)在实习期间，每位实习生必须结合教育实习选定一个课题，就相关基础教育教学问题进行调查研究，做到研究选题适切、研究方法科学、研究过程规范、研究表述清晰，最终形成有一定水平的基础教育调查研究报告。(2)调查研习的参考性选题：本地区社会经济发展对教育的要求；基础教育课程改革的进展与实施情况；当地基础教育实施情况；基础教育对教师教育的需求；素质教育对教师的新要求；高考改革对中学教学的新要求；实习学校的办学特色与经验；中学优秀教师的教学案例；中学教育对象的心理、生理特点，学习态度与方法，知识结构与智能水平，思想品德素质等状况及改进措施。

6. 地理科学专业教育实习总结与反思

首要任务是由地理科学专业负责人和系主任在实习基地(学校)进行：(1)召开实习总结答谢会；(2)带队教师组织实习基地学校指导教师对实习生教学工作、班主任工作和基础教育调查研究三项工作进行初步评定，并在每个学生的教育实习记录簿相应位置写出评语和初步得分，最后由实习学校填写综合意见，并加盖实习学校公章；(3)各实习小组在实习学校召开实习小组实习总结会，评选优秀实习生，写出小组实习工作总结；(4)带队教师根据实习基地指导教师评分、实习小组评议结果及实习学生的综合表现按百分制评定实习生最终实习成绩，亲自填写最后评语。

其次是地理科学专业师范生实习小组集体返校后，组织低年级学生全员参与的本年度教育实习总结评审与反思汇报会，随后由校内实习指导教师作出评析，并撰写教育实习工作总结，向学校教务处提交本专业组织完成学校教育实习工作总结。

(三)本书结构与特色

在基础教育改革的环境下，教师教育实践的指导理念、内容和活动形式发生了重大变化，地方综合性大学教师教育实践条件和管理工作的内外部条件也遇到了新情况和新困难。本书聚焦地方综合性大学教师教育实践，围绕地理科学专业师范生教育见习、教育研习、教育实习和教学技能竞赛等重要实践环节，系统阐释地理科学专业师范生教育实践的基本理念、主要内容、操作程序和相关规范性要求，旨在全面提高地理科学专业师范生的教学能力、教学管理能力、教学研究能力等教师专业素质；系统引导地理科学专业师范生在教育实践过程深入了解国情、了解基层，增强社会责任感、使命感和服务基础教育的师德意识。在此基础上，提出了地理科学专业教育实践基地建设、地理科学专业师范生创新创业策略，并结合浙江省高考、学考地理科改革针对性研判地理科学专业师范生培养过程的提升着力点。

本书以宁波大学地理科学专业师范生从教育见习到教育实习全流程为案例，初步阐明学校、学科教师、学生、教师发展学校（实习中学）四类主体的程序性工作与互动逻辑，分析地方综合性大学教师教育实践亟待解决的学、用、管理的规范性问题，对地理科学专业中学师资培养、基础教育研究、大学地理学科教育实践的协同提升具有重要的理论意义和实践价值。

第二章　地理科学专业教育见习内容与组织

教育见习是师范类本科专业教学计划的重要组成部分，是学生进行教学实践的重要环节。教育见习是指师范生或意向从事教师职业的非师范生对中小学教育教学实境进行的观摩、体验活动，一般以教师助手或辅导教师的身份出现，其任务主要是观摩教育教学，参与部分活动，可以是协助教师进行班级管理、学生课业辅导、家校联系等，而不直接从事教学活动①。

第一节　地理科学专业教育见习内容

一、地理科学专业师范生教育见习内涵与类型

(一)教育见习的内涵

教育见习是指师范生在积累了一定的教育科学理论以及专业学科知识的基础上，进入教育现场，实地感受、观察、体悟基地学校的教学情况，为教育实习、教师教学技能考核、教育研习做好心理、精神和经验等储备②。教育见习以每次一周的形式，分别在不同学期开展多次，逐次积累经验，为师范生创造理论联系实际的机会，也使师范生切身感受教师生活，强化师范生的教育信念和敬业精神。教育部直属师范大学和地方综合性大学师范类本科专业，教育见习一般从大二学年开始，师范生每学期有一周的集中见习机会，共计三次。

(二)地理科学专业师范生教育见习内涵

地理科学专业师范生教育见习，是指地理科学专业师范生在积累了一定的教育学理论以及地理学科知识的基础上，进入高中地理(或初中科学/社会)课程教学现场，实地感受、观察、体悟基地学校的地理教学情况，为个人未来的地理教育实习、地理教师教学技能考核、地理教育研习做好心理、精神和经验等储备。

宁波大学地理科学专业教育见习采取学科教育课程(地理科学教学论、地理课

---

① 魏彦红. 教育见习：教师教育的一贯性[J]. 河北师范大学学报教育科学版，2007，9(3)：139-141.

② 叶叶. 教育见习、研习、实习一体化实践模式的问题与管理对策研究[D]. 上海：华东师范大学，2013.

程标准与教材分析、地理信息技术与教学媒体）随课结束见习形式（1～2周）和第6学期的2～3周的地理科学知识与教育教学理论的综合性见习，在不同学期开展多次，逐次积累经验，为地理科学专业师范生创造理论联系实际的机会。

（三）地理科学专业师范生教育见习类型

教育见习按照学生相对专业年级或班级人数集中或分组，可分为集中见习、分散见习。当然集中或分散见习会因见习主题异同而有别。如教师教育某一门课程之中所穿插的教育见习是专题性的，可以集中观摩录像，也可集中去中小学观摩某一学科的2～4节课程；当教师教育全部课程修完所进行教育见习是综合性的，见习时间较长，一般1～2周，且要分组进行。为此，有必要进行分组，分散到各中小学进行见习。

对于地理科学专业师范生而言，因高校该专业招生人数偏少，自然班级人数少，一般结合学校的具体实际，将教育见习分为集中安排的专题见习、分散安排的综合见习两类。其中，专题见习由教育学、心理学、班级管理、地理学科教育学教师结合课堂教学内容加以安排，可采取观看录像和到中学实地观摩等形式；综合见习则采取“分散到学校固定实习基地或就近回原籍中学见习、在本校集中试教”的方式，由学校统一安排时间，学生分组分散，就近联系见习学校，回校后再集中安排试教。

二、地理科学专业师范生教育见习内容

（一）课程性质与教学目标、任务

1．课程性质

本课程是一门教育实践类课程，为期半日（四课时）。听取高中校方的学校简介、办学理念以及优秀教师的课堂教学。课后，听取上课教师的说课分析，以及互动交流。

2．教学目标

学科知识：熟悉高级中学常规教育教学工作以及高中地理课堂教学的流程和技巧，接受职业道德的教育和熏陶。

学科能力：感受高中优秀地理教师的先进教学理念和方法，体验高中教师职业的光荣感和责任感。

学科修养：能够建立起热爱教育工作的思想意识与职业情怀，巩固专业思想。

3．教学任务

通过见习，能够了解见习学校的办学理念，熟悉高中地理课堂教学的基本流程，学习到第一线的教学理念和基本上课技巧。根据教育见习的目的和任务，结合学校特点可将综合见习分成两个阶段。其中第一阶段到中学见习，为期一周；第二阶段在本校试教，分散在两周内进行。在中学的一周见习，该校要求学生见习以下

内容：

(1)课堂教学观摩。见习学生至少听指导教师讲课8～10节。听课时，要求做到课前预习、课堂记录、课后评议。

(2)备课和实用教案编写。见习生要向指导教师请教如何结合学生实际进行备课和编写教案。应注意哪些问题，在此基础上编写1～2个规范化教案，请指导教师进行指正。

(3)课后答疑和作业批改。要求见习学生在见习期间协助指导教师辅导自习、课外答疑、批改作业、评阅试卷，借此机会熟悉各个教学环节。

(4)班主任工作。要求见习学生在一周的见习中深入开展一个班级的见习班主任工作，在原班主任的指导下熟悉班主任的常规工作，在参加班级学生活动实践中学习班主任工作经验。

(5)第二课堂活动。要求见习学生跟随班主任组织学生课外文体活动，跟随指导教师指导课外兴趣小组活动。

(6)教育和教学调查。要求见习学生向学校领导了解学校教育教学基本情况，听取指导教师介绍关于教学、班主任工作以及教书育人方面的经验。同时要求见习学生至少找3～5位学生谈话，了解学生的学习状况和思想状况。

通过一周的中学实地考察，观摩教育、教学活动可以初步解决“书应该怎样教”“班主任应该怎样当”的问题。但毕竟不是学生亲自执教，不能解决“我应该如何去教”的问题。

为此，从见习中学回来后，大学课程任课教师就组织学生进行试教，将学生分成4～6人一组，并指派一名本系或外聘中学高级教师作为指导教师，利用课余时间以小组为单位进行试教并给予评议。见习生严格按照中学教师上课的基本要求走上讲台，面对本组见习生和指导教师按照课堂教学程序进行讲课。每个见习生试教后，指导教师组织同组学生进行评议，评议既可以教育见习生本人，使其了解自己讲课的优点及缺点，继而有利于进一步提高自己的教学水平；又可以使全体见习生掌握听课、评课的基本方法和技巧，有利于见习生吸取他人长处以提高自己。指导教师要根据见习生的试教情况给出试教分数，对于试教不合格的学生则进行个别指导，另外再组织试教，直至合格通过。反复的试教、评教活动，可以使学生进一步熟悉课堂教学过程，掌握教学基本环节，获得必备的教学能力。

(二)教学方法与基本要求

教学方式主要有：课堂讲解、课后请教讨论、校情介绍等；教学中要注重学生的亲身体验。

(三)主要内容及学时分配

内容包括了解和熟悉班级或学校管理岗位的基本流程与工作重点，听课8课时以上，做好至少8堂课的听课笔录和评价，写出至少2份合格教案，尝试在最后一次见习时进行一次讲课，或由见习小组代表讲课，小组成员评课。

(1)了解校情、听课(1周)。

(2)交流、整理听课记录，撰写见习心得(1周)。

三、地理科学专业师范生教育见习策略

(一)教育见习的准备策略

教师和学生都要做好充分的准备工作，以保证教育见习工作的顺利进行。

(1)指导教师准备工作。首先，教育见习前指导教师要对学生做思想动员工作，使见习生明确教学见习的目的、任务和内容，端正教学见习的态度。其次，指导教师应联系、明确见习学校、主讲教师、授课时间及地点，同主讲教师商讨并确定观摩的教学内容、教学过程、教学方法等。再次，指导教师与见习生要对观摩教学内容进行集体备课。

(2)见习学生准备工作。首先，学生应做好充分的思想准备，以保证教育见习的高效性。其次，学生应明确教育见习的目的和要求，教育见习的具体任务。再次，在教育见习活动开始之前，学生应与指导教师针对所观摩的教学内容集体备课。

(二)教育见习课堂观摩策略

新变革的基础教育课程要求教师实现由“教会学生知识”到“教会学生学习”的转变，教师的教学由重知识传授向关注学生发展转变，由重教师“教”向重学生“学”转变，由重结构向重过程转变，由统一规格教育向差异性转变，强调学习方式的变革，进而改变传统的教学过程①。

(1)做好教学过程的记录。教学过程记录应详略结合、突出重点、文字精练。记录的教学过程主要包括教学的环节、各环节中师生主要活动情况、教师的重点提问、学生的典型发言、有效的教学方法和手段、教学中的精彩创新与失误之处、板书等。讲课中符合教学规律，有创新、有特色的做法或不足之处等都可详细记录，对一些问题的独立思考或见解、建议也可记录下来，以免遗忘。

(2)做好教学过程的反思记录。教学过程的反思主要包括以下方面：教师是否体现新课程的理念、方法和要求；教学应怎样突出重点、突破难点、详略得当；教师是以怎样的语言进行教学的，哪些地方表现得特别流畅、清楚、亲切和蔼；教会了学生哪些知识；教学活动有哪些创新之处(听看结合)；体会教师的思维方式，教师是怎样以多向、宽泛的思维向学生提出问题的，学生是怎样回答的，教师是怎样纠正(或请学生纠正)的等等。

---

① 董玉芝.综合性大学学科教育师范生教学见习的策略[J].现代教育科学，2009(1)：145-146.

（三）教育见习的评价

教育见习评价的核心是从质和量两个方面对教学见习工作的全过程及其结果进行全面的、客观的、恰如其分的评价，其目的是为综合性大学教育见习工作改进提供依据，使学生对教学见习的认识由感性上升到理性，达到情感、态度和价值观的升华。评价主要从态度（占10%）、教学设计（占20%）、听课记录（占20%）、教学见习总结报告（占30%），教学观摩反思成果展示（占20%）五个方面进行。态度包括出勤、组织纪律性、集体观念等方面；教学设计主要表现在各项目的合理性与创新性；听课记录主要包括教学过程各环节中师生主要活动情况、教师的重点提问、学生的典型发言、有效的教学方法和手段等方面，注重突出重点，文字精练，观察准确；教学见习总结注重教材分析、教学过程、教学理念、教学理论四个方面的理解；教学观摩反思成果展示注重学生的归纳能力，对教学理论的理解、表达等综合能力。

（四）见习基地（学校）见习教师指导策略

为了解决见习学校在见习结束之后只给分数没有建议的问题，也为了高校能及时调整并改进对学生能力的培养，必须加强与见习学校之间的交流。具体来说，见习学校指导教师面向两个对象：(1)面向学生的指导。除了指导见习生批改作业、跟班、组织活动以外，还应增加给部分见习生上课的机会，让见习生能亲自走上讲台。上课之前学生以小组形式进行集体备课，指导教师可以对学生的教案进行修改，教案同时也作为见习成绩的部分依据。(2)面向见习带队老师，完善中小学与院校的信息互通。如高校可以编制相应针对学生备课能力、课堂掌控能力、批改作业能力等的问卷，或在师范生见习成绩单后列出相应指标让中小学指导教师填写打分，以便能及时得知学生发展动态，从而更好地进行学生回校的教学。

（五）综合多源反馈信息改进大学培养过程的策略

通过见习学校对见习生的反馈可以了解高校在培养学生能力等方面的不足之处，因此可以利用反馈所得的信息对大学的师范生培养过程进行完善。具体来说，可采取调整课程设置、改变评价机制、举办技能竞赛、增加校内外实践机会等方法提高学生的实践能力①。如在课程设置方面，由于学生在经过短暂的见习后会对中小学的教学实际有更进一步的了解，也更明白自己成为一名合格的教师需要具备什么条件。这时候再让学生学习与实践有关的课程如班主任工作技能，更能结合实践体会其中的知识点。有关研究表明，教学评价能力、组织能力等方面的能力，需要在一线的实践中才能有更好的提升。改变评价机制包括改变期末纸笔测试为主要参考的评价方式，提高平时分，增加平日发言次数或利用小组合作完成作

① 阙晓华，林志恒．如何利用教育见习培养师范生教学实践能力[J]．广西教育学院学报，2017(4)：126-128．

业所占比重。增加教学方面的技能竞赛如试讲、说课、说题比赛，建立课堂之外的训练平台。最后，可以增加学生的校内外的实践机会。如增加见习次数、给学生提供更多的社会实践活动机会，都有助于开拓学生的眼界，提高其语言表达能力和交流能力，而这些也正是学生教学实践能力的重要组成部分。

第二节　教育见习报告的撰写规范及要求

一、教育见习的总结

教育见习总结是学生对整个见习过程进行反思、内化为自身素质的必要环节，通过教育见习总结，学生可以把自身的所见、所感、体会进行融合和升华，为进一步学习教学理论打下基础。教学观摩结束后，学生要完成教育见习总结报告。教育见习总结报告主要包括教学见习的内容总结和见习体会两个方面。

教育见习内容总结包括教学目标是否明确，内容是否正确，重点是否突出，是否做到因材施教、分层优化，各环节的设计是否合理，是否体现教师的主导性和学生的主体性，教学方法是否得当，手段是否恰当；关注教师的语言、教态、组织能力、教学机智等；观察学生听课情况、学习态度、应变能力等；板书设计是否体现出知识的结构等。教育见习体会总结主要包括教材分析、教学过程、教学理念、教学理论四个方面的综合论述。

在完成教育见习总结报告的基础上，组织教学观摩反思探究课。教学方法为讨论法、小组合作学习法。课前把学生分为“教学设计”“教学目标”“教学内容”“教学过程”“教学方法”和“学生学习”六个小组，各小组依据对教学观摩课的反思，共同讨论，形成各小组观点，在课堂上发表各小组的成果，组员或其他小组成员可以给予补充，教师进行点评。

二、教育见习报告内容要求

教育见习报告正文一般包括四部分内容：

第一部分：见习报告题目。

要求：(1)应该体现见习的基本内容；(2)标题应简明扼要、有概括性；(3)标题字数要适当，不宜超过20个字；(4)如有必要可以分为主标题和副标题。

第二部分：介绍见习基本情况。

包括见习时间、见习地点、见习学校班级等的简要介绍。

要求：(1)时间准确、清晰，符合见习执行计划；(2)见习地点准确；(3)见习学校或班级名称准确无误；(4)本人见习具体岗位与负责事务明确。

第三部分:介绍见习主要内容和过程。

包括思想和纪律表现,教学工作、班主任工作、教育调查等开展的情况及主要事件的描述等。

要求:(1)完整记录见习进行时的程序和步骤;(2)写明见习经历的内容和过程。

第四部分:见习总结与体会。

要求:(1)写明是否完成了见习任务,解决了见习前的疑惑;(2)写明见习的真实体会和收获;(3)写明对见习的意见和建议。

见习报告可以不必按上述框框编写,只要围绕见习的基本内容,抓住见习中的根本环节,写出丰富而生动、耐人寻味、吸取教益的心得体会,也可算作一篇成功的见习报告。

三、见习报告规范性要求

教育见习是师范类本科专业教学计划的重要组成部分,是对学生进行教育教学技能训练的重要环节。为加强对教育见习工作的管理,保证教育见习的质量,特对教育见习报告的内容与格式提出如下要求。

教育见习报告是学生在教育见习活动中,把见习目的、见习时间、见习地点、见习学校和岗位、见习内容和过程、见习体会和收获等,用简洁语言写成的书面报告。

教育见习报告须完全根据自己的见习历程撰写,要求字数不少于 2000 字。文字上应力求简明扼要、通顺,语言流畅,基本无错别字,不允许请他人代写。

见习报告格式要求:

封面

(1)“××大学教育见习报告封面”。

(2)相关信息用相同字体和字号填在后面的下划线上。

正文

(1)题目:小二号黑体,副标题小三号宋体加粗,居中,上下各空两行。

(2)正文中标题(表 2-2-3-1)。

表 2-2-3-1 正文标题规范

1. ××××(四号黑体,不接排)
(1)××××(小四号宋体加粗,不接排)
①×××(小四号宋体,接排)
第一、××××(小四号宋体,接排)

(3)所有正文统一采用宋体小四号、标准字间距、行间距20磅。

封底

(1)教育见习报告封底为“见习指导教师评语”栏。

(2)见习指导教师要认真审阅,写出评语,给出成绩并签字。

见习报告排版要求

教育见习报告要严格按照文本格式规定要求选择字体、字号、行距和页边距等进行排版打印。

(1)见习报告的撰写一律采用Word系统录入和排版。

(2)纸张大小:A4打印纸;横向单面打印。

(3)页面设置:上边距3.0厘米、下边距2.5厘米;左边距3.0厘米、右边距2.5厘米;装订线位置定义为0厘米。

(4)标准字间距;行间距为固定值20磅。

见习报告装订要求

教育见习报告按照见习报告封面、见习报告正文和见习指导教师评语的顺序左侧装订。

第三节　地理科学师范生教育见习组织与宁波大学反思

一、教育见习的组织程序

(一)教育见习的预备活动

在地理学科教学论开课之前,教育学、心理学课程之后,利用中小学放假与高校放假的时间差,在寒(暑)假进行地理科学师范生教育见习预备活动。主要任务是回家庭驻地中小学随机观摩课堂教学、班级管理和农村中小学师资、教育教学现状调查。鼓励城市生源学生与农村生源学生结对,到农村中小学观摩与开展教育调查。通过相关观摩、调查形成教育见习预备活动总结报告,并在地理学科教学论中分小组交流、评析。

(二)综合性教育见习动员

综合性教育见习安排在第6学期,综合性教育见习动员主要向学生重点明确以下两点。

(1)见习的目的和要求:对中学教育教学的各个环节进行观察了解、调查研究和分析探讨,初步了解中学生的心理特征、智能水平;初步了解中学地理教学的内容、过程、方法和规律等;培养师范生的观察能力、认识判断能力、实践能力和自学能力。特别要提醒师范生在教育见习时,要注意分辨所观察到的现象哪些是符合教育规律的，哪些是违背教育科学的，哪些是需要进一步研究的。当然，应详细观察、记录、反思中学高级教师如何综合运用地理信息系统、地图、地图版画、地图与文字材料综合等技能进行教学或课堂互动，以及课外活动组织。

(2)见习的具体任务：一是收集并整理5个以上教学案例(自然地理、人文地理、区域地理主题各1个，其他自选)。在观摩课堂教学基础上，对教学活动中所发生的真实事件和客观现象作如实记录，教学案例要着重记录教师如何讲课、学生如何学习以及整节课教学过程的诸环节。二是撰写3篇以上教育故事。即把观察引向深入，撰写地理课堂或地理科教师课外教学过程中一个片段的背景、事件、过程及启示。三是写一篇教育见习总结。重点写观摩课堂教学、见习班主任的体会。

(3)分发教育理论、教学法、班级管理等专题性或综合性典型教学案例和教育故事，作为范文，供班级学生阅读，促使他们了解何为优秀的教学案例、教育故事。

(4)鉴于地理科学(师范)专业自然班级学生数在25人左右，一般不分组进实习基地见习，而是采用任课教师预先联系2～3所不同类型中学(中心城区重点中学、城乡接合部特色中学、乡镇中学)，各进行为期半天的地理学科组走访与拜师、课堂教学观摩、班级活动随机观摩等。

(三)学生与带队教师进入实习学校见习

总体要求，分三次参观一所学校。(1)参观前：认识所要参观学校的概况、分配参观的班级、学科及相关注意事项。(2)参观中：认识中学生，观察教师的教学态度、教师的引起动机、教学程序与方法、技巧、评量及其班级经营，请教教师有关的教学问题及学生问题，接洽试讲教学的单元、范围、时段、教具等相关事项，随时记录所见所闻。(3)参观后：从上述参观过程中，针对观察所感提出值得学习的做法、可以改善的做法、令人困惑的做法等，摘记成心得报告。

希望学生能透过观摩主题和师资类型多元的教学，了解到中学现场课堂教师教学方法的多样性，以及不同教师之课程教学设计及班级管理方式的差别。参观活动除能对学生之教学设计和课程发展提供多样刺激外，对于学生未来取得正式教职及实际执行教学工作会有很大的帮助。

(1)在地理科教研组负责人统筹下，参观学校，了解学校生源、师资、行政结构、发展历程、地理科教研组等基本情况；

(2)在地理科教研组负责人统筹下，观摩中学高级职称教师课堂教学，做课堂教学记录，评鉴与分享课堂教学优缺点，听取实习学校指导教师点评。

(3)在地理科教研组负责人统筹下，观摩班主任指导教师的班级管理、班级活动策划、学生访谈等，做教学记录，分享并听取实习学校班主任指导教师点评。

教育见习的重点是观察中学课堂教学活动，要提醒见习生注意观察教师的教态、语言、板书、板画、演示和实验，观察教师对教学内容的感知、理解、认识、记忆想象、思维以及教学方法的运用，还要观察学生的年龄、心理特征、兴趣、爱好、原有知水平、认知能力、学习方式、生活习惯等。

(4)在地理科教研组负责人统筹下，在中学地理科见习指导教师帮助下完成2～3个教案编写。教案编写指导此部分以两节课时间进行，以目前较完整的教案格式为模板，分两节课程依序教导学生如何撰写教案内容，教导其将课程规划转换成书面教案。每节课程完成之部分教案内容将上传于课辅平台，由教师批改后，下一堂课交给学生并告知调整建议，再继续教导下一部分教案内容的撰写原则。教案编写为担任中学地理科教师必备技能，未来参加教师资格及工作考试时，教案撰写亦为教师甄选必考题，因此此部分对学生帮助很大；再者，于教导教案撰写过程中，将会穿插说明历届地理科的教案示例，对于学生准备教师甄选考试将有帮助。

(5)微型教学演练。此部分将分组进行，安排每人15分钟的教学演示，实施重点如下：依自己修习之专业领域选定一项单元内容；编写教案；制作教具；请正装打扮；事先找好两个场地；准备秒表及按铃各一套。

(6)试讲演练。此部分将以修课学生未来教学领域(或科目)分组进行，让同学依序上台进行试讲演练，教学内容即为该生撰写之教案内容。

①教学前：每三人为一组、教学准备(实习学校方面：科目、进度、教材版本、教具、设备、专科教室、指引、学生状况、环境布置……)(个人方面：课本、补充教材、教具制作、教案设计、服装仪容……)。

②教学中：请同组伙伴全程录像，并观察与记录你的表现，提供另一个角度的反馈。

③试教后检讨与省思：撰写省思札记，检视自己很满意的做法、值得改进的做法、颇感困惑之处、其他。

④教学前设计与教学后修正之教案写在同一份上，前后两次以不同色笔标示。

⑤制作教学档案：将教学过程中的重要数据予以建档。

⑥教学评量回馈单：可请见习基地指导老师填写。

试教过程中，大学任课教师和实习中学科目指导教师将会指导学生将试教过程全程录像，试教完成后进行自我省思，亦会请中学现职教师给予建议，试教影片将提供给学生作为了解本身教学情形及未来准备教师甄试选之参考。

(四)在实习基地期间管理和返校总评考核

(1)以慰问信的形式与见习学校建立联系，说明教育见习的意义、目的和任务，请求他们对见习生严格管理，并在见习生离开时为见习生的表现做出鉴定，出具有关证明材料，由见习生带回。

(2)加强对见习期间学生表现的规范或巡查。在一周的中学教育见习中，见习生分散或集中在全市的多所中学。针对这种情况，可采取以下措施加强对见习生的管理：一是请求见习学校的领导、指导教师根据大学的教育见习工作条例严格要求见习学生；二是派出部分大学任课教师到见习生人数相对较多的中学进行巡视，了解见习生的表现情况；三是制订一份较为详尽的《教育见习工作手册》，手册中有“见习学校作息时间表”“见习班级学生座位表”“见习班级基本情况一览表”“见习工作日记表”“见习听课记录表”“教育见习体会”“教育见习鉴定表”等。

(3)见习生返校后，指导教师参考见习学校的鉴定意见，在小组交流的基础上，依据见习生收集的教学案例和教育故事的数量和质量，为见习生打出见习成绩。学生的综合见习成绩分为两部分：一部分为根据见习生交回的《教育见习工作手册》，给出其在中学一周见习的成绩；另一部分为试教指导教师根据见习生试教情况，给出其试教成绩，两部分成绩各占50%。对于综合见习不合格者，由所在系安排补做见习，仍不合格者，不准参加教育实习，同时将学生的见习成绩列入学生的综合考评，这可激励学生做好教育见习工作。

二、教育见习模式的创新动向

(一)北京师范大学教育见习模式创新①

北京师范大学自2007年起招收免费教育师范生(以下简称师范生)，按照教学计划要求，师范生在第六学期至第七学期的第1～4教学周开设教育见习课程，课程1学分，32学时。为保证教育见习顺利实施，提高教育见习质量，北京师范大学创新教育见习模式，改革教育见习方法，实行包括实时在线观摩中小学课堂教学(简称远程见习)、网络资源点播(简称网络点播)和深入中学课堂听课(简称现场见习)三种形式相结合的教育见习。第六学期，主要开展以远程见习和网络点播两种形式相结合的教育见习，第七学期的第1～4教学周，主要开展以现场见习和网络点播两种形式相结合的教育见习。此外，各专业开设的学科教学论课程、教学技能实训课程与教育见习在内容上相互呼应，相互补充。

1. 远程见习

北京师范大学与实践基地学校建设点对点视频交互系统，通过视频交互系统的远程链接，实现了中学课堂的对师范生的“现场直播”。授课环节结束后，双方师生还可以通过视频会议沟通。此外，录播系统可同步录制远程见习课程的录像，使优秀课程形成教育资源，课后供指导教师和师范生研究、解析远程见习。2009年，北京师范大学在北京师范大学附属中学、北京师范大学第二附属中学、北京师范大学附属实验中学三所附属中学各建设一间具备远程视频会议功能的录播教室。2010年，北京师范大学又在新疆维吾尔自治区、广西壮族自治区、西藏自治区三地各建设一间具备远程视频会议功能的录播教室。两年间，北京师范大学在本部共

---

① 赵欣如，杜春光，魏章纪，等.创新教育见习模式的探索与实践[J].科教导刊，2012(3)：7-8.

建设五间具备远程视频功能的录播教室，可容纳近800名师范生同时开展远程见习。通过远程见习，使师范生在了解代表我国基础教育高水平学校的教育教学现状和我国基础教育改革与发展方向的同时，也能了解到西部地区的教育水平和教学特点，为师范生未来回省就业时尽快适应当地教育环境做好准备。

2. 网络点播

网络点播教育见习可以拓宽师范生视野，使师范生了解各种课堂教学组织形式，认识不同学科教学方式与方法的差异。师范生通过观摩世界一流大学和我国知名高校的网络课程，可以领略到大师风采，了解学科前沿，促进专业学习。此外，为加强教学技能训练，北京师范大学购置了某公司开发的"中学课程资源中心"(以下简称资源中心)，向全校师生开放。资源中心包括教学案例库、微格课例库等大量的授课视频，以及媒体教学素材库、多媒体电子教材、动画教具库、专题教参库等多个教学素材库，涵盖了小学、初中、高中三个学段的语文、数学、英语、物理、化学等主要学科的教材、教案、教参、课例、教学素材等。

资源中心丰富的教学资源是师范生开展教师教育学习与研究的有力保障。师范生可结合教育见习课程要求网络点播资源中心的课例视频，观摩全国优秀教学案例，也可应用资源中心的教学资源，进行教学设计，深入教学研究。

3. 现场见习

现场见习是一种传统的、经典的教育见习方式，具有其他教育见习形式无法取代的特点，现场见习能使师范生在真实的环境中感受课堂教学的氛围，领悟教育教学的理论与方法。

北京师范大学在创新教育见习模式的同时，仍然保留着这一见习形式，并在新课程、新课标的背景下赋予其新的任务。师范生在进入实习基地的第1～2周集中开展现场见习，现场见习一方面，为师范生搭建了一个了解中学如何组织与开展教学活动的平台，让师范生熟悉实习基地学校的教育环境、教学条件、教学模式和教学环节，熟悉指导老师，掌握班级情况，实现从学生身份向教师身份的转变；另一方面，为师范生提供了一个提高教学水平的学习平台，师范生既可以听同一位教师教授的平行班课，去思考如何因材施教，也可以听不同教师讲授同一内容的课，去领会不同的教学风格，理解教学的艺术与策略。

北京师范大学将远程见习、网络点播、现场见习三种见习形式有机结合、相互补充，解决了目前一些师范院校开展教育见习工作中突出的难题：

(1)远程见习解决了以往教育见习中师范生进入中学见习人数过多，致使中学接待压力过大，影响正常教学秩序的实际问题，保证了师范生在大学校园内，了解真实的中学课堂教学情况。

(2)远程见习课程结束后，师范生能及时与任课老师远程互动，请任课老师解析课程设计思路，通过这种交流，既鼓励了师范生勇于发现问题，也激励了任课的中学教师。高校指导见习老师能及时组织师范生进行评课、进行教学反思，有利于师范生教学水平的提高。

(3)网络点播改变了以往教育见习素材不足的现状。目前，师范院校开展教育见习一般就是学科教学的老师带师范生到中学去听几节本学科的优质课，学生没有其他渠道观摩到更多的优质课，缺乏了解一线教学的途径。网络点播为师范生提供了丰富的优质课程资源，学生既可以观摩本学科课程，也可以观摩其他学科课程，还可以应用多种素材开展相关研究，促进了师范生自主学习。

(4)现场见习与教育实习有效衔接，有利于师范生尽快适应实习生活，在见习中成长、进步，为开展好教育实习打好基础。北京师范大学进行教育见习模式的创新与实践，开展远程见习、网络点播、现场见习三种形式相结合的教育见习，保证了师范生既能观摩到高水平的课堂教学，也能了解教育落后地区的教学水平；既能深入中学教学组织现场，也能足不出户在线学习。此外，还促进学科建设了一批教师教育数字化教学资源，推动了学科的教学改革与研究。长期以来，北京师范大学教育见习组织工作面临着见习学生人数多、时间和地点相对集中的挑战，三种形式教育见习是学校在教师教育工作中的尝试与探索，还需要进一步改进与完善。百年大计，教育为本。我国的教师培养工作还有很长的路要走，也需要更多的人来关注。

(二)教育见习指导专业化[①]

教育见习作为一种实践性课程，它不同于一般的学科课程，具有综合性、开放性、情境性和生成性。相关培养单位应成立专门的教育见习指导小组，可以由教育理论课程教师和班主任组成，对教育见习开展研究。在教育见习之前，要对不同年级的学生进行专业的指导。编制不同年级需要的教育见习手册作为师范生教育见习中的支持材料，引导师范生进行有效的见习。如在进行课堂教学观察时，可以参考表 2-3-2-1 的内容。

表 2-3-2-1 教育见习的重点活动

观察项目	1	2	3	4	5
a. 观察教师处理教材的情况	如何确定目的要求；如何选择重点难点	如何定义概念；如何总结规律	如何实验演示；如何设计板书	如何评价学生	如何引导思考练习

① 张海燕. 教育见习：问题与对策[J]. 新疆师范大学学报(哲学社会科学版)，2008(3)：90-93.

续表

观察项目	1	2	3	4	5
b. 观察教师组织教学的情况	如何贯彻教学理念和原则	如何安排教学过程	如何启发提问和补充订正	如何协调教学节奏,促进师生交流	如何发挥教学机智,处理偶发事件
c. 观察教师素养和教态	教师的普通话	教师的书法	教师的口头表达能力及效果	教师的基础知识和教学能力	教师的态势语言

(三)听课"四阶段活动法"建构高师生的见习听课行为能力①

2004年以来,本科(师范)专业学生教育见习中,创设和推行了听课"四阶段活动法"的教育实践。

第一阶段:听课前的教学设计活动。对于未进入教师职业状态的高师生,促使他们在听课前,形成以教师角色审视课堂教学的外部环境和个体需求的习惯,这对他们形成教师式的听课学习尤为重要。因此,要求他们在听课之前,先进行预案处理——即让高师生在听课之前,钻研本节课的教材和课程标准的内容,预先设计出本堂课的教学程序。这种设计也许会十分粗浅和不完善,但它为后续的听课活动确立了明确的教师行为指向,也为听课活动中进行教学比较与批判,创建出课堂教学的参比体系提供了素材。它也为高师生教师听课行为能力的建构,创设了良好的外部环境和个体需要的氛围,保证高师生在听课活动中始终处在积极的教师状态之中。

第二阶段:听课中的教学比较活动。本活动是对教师教学知识进行评价。特别是对其中的显性知识(教学设计、知识点处理、教学方法和教学手段)和隐性知识(仪表、教态、风格、气质和语言)进行比较性的学习。通过高师生将自我设计的教学程序(教材处理、教学方法、重难点教学和教学手段等)与任课教师的教学程序,在听课过程中进行对比、对照下的观摩学习,促使他们发现自己教学设计的问题,也有利于他们有针对性地接受和吸纳讲课者的各类课堂教学经验。同时,为了使这种比较学习能够多层次、反复持久地作用于高师生,形成教学相关知识的不断积累,要求他们开展对不同(平行班级与不同年级)教师的听课活动。通过对不同教师的同种课、不同种课的教学设计和教学实践,以及教师仪表、教态和语言等教学艺术的多次对比、对照学习,促使他们对教师教学知识产生深刻的多元化感悟和体验。这种潜移默化的作用可以提高他们对教师实践性知识的获得程度和应用水平。

第三阶段:听课中的教学批判活动。教学批判活动是评课活动的主要内容之

① 徐文基,毛加宁.高师生教师式听课行为能力的建构——教育见习听课的"四阶段活动法"研究与实践[J].乐山师范学院学报,2008,23(11):41-43.

一，也是对课堂教学的创新思维活动。教师的听课，既包含着听课者对教学的认同与比较，也需要对教学各个相关环节展开批判性的思维活动。要求学生在听课过程中，积极开展批判性的创新思维活动。这种批判是对课堂教学活动的异向探求，它可以激活他们的求异思维，培养高师生教学思维的敏捷性。

教学的批判活动需要具备较强的批评知识结构。因为任何批评活动都必须以批评者具有一定的知识量为基础和前提。在这方面高师生还存在不足，但是，通过前期地理教学论、地理案例的学习和试讲与说课阶段的教学实践，他们已经具备了初步的批判知识结构。而且，建构高师生对课堂教学的批判心理特征远比他们批判结果的正确和完善更为重要。

第四阶段：听课后的教学反思活动。听课结束以后，要求学生对前面三个阶段活动中所获取的各种课堂教学信息进行归纳、整理和总结，并在反思的基础上，利用学习到的教学经验，重新设计出适合于自我特点的课堂教学程序，构建出更为完善的课堂教学模式。这项活动既是对听课中所获得的课堂教学显性、隐性知识进行重新梳理与整合，也是对自我教学程序设计的补充完善活动，更能对学生的教师专业化发展起到巩固和强化作用。

可见，创设听课“四阶段活动法”就是对高师生的教师式听课行为形成了四个环节的持续作用：第一环节是教师式听课行为的预备阶段。通过听课前创设出自我意义上的课堂教学初始形态，是为打破原有学生式听课心理的预设，也为后期形成教师式听课行为奠定基础。第二环节是教师式听课行为的生成。通过听课中对两种教学设计的比较式学习，造成“客体”对“主体”的刺激，促使他们去克服原有学生听课定势的消极干扰，形成教师听课行为的建构。第三环节是教师听课行为的优化。通过教学批判活动，促使他们的教师式听课思维由封闭走向开放，由僵化走向灵活，实现教师式听课行为的优化发展。第四环节是教师式听课行为的巩固与强化。通过他们对所获取的本体性知识、条件性知识和教师实践性知识的回顾总结、去粗取精和批判创新，重新构建出更加个性化的教学知识积累，实现教师听课行为能力的进一步形成和巩固。

三、宁波大学地理科学教育见习实施与反思

宁波大学地理科学（师范）专业 2014 级学生教育见习课程“教育见习”(113E62S01)于 2017 年 5 月 9 日至 2017 年 5 月 13 日在宁波三中、宁波四中、宁波四明中学同期展开，宁波大学课程任课教师李伟芳教授以及班主任徐皓讲师协助巡查和组织（图 2-3-3-1、图 2-3-3-2、图 2-3-3-3）。现以学生胡同学（学号 146331810)的见习日志、见习报告等为素材呈现地理科学专业综合性教育见习实施（表 2-3-3-1、表 2-3-3-2、表 2-3-3-3）。

图 2-3-3-1　观摩吴老师课堂教学

图 2-3-3-2　宁波三中地理科教研组评鉴吴老师课堂教学

图 2-3-3-3　宁波大学地理与空间信息技术系地理科学 14 级学生提问与分享见习感悟

(一)见习学生的课堂教学观摩实习日志

表 2-3-3-1　见习日志

2017 年 5 月 9 日　　星期二
实习地点:宁波大学建工学院报告厅
实习主要项目和内容: 在本次见习正式开始以前,我们做了大量细致的动员、准备工作。首先班主任徐皓老师在见习一周前就给我们分发了本次听课的相关电子资料,并且确保每一位同学能都能提前认真研读并进行教学设计准备。同时系主任李伟芳老师和徐皓老师共同在建工学院报告厅特别组织了一次会议,专门讨论本次教育见习的安排和指导工作,确定了我们教育见习的基本内容、任务要求和注意事项,并且指导我们在见习期间如何更加高效听课进行反思,确保见习任务的顺利完成。 同学们认真聆听了两位老师的教诲后,便积极投入见习前期准备工作中,进行各自的教学设计准备。
主要收获与体会: 本次见习准备主要从学期中开始,在得知实习年级和教材版本以及实习任务后,我主要从以下几方面进行准备的: (1)调整心态,积极应战。从十几年的学生一下子跃到见习教师,身份的转变,需要做好思想准备,这样可以保障听课更加高效进行。 (2)研读教材。了解熟悉教材,同时准确把握高一学生的知识结构和知识背景,从而使我可以准确把握实习中所授内容在整个教学体系中的地位,同样有利于听课效率和听课质量的提高。

续表

(3)记事:这次教育见习动员的时间是安排在下午,地点在建工学院报告厅,由系主任李伟芳老师和班主任徐皓老师共同主持,地理科学(师范)14级全体同学参加,内容主要包括实习相关事宜介绍和指导。

2017年5月11日　　星期四

实习地点:宁波市第三中学

实习主要项目和内容:

本次见习听课地点是在宁波市第三中学,由吴老师为我们展现的,内容为必修三补充教材中的《认识地区——美国的工业》。整节课堂由"一张日常电脑芯片照片"导入,由"Intel"和"IMB"过渡至美国三大工业区。紧接着联系必修二的"工业区位因素"相关知识,为学生建立思维模板(将工业区位相关条件陈列在黑板上)。之后让同学以案例以及相关图片为素材,分析三大工业区的区位因素(重点分析东北区工业带的"兴"—"衰"—"兴"),并进一步对三大工业区的优势突出因素进行比较,最后由教师进行总结。整个课堂脉络清晰,知识结构完整,对学生读图能力的指导比较到位,能够让学生牢固掌握知识,切实提高读图分析能力。

主要收获与体会:

对于还没真正登上教师岗位的在校师范生来说,教学各个环节涉及的面以及每个面中铺成的细节我们都还不能很好把控,教学生成与预设之间的差距也不能很好地灵活应变。通过本次小实习的交流和学习,我个人对于以下几点感触比较深刻,记摘于扉页,共勉于文字……

首先是教学方式的选择。本次课堂最大亮点是对学生读图分析能力的培养,教师仔细耐心地指导学生从图片中获取分析出需要的信息,并对信息进行总结加工,让学生在直观的图片中掌握知识。但是若是可以加入小组探究来分析可能效果会更好,原因如下:其一是因为高一学生对于读图的能力上是有欠缺的,让其独立分析可能会陷入知识恶性循环的死胡同,挫伤学生的自信心;其二是因为小组合作探究可以群策群力,让学生在交往式学习中体会到合作学习的快乐,同时对于知识的获取也更加有效率。

其次是板书的设计。板书是教师在教学过程中,配合语言、媒体等,运用文字、符号、图表向学生传播信息的教学行为方式。教师在备课过程中应该设计好板书的内容,有主次之分:在主板书的设计中重点应当呈现本节课的知识框架,便于学生复习记忆;同时要充分灵活利用好副板书,在副板书的设计上必须留有弹性空间,发挥学生的主体积极性。

最后是关于课堂气氛的渲染。课堂气氛是体现教学效果的一面镜子,也是学生学习投入度的真实写照。在教学过程中,良好的课堂气氛可以将知识在潜移默化中传递至学生心中,达到"知润于心,学润于行"的效果。但是对于一名在校师范生来说,课堂实战经验极度匮乏,对于课堂气氛渲染的小技巧掌握也只是浅层单薄的,如课堂承转如何顺畅自然,课堂提问如何简捷有效等方面都是有待提高。吴老师在本次课堂中教态自然,语言生动,在不经意间设计很多小嗨点,创设出了一个总体较为良好的课堂气氛。

续表

每一次的教学活动都有其值得借鉴和允许改进的地方，对于我们而言，我们更需要结合教育知识和专业技能从各方面去思考和评析，善于与同学和老师共同交流，让每一次的教学过程更加完善。在本次教育见习中，我能够明白本次见习的主要目的，在见习过程中能认真听课，及时做好相关工作和笔记，见习结束后对过程进行思考、交流评析和借鉴。

对在校师范生而言，见习可以使每一个学生有更多的机会认识教师这个职业，逐步完成职业化角色的转化，发现自己真实的潜力和兴趣，以奠定良好的事业基础，也为自我成长丰富了阅历，同时促进整个社会人才资源的优化配置。

记事：本次见习地点在宁波市第三中学，主讲人吴老师就必修三补充教材中的《认识地区——美国的工业》为我们呈现了一次课堂实录，同时课后康老师为本次见习的在校师范生深刻剖析了此次课堂。

2017 年 5 月 13 日　　星期六

实习地点：宁波大学建工学院报告厅

实习主要项目和内容：

周四听完课之后，我们班级同学和指导老师们在学校报告厅进行了本次见习的讨论会，以学生反思后，自由发言为主，接着指导老师提出相关建议。在老师的耐心指导下，我们明白了听课反思对于自身成长具有巨大的推动作用。

经过实习，我们对于以下几个问题有所思考、反省：

(1)由于我们的见习生具有学生与教师的双重身份，又与学生年龄相近，所以较容易与学生打成一片，这是我们的优势。也因为我们更了解他们，又造成了管理不够严格的缺点，这是我们需要改进的。

(2)三板技能(板书、板图、板画)相对薄弱一点。普通话、三笔字、试讲、备课、写教案，这是师范生的必修课，而普通话和粉笔字更是师范生的脸面，我们应该加强训练。总之，在学校领导、教务处及系部领导的关心下，在见习学校的大力支持与帮助下，在全体实习师生的共同努力下，本次见习工作取得了圆满成功。本次见习，我们用自己辛勤的汗水品尝了教师这一职业的甘苦，懂得了为人师表的责任，积累了宝贵的经验教训，为以后走上教育岗位、献身教育事业打下了坚实的基础。

主要收获与体会：

本次见习虽已过去，可当我们回过头来看一下自己留下的脚印，我们相信那不会是我们旅途的归宿，而是我们充满挑战和希望的开始！见习是一次用自己的眼和耳去感受环境的机会，通过这次的听课，相信大家都受益匪浅，对教师这个角色有了更为详尽而深刻的了解，认识到了许多在学校学不到的东西，不再局限于书本，而是有了一个比较全面的了解。从而更深地了解了自己的不足，该往哪个方向而努力，这些都是以前所不了解的。

记事：这次教育见习总结反思会的时间安排在 5 月 13 日，地点在建工学院报告厅，由系主任李伟芳老师和班主任徐皓老师共同主持，地理科学(师范)14 级全体同学参加，会上我们对于本次见习做了深刻全面的反思总结，获益匪浅。

(二)见习学生的见习登记表

表 2-3-3-2　宁波大学“教育见习”实习情况登记表

学　号	146331810	姓　名	胡同学	性　别	女
学　院	建筑工程与环境学院地理与空间信息技术系	专业、班级	地理科学(师范)14 级		
实习单位	宁波市第三中学				
实习时间	自 2017 年 5 月 9 日起至 2017 年 5 月 13 日止共 5 天				

自我鉴定：包括实习收获，工作表现，存在问题等

实习收获：

教育实习对一个师范生来说是相当重要的，在校师范生平时所学的大多是一些理论性知识，这部分知识都是比较平面的，无法直接与教育实际相关联，久而久之，我们这些未步入真正课堂教学的新手就容易将事情看得过于简单，缺乏深刻见解，甚至常常带有思考大于行动的眼高手低之陋习。因此，要想把所学的东西切实、合理地运用起来，就必须付诸实践，因为实践是检验真理的唯一标准。实习就是一个很好的机会，它使理论体系已基本完备的我们得到了真实的尝试。本次实习过程中，我们亲身进临高中课堂这个环境，真实聆听一线教师的课堂实录，让我们的知识瞬时立体了、灵动了，同时也让我们明白了从“教师学”—“教师教”—“学生学”之间的理论实践桥梁如何构建。

本次精彩课堂是由宁波市第三中学的吴老师为我们展现的，内容为必修三补充教材中的《认识地区——美国的工业》。整节课堂由“一张日常电脑芯片照片”导入，由“Intel”和“IMB”过渡至美国三大工业区。紧接着联系必修二的“工业区位因素”相关知识，为学生建立思维模板(将工业区位相关条件陈列在黑板上)。之后让同学以案例以及相关图片为素材，分析三大工业区的区位因素(重点分析东北区工业带的“兴”—“衰”—“兴”)，并进一步对三大工业区的优势突出因素进行比较，最后由教师进行总结。整个课堂脉络清晰、知识结构完整，对学生读图能力的指导比较到位，能够让学生牢固掌握知识，切实提高读图分析能力。

课堂结束后，吴老师从本节课的教学目标完成度、教学效果达成性以及课堂气氛热烈度等方面进行了自评，同时指出自身觉得不足的地方。紧接着经验丰富的康老师为本堂课进行了比较全面、深刻的点评，主要从教学内容、教学设计、教学目标、教学效果、教态以及板书等方面进行剖析，让我们对于本堂课的理解更加深入。

对于还没真正登上教师岗位的在校师范生来说，教学各个环节涉及的面以及每个面中铺成的细节我们都还不能很好地把控，教学生成与预设之间的差距也不能很好地灵活应变。通过本次小实习的交流和学习，我个人对于以下几点感触比较深刻，记摘于扉页，共勉于文字……

首先是教学方式的选择。本次课堂最大亮点是对学生读图分析能力的培养，教师仔细耐心地指导学生从图片中获取分析出需要的信息，并对信息进行总结加工，让学生在直观的图片中掌握知识。但是若是可以加入小组探究来分析可能效果会更好，原因如下：其一是因为高一学生对于读图的能力上是有欠缺的，让其独立分析可能会陷入知识恶性循环的死胡同，挫伤学生的自信心；其二是因为小组合作探究可以群策群力，让学生在交往式学习中体会到合作学习的快乐，同时对于知识的获取也更加有效率。

续表

自我鉴定：包括实习收获，工作表现，存在问题等	其次是板书的设计。板书是教师在教学过程中，配合语言、媒体等，运用文字、符号、图表向学生传播信息的教学行为方式。教师在备课过程中应该设计好板书的内容，有主次之分：在主板书的设计中重点应当呈现本节课的知识框架，便于学生复习记忆；同时要充分灵活利用好副板书，在副板书的设计上必须留有弹性空间，发挥学生的主体积极性。 最后关于课堂气氛的渲染。课堂气氛是体现教学效果的一面镜子，也是学生学习投入度的真实写照。在教学过程中，良好的课堂气氛可以将知识在潜移默化中传递至学生心中，达到“知润于心，学润于行”的效果。但是对于一名在校师范生来说，课堂实战经验极度匮乏，对于课堂气氛渲染的小技巧掌握也只是浅层单薄的，如课堂承转如何顺畅自然，课堂提问如何简捷有效等方面都是有待提高。吴老师在本次课堂中教态自然，语言生动，在不经意间设计很多小嗨点，创设出了一个总体较为良好的课堂气氛。 每一次的教学活动都有其值得借鉴和允许改进的地方，对于我们而言，我们更需要结合教育知识和专业技能从各方面去思考和评析，善于与同学和老师共同交流，让每一次的教学过程更加完善。在本次教育见习中，我能够明白本次见习的主要目的，在见习过程中能认真听课，及时做好相关工作和笔记，见习结束后对过程进行思考、交流评析和借鉴。

(三)见习学生的见习报告

表 2-3-3-3　宁波大学实习报告

实习课程名称(课号)：教育见习(113E62S01)

学院：建筑工程与环境学院地理与空间信息技术系

专业：地理科学(师范)　班级：14 级

姓名：胡同学　学号：146331810

指导教师：李伟芳老师、徐皓老师

实习起止时间：2017 年 5 月 9 日至 2017 年 5 月 13 日

实习主要内容：

教育见习对一个师范生来说是相当重要的，在校师范生平时所学的大多是一些理论性知识，这部分知识都是比较平面的，无法直接与教育实际相关联，久而久之，我们这些未步入真正课堂教学的新手就容易将事情看待地过于简单，缺乏深刻见解，甚至常常带有思考大于行动的眼高手低之陋习。因此，要想把所学的东西切实的、合理的运用起来，就必须付诸实践，因为实践是检验真理的唯一标准。实习就是一个很好的机会，它使理论体系已基本完备的我们得到了真实的尝试。本次实习过程中，我们亲身进入高中课堂这个环境，真实聆听一线教师的课堂实录，让我们的知识瞬时立体了，灵动了，同时也让我们明白了从"教师学"—"教师教"—"学生学"之间的理论实践桥梁如何构建。

本次精彩课堂是由宁波市第三中学的吴老师为我们展现的，内容为必修三补充教材中的《认识地区——美国的工业》。整节课堂由"一张日常电脑芯片照片"导入，由"Intel"和"IMB"过渡至美国三大工业区。紧接着联系必修二的"工业区位因素"相关知识，为学生建立思维模板(将工业区位相关条件陈列在黑板上)。之后让同学以案例以及相关图片为素材，分析三大工业区的区位因素(重点分析东北区工业带的"兴"—"衰"—"兴")，并进一步对三大工业区的优势突出因素进行比较，最后由教师进行总结。整个课堂脉络清晰，知识结构完整，对学生读图能力的指导比较到位，能够让学生牢固掌握知识，切实提高读图分析能力。

课堂结束后，吴老师从本节课的教学目标完成度，教学效果达成性以及课堂气氛热烈度等方面进行了自评，同时指出自身觉得不足的地方。紧接着经验丰富的康老师为本堂课进行了比较全面、深刻的点评，主要从教学内容、教学设计、教学目标、教学效果、教态以及板书等方面进行剖析，让我们对于本堂课的理解更加深入。

主要收获：

对于还没真正登上教师岗位的在校师范生来说，教学各个环节涉及的面以及每个面中铺成的细节我们都还不能很好地把控，教学生成与预设之间的差距也不能很好地灵活应变。通过本次小实习的交流和学习，我个人对于以下几点感触比较深刻，记摘于扉页，共勉于文字……

首先是教学方式的选择。本次课堂最大亮点是对学生读图分析能力的培养，教师仔细耐心地指导学生从图片中获取分析出需要的信息，并对信息进行总结加工，让学生在直观的图片中掌握知识。但是若是可以加入小组探究来分析可能效果会更好，原因如下：其一是因为高一学生对于读图的能力上是有欠缺的，让其独立分析可能会陷入知识恶性循环的死胡同，挫伤学生的自信心；其二是因为小组合作探究可以群策群力，让学生在交往式学习中体会到合作学习的快乐，同时对于知识的获取也更加有效率。

其次是板书的设计。板书是教师在教学过程中，配合语言、媒体等，运用文字、符号、图表向学生传播信息的教学行为方式。教师在备课过程中应该设计好板书的内容，有主次之分：在主板书的设计中重点应当呈现本节课的知识框架，便于学生复习记忆；同时要充分灵活利用好副板书，在副板书的设计上必须留有弹性空间，发挥学生的主体积极性。

续表

最后关于课堂气氛的渲染。课堂气氛是体现教学效果的一面镜子,也是学生学习投入度的真实写照。在教学过程中,良好的课堂气氛可以将知识在潜移默化中传递至学生心中,达到"知润于心,学润于行"的效果。但是对于一名在校师范生来说,课堂实战经验极度匮乏,对于课堂气氛渲染的小技巧掌握也只是浅层单薄的,如课堂承转如何顺畅自然,课堂提问如何简捷有效等方面都是有待提高。吴老师在本次课堂中教态自然,语言生动,在不经意间设计很多小嗨点,创设出了一个总体较为良好的课堂气氛。 每一次的教学活动都有其值得借鉴和允许改进的地方,对于我们而言,我们更需要结合教育知识和专业技能从各方面去思考和评析,善于与同学和老师共同交流,让每一次的教学过程更加完善。在本次教育见习中,我能够明白本次见习的主要目的,在见习过程中能认真听课,及时做好相关工作和笔记,见习结束后对过程进行思考、交流评析和借鉴。 **其他方面:** 通过本次现场听课,我明白了听课及反思对于自身成长具有巨大的推动作用,以下几点我的感触特别深刻: 首先由于我们的见习生具有学生与教师的双重身份,又与学生年龄相近,所以较容易与学生打成一片,这是我们的优势。也因为我们更了解他们,又造成了管理不够严格的缺点,这是我们需要改进的。 其次是关于三板技能(板书、板图、板画)方面。普通话、三笔字、试讲、备课、写教案,这是师范生的必修课,而普通话和粉笔字更是师范生的脸面,我们应该加强训练。总之,在学校领导教务处及系部领导的关心下,在见习学校的大力支持与帮助下,在全体实习师生的共同努力下,本次见习工作取得了圆满的成功。本次见习,我们用自己辛勤的汗水品尝了教师这一职业的甘苦,懂得了为人师的责任,积累了宝贵的经验教训,为以后走上教育岗位,献身教育事业打下了坚实的基础。

(四)该次地理科学师范生综合性教育见习的组织反思

教育见习是"提升学生校外参观、教学观摩、班级管理、编写教案、试讲整合能力为目标"的教学实践,显然该次教育见习注重了课堂教学观摩部分的实施,未能有效唤起见习生对班级管理、编写教案、试讲等见习目的的重视。

见习学生未能系统地熟悉见习学校的教学环境与行政运作概况,在见习总结中未能运用专业语言表述,如对宁波三中的区位、校内布局平面、吴老师讲课知识内部结构进行地图板述,也未能对聆听课程过程进行详细的记录和针对性评鉴。

见习学生未能针对性陈述吴老师的教学履历和班级课堂教学有效组织的情形,未能剖析出吴老师在课堂教学中的相关教育理念和地理科学特色教学技能运用情况。

为此,未来应系统实施教育见习,尤其是注重学生在观摩示范教学及现场分组试教、观摩及参与导师工作学习中学导师实务工作能力、观摩行政运作学习中学行政实务能力,结合理论与实务反思学习,发展正确教育理念与教育实践能力。继而,在见习日志、见习报告、见习反思中进行有针对性的呈现、分析、评鉴和借鉴。

第三章　地理科学专业师范生教学技能培养与考核

师范生教学技能是普通高等学校培养中小学、幼儿园师资的核心目标之一，它不仅决定着普通高等师范教育的成败，也直接影响着国家基础教育发展水平。中国政府实施“教师资格认定考试”“普通高等学校师范类专业认证实施办法(暂行)”“教师教育课程标准(试行)”等系列制度，既在教学技能形成的源头做了硬性规定，又在“学生”入职“教师”门槛上做了严格考核要求。教学技能的培养与考核，对大学自身发展而言是质量基线与品牌生命，对有志于从事教育行业的学生来讲直接关系到就业、择业与入职适应度。

第一节　地理科学专业师范生教学技能及培养路径

一、地理科学专业师范生教学技能

(一)面向中学师资的高等师范本科生教学技能范畴

技能是指在已有知识经验的基础上，经过练习形成的执行某种任务的活动方式，包括心智活动方式和肢体动作方式。师范生教学技能是指师范生为从事教师职业、顺利完成教学任务，在专业学习中运用一定的教育理论知识和实践经验，通过练习而获得的包括心智活动方式和肢体动作方式在内的一整套复杂的操作系统。关于师范生教学技能的研究，董泽芳从专业技能角度提出师范生专业技能分为基础技能、教学技能、教育技能、教研技能；其中，基础技能即基本功，包括口语技能、书写技能、信息技能与沟通技能，教学技能包括教学设计技能、教学操作技能、教学评价技能[①]。李臣之提出教师专业技能考核包括三级：一级基本教育技能考核(包括教师口语、三笔一画、课件制作、各学科专业技能等)、二级实际教学技巧考核(包括掌握课程标准、使用教材、备课、讲课等)、三级高级教育技能考核(管理技

① 董泽芳，陈文娇.一个值得高度关注的教育话题——新政策背景下的师范生专业技能培养[J].教育研究与实验，2008(2):40-44.

能、教研技能、自我反思技能等)[①]。李森将教师职业技能划分为四种类型:教师基础技能、教学工作技能、教学研究技能和学生教育技能。教师基础技能包括口语技能、书写与写作技能;教学工作技能包括课程开发技能、教学设计技能、现代教育技术应用技能、课堂教学技能;教学研究技能包括说课、听课和评课技能,教学评价与反思技能;学生教育技能包括班主任工作技能、心理沟通和辅导技能[②]。

上述研究从不同视角对教师职业技能进行了划分,其中就师范生最核心的教学技能一项,都涉及了基础技能"三字一话"和课堂教学技能,如课件制作、教学设计、说课、上课等,为我们的研究和实践提供了启示。借鉴他人的研究以及浙江省师范生教学技能竞赛项目设计,着眼于最核心的教学技能,从可操作、可考核的角度,把师范生教学技能由低到高分为三种类型:一般技能、学科特色技能和综合技能。一般技能是指任何专业的师范生为能进行教学而必须具备的基本功,中学师资培养应聚焦普通话、三笔字、教育信息技术;学科特色技能是指师范生就所教学科必须掌握的基本技能;综合技能是指为顺利进行课堂教学而必须具备的综合技能技巧,主要包括教学设计、课件制作、说课、上课、板书[③]。

(二)地理科学师范本科生教学技能的重点与特色

地理教学技能以一般教学技能为基础,赋予地理学科教学特性。地理教学技能可定义为:每一位地理教师所必备的基本职业技能。不但包括地理教师在地理课堂内进行有效教学的行为方式,而且还包括地理实习、地理参观等地理课外实现教学目标的教学技能[④]。即地理教师在已有的地理专业知识、地理教学理论知识的基础上,通过实践、感悟而建构形成的一系列教学行为方式和心智活动方式整合的教学行为方式。

基于地理科学专业特点,结合相关地理学科教学教师建议,将地理教学技能进行以下划分:①地理教学设计技能;②地理课堂教学语言技能;③地理课堂教学推进技能:导入技能、讲解技能、提问技能、承转技能、演示技能、课堂管理技能、强化技能、结束技能;④地理板书、板图、板画技能;⑤地图运用技能;⑥地理课堂教学现代媒体技能[⑤]。

1. 地理教学设计技能

地理教学设计是运用现代教学设计理论和方法,系统规划地理教学活动的过程,即基于已有的教育学、心理学、专业知识等知识结构,对于所要授课的内容进行

---

① 李臣之,林丹华.综合性大学"师范生教育技能"培养专业化探讨[J].深圳大学学报人文社会科学版,2007(6):157-160.

② 李森.教师职业技能训练教程[M].北京:高等教育出版社,2009:5.

③ 孙玉丽.师范生教学技能考核实践探索[J].宁波大学学报(教育科学版),2012,34(05):80-84.

④ 李家清,李文田.新理念地理教学技能训练[M].北京:北京大学出版社,2012.

⑤ 张贝贝.微格教学在地理师范生教学技能培养中的应用研究[D].郑州:河南大学,2015.

计划、规划，选择相应的教学策略与媒体的过程。其间，以教育部制定的《义务教育地理课程标准》或《高中地理课程标准》为中心，参考学生的已有知识体系、学生的学习能力、心智水平，以此为基础，发挥主观能动性对课堂进行科学的设计。地理教学设计技能一般具有地理性、继承性、创新性、实践性、多样性的特点。

2. 地理课堂教学语言技能

教学信息以地理课堂教学语言为载体，教师运用地理课堂教学语言来向学生阐明地理教材内容、基础知识与教学重难点，传达知识与技能、过程与方法、情感态度价值观。地理课堂教学语言涉及语音、语调、语速和节奏等方面的内容，引领学生学习、启迪学生智慧。其水平直接影响学生的学习情绪和课堂气氛，进而影响教师教学的有效性、学生学习地理课程的效果。地理课堂教学语言是完成教学任务的重要保证，良好的语言技能有利于组织学生积极学习。

3. 地理课堂教学推进技能

(1)导入技能

导入技能指的是在新的学习内容、学习过程开始之前，地理教师针对本部分地理教学目标，采用适宜的教学媒体，基于此阐明本节课内容的学习目的和要求，从而引入新教学内容的教学行为方式。导入技能的运用要结合课程标准、学生已有的地理知识体系、学生的心智水平、所要学习的新知识内容，才是合理可行的。合理利用导入技能有利于学生学习兴趣的激发、探索精神的发扬。然而不同的地理教学内容有不同的导入方法，不同的地理师范生对于同一教学内容，采用的导入方法也是各有千秋，主要有情境导入、故事导入、温习知识导入、观察导入等类型。

(2)讲解技能

地理课堂讲解技能指的是地理教师以口头语言表达为主，配合眼神、动作等，阐明地理教学内容，启发学生思维的教学行为方式，分为两种类型：①地理事实性知识的讲解。自然地理和人文地理中地名、分布、景观等既成性事实知识的讲解。多为直观性知识，可以配合地图、图片、影像等途径展开教学；②地理概括性知识的讲解。学生经过思维活动，才能获得地理事物本质特征的讲解。讲解方法主要有“从特殊到一般”的归纳法、“从一般到特殊，再到一般”的演绎法、比较分析法等。

(3)提问技能

地理提问技能指的是地理教师在地理课堂教学进行过程中，为实现教学内容的教学目标，根据地理教学内容、学生心智水平等，设计要提出的问题，教学得以反馈、巩固所学知识的一种教学行为方式。提问技能是教学过程中常用的教学技能。老师提出问题，学生来回答，师生间进行教学效果交流，检查了学生的“学”与老师的“教”。同时，学生上课的注意力更加集中，学习更加具有主动性，思考问题更有积极性，得以促进思维发展。此外，还能够锻炼学生的语言表达能力、学生的胆量，能够优化课堂教学、活跃课堂氛围。提问技能在课堂教学中有着重要的位置，主要有回忆提问、发展型提问这两种类型。①回忆提问指的是对于已经讲过的地理知识进行提问。在所进行的地理教学过程中，新的知识点以之前的知识点为基础或者相类似、相反等具有关联性，这是老师为了引起学生的注意和重视，让学生加深印象、加以区分所进行的教学过程。②发展型提问指的是在已有的地理知识基础上，结合学生的学习能力，老师提出问题。利于充分发挥学生学习的主体性、主动性，让学生的思考更为积极，加深所要学习的地理知识。学生的学习能力得以发展，学习效果有了良好的保障。

(4)承转技能

地理课堂承转技能指的是承上启下、浑然一体的把不同教学内容、教学环节衔接起来，不至于显得唐突的教学行为方式。在课堂中多用于教学内容发生变化的时候，主要有以下几种类型：①语言承转，主要有疑问语承转、诗词名句承转这两种情况；②故事或者案例承转；③活动承转；④贯穿承转，其主要功能是地理课堂得以完整、流畅、自然，学生建立了“最近发展区”，学生学习能力有所提高。

(5)演示技能

学生对于地理知识的学习，是一个对地理知识认知的过程。演示技能的运用，可以在感官上直观强化。演示一般指的是地理教师在传授地理知识的过程中，结合地理教学内容讲解，将各种手工制作模型或图形等展示给学生观看，将所学地理教学内容的动态变化过程、推理、演变过程等等展示出来。大多借用多媒体来传递地理信息。演示在多数情况下，是与讲解紧密结合在一起的。地理内容的区域性、生活性、实践性，决定了教学过程应该是生动活泼的。但有些地理知识学生学习起来吃力，理解起来困难。这个时候，老师更需要用心进行演示，以期地理知识的教学深入浅出，学生学习起来轻松、简单易学。演示的特点是：直观性强，学生通过观察就能获得知识；内容、色彩、材料的运用都是较为丰富的。从而激发学生学习兴趣，加深学生学习印象。

演示虽然在教学活动过程中只起到辅助的作用，但是随着现代科学技术在教学领域中广泛运用，演示的方式更加多样化、内容也更加丰富生动化。学生在学习过程中感到轻松愉快。

演示技能的分类主要有两种：①实物模型的演示。实物模型的演示是根据教学内容、完成课程标准的需要，以实物作为原型，经过制造商或老师、学生动手制作的仿造品。成品是原型的扩大或者是原型的缩小，关键是形象要逼真。最大的特点是能够体现出教学对象的关键要素部分，学生能够直观感知教学对象的有关形态结构特征。方便了学生的理解，也加深了学生对这部分内容的印象。②多媒体演示。随着现代信息技术和现代多媒体技术的发展，多媒体演示在教学中的运用越来越普及、越来越广泛。除了直观逼真、形象生动之外，多媒体演示的特点是能够很好地展示运动变化过程，在色彩、动画效果方面比较容易吸引学生的注意力。

(6)课堂管理技能

课堂管理技能指的是在教学过程中，老师维持好班级纪律，对班级进行管理，使之秩序井然，营造一个良好的课堂学习氛围，使地理教学过程得以顺利进行。不过运用微格教学的训练方式，在地理师范生教学技能培养训练中，学生角色是由同班同学扮演的。因此，该技能的训练效果不大。在进行板书时，学生可能会觉得没有他的事，就会闲下来说话。因此，这是老师不能忽视的环节：如果是概念、定义类的，老师要边板书、边讲解，或者和学生互动一起完成板书；如果是需要花费一定时间来做表格或者画图，老师可以给他们布置相关的自学内容，以便较好地和学生一起完成表格或者方便学生更好地学习板图内容。

(7)强化技能

强化是指通过某一中介事物，增强某种特定影响的过程。强化技能能够吸引学生注意力，让学生发挥其课堂的主体性。学生参与到地理课堂活动中，加强了师生之间的交流，进而利于提高教学效果。老师丰富的语言、教态运用能够很好地活跃课堂，学生会觉得轻松有趣，学习起来也是兴味盎然。强化技能主要有：①教学语言强化技能，可分为：老师运用语调、语速、语气的变化与停顿来进行强调，引起学生的注意力，加深学习印象；老师进行语言评论，通过肯定性或者改进性的评价对学生的回答、课堂学习行为进行评价，让学生学习更自主、积极。②肢体强化——目光强化、手势强化，学生表现得不错，老师投向赞许的、欣赏的目光；学生的行为影响了课堂秩序，老师可以投向严厉的目光，来制止他的行为，使其回归到课堂当中。在提问时，老师期许的目光，给了学生回答问题的勇气。手势是动作强化，使用起来方便、快捷。不过动作不宜幅度剧烈，运用不应当太过频繁。避免学生产生视觉疲劳，不易于吸引学生的注意力。③运用一些标志、符号、文字、图形、色彩鲜明对比等标志进行强化，可以用于对教学内容进行强化或者是对学生的学习行为进行表扬鼓励。④教师在教学活动中，组织学生投入到活动中去，即活动强化。在活动中，师生之间教学相长、学生之间相互启发共同进步。通过活动来达到强化的目的。

(8)结束技能

结束技能指的是在一部分、一节教学内容或者活动将要完成时，在地理教师带领下，和学生一起参与知识的归纳与拓展，帮助学生形成地理知识体系。进行了将近一节课的学习，学生情绪上有点疲劳，精力也没有刚上课时充沛，但正是进行总结，对整堂课画龙点睛的大好时机。在课堂的开头，要像凤头一样美丽，能吸引人；过程要像猪肚一样肥硕，要有丰富的教学内容；结局呢，则像虎尾那样横扫如风。一个好的课堂，要有善始善终的态度。结束主要有以下阶段：①新旧之间建立联系。所学内容与之前的地理知识有联系。这个时候把旧知识作为学习基础，一方面巩固了旧知识的学习，另一方面锻炼了学生思考问题、解决问题的能力。②回顾、总结。带领学生对教学内容进行简单回顾，回顾的时候和学生一起概括总结，对重难点再次强化。

结束技能主要有：①归纳总结型。课程将结束时，老师运用语言、图表等方式，对这节教学内容进行归纳总结。做到条理化、系统化，使所学习知识得到升华。②分析对比型。为了易于学生区分相近或相反的定义、概念或者本质特点，加深学生的学习印象，对新学知识部分或者新知识与旧知识之间进行分析对比。③活动拓展型。引导学生将课本上所学习的知识，运用到现实生活中，提升学生的实践能力、灵活运用知识的能力。切身体会学习对生活有用的地理，从而激发学生浓厚的学习兴趣、探究精神；④悬念设疑型。下节所要进行的教学内容和这节有关联，或者这节教学内容还没有完全结束，可以给学生留下悬念或者启发性的问题，激发学生对于下一节地理课的期待。⑤活动巩固型。为了巩固所学的知识，以知识竞赛、小组讨论、动手制作等形式，对所学知识进行深化。尤其是开放性的讨论，让学生结合生活实际，增强了学生用心观察生活、灵活运用知识的能力。

4. 地理板书、板图、板画技能

板书是教学技能中传统、应用普遍的一种教学技能。地理板书技能就是指地理教师根据教学目标、教材内容进行规划，在黑板上简明地书写教学内容。主要有文字、图标等形式。板书可帮助学生把握教学脉络，便于学生做笔记，也易于学生课下回顾上课时课堂情境，为功课的复习提供了良好条件。传统的板书一般分为两种：一种是正板书。教师在进行教学设计时，已经提前设计好了，正板书是对教学内容的高度概括，能够突显出本节内容的重难点。另一种就是副板书。是正板书的补充或者是重难点的详细讲解。副板书是根据课堂反馈，临时需要书写的字词或者符号等。

板书通常有以下几种分类：①提纲式。比较传统、运用广泛普遍的板书类型。一般指的是根据教学进程来安排板书内容书写顺序的板书形式。用数字序号标注顺序要点。板书语言言简意赅，顺序井然，条理清晰。能够根据数字序号来了解教材的结构，层次、从属关系明显，突出重难点。利于学生掌握地理教学内容。②表格式。将具有关联性、本质有区别的两个或者多个分散知识，利用表格进行分类、归纳、比较、总结，一目了然。易于学生区分，帮助学生掌握概念、规律、特点、本质。③框图式。用框架图的形式把相关的教学内容阐述出来。表达直观、条理清晰，教学内容系统化、条理化。教学内容经过整理，学生易于掌握各个知识之间的关系。多用于章节、阶段性的复习，老师带领学生一起完善框图。利于学生总结、归纳，巩固所学知识。④推理式。在地理概念、规律、过程等方面，存在因果关系或者逻辑性较强的板书形式。需要学生主动积极思考。⑤综合式。运用了两种或者两种以上形式的板书形式。板书形式并不总是以单一形式呈现的，更多时候地理教学过程的板书需要多种形式，以期较好地完成教学任务，达到良好的教学效果。

板图技能就是老师在教学过程中发挥教学机智，进行板图。板图不但培养了学生学习地理的兴趣，而且无形中加深了学生的学习印象。教学效果得以提高，给学生学习过程增添了乐趣。板画技能就是对具体地理事物进行简化，能够表现出地理事物基本特征的素描图。例如，山、河流、冷锋与天气、暖锋与天气等。

5. 地图运用技能

地图是地理的“第二语言”。地图中包含了很多地理信息，是地理区别于其他学科很明显的特点。《地理图册》是学生学习地理非常好的教材。为了提高学生的学习效果，切身体会到学习对生活有用的地理，以及培养学生良好的地理素养，地图在课堂上的运用是不可缺少的。①“看”指的就是“看地图”，引导学生看懂“地理第二语言”，能够获取地图里面的相关信息。②“选”指的就是“选择适用的地图”，结合网络地图批判式教学。

6. 地理课堂教学现代媒体技能

随着科技水平的提高，现代教育技术在教育领域的运用也是越来越广泛、不断改进。现代教学媒体具有以下特点：单位时间内要比传统教学传递的信息量大；能够较好地模拟演示地理动态变化，比如板块运动，给学生直观的视觉感知；帮助学生建立地理事物空间的、动态的、变化的思想；文字性的教学内容要比讲解的语言更有助于学生思考；丰富多彩的颜色给学生提供了较好的视觉效果，吸引了学生上课的注意力。

二、地理科学专业师范生特色教学技能的培养路径

(一)地理板画技能训练

地理教学板画，又叫黑板画，简称板画，是地理教师在教学过程中凭自己的记忆和熟练的技巧，用单色或彩色粉笔将地理事物、地理现象及其地理过程以简练的笔法描绘在黑板上的画。它能使学生获得各种地理对象及其过程的具体形象，而且可以使教师用冗长的语言还无法表达清楚的内容仅寥寥数笔即可一目了然，它是教师口头表达的补充和完善，对学生地理思维能力的培养有很大帮助[①]。

1. 地理教学板画的绘制原则

(1)板图形式简略、美观

要求线条流畅、简练、清晰；色彩鲜明、爽目；富于表现性，使人看之悦目。切忌支离破碎、随手乱画，为此必须做好原图的简化工作(图 3-1-2-1)。

(2)内容准确，重点突出

讲求地理科学性，明确图上各种地理要素之间的关系；突出所要表达的主要地理事物和现象。

---

① 陈计兵．地理课堂教学板书板画技能应用策略探析[J]．地理教学，2014(22)：4-9.

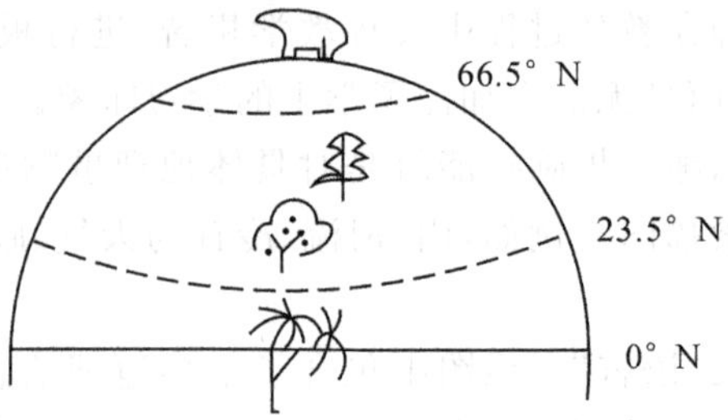

图 3-1-2-1　五带的划分

(3)作图迅速,与语言同步

要具有熟练的作图技巧,迅速成图;应与教学语言配合协调,同步进行。切忌为作图而作图。

2. 地理课堂教学板画主要类型

(1)轮廓图

区域轮廓图是最常见的板画形式,一般用来表现某个地区内部或其周围各种地理事物的分布。按形态可以分为几何略图、折线略图和曲线略图三种。几何略图误差较大,曲线略图所表达的地理事物的形状、比例及位置关系较准确,但对教师的要求也较高。如图 3-1-2-2～图 3-1-2-4 所示。

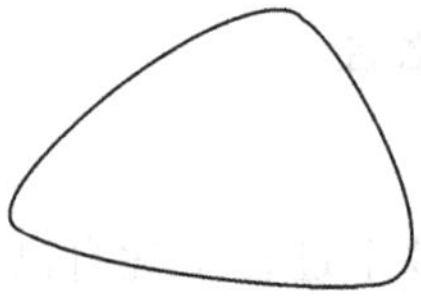
图 3-1-2-2 澳大利亚几何略图

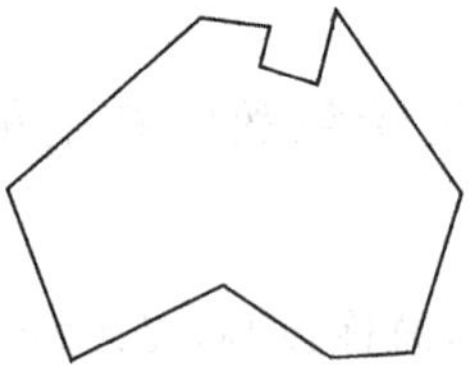
图 3-1-2-3 澳大利亚折线略图

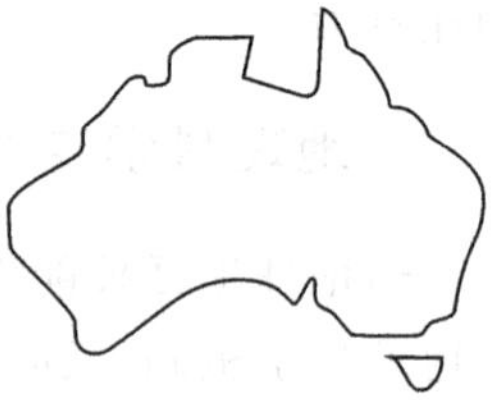
图 3-1-2-4 澳大利亚曲线略图

(2)形态画

用来表现地理事物的外部形态和特征。如地表形态画、动植物形态画、人文景观画等。如图 3-1-2-5、图 3-1-2-6 所示。

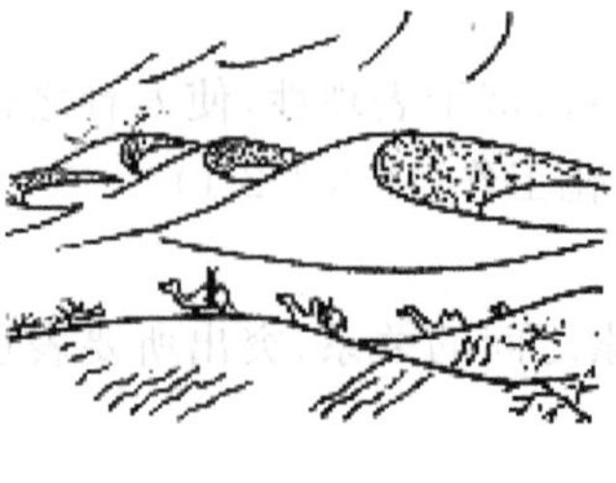
图 3-1-2-5　温带沙漠景观

图 3-1-2-6　风地蘑菇

(3)过程画

显示地理事物和现象发展变化过程的各个阶段。这种画不是一次画出全部内容，而是随着地理事物的变化，按一定顺序边讲边画出形成过程。如在讲授“热力环流原理”时，可参照图 3-1-2-7 分四步进行讲解。

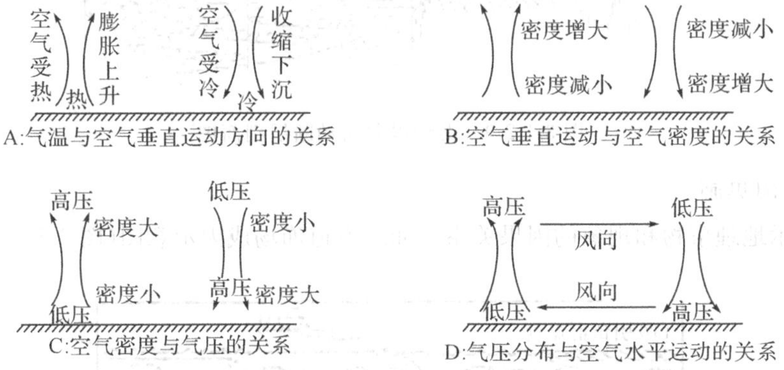

图 3-1-2-7　热力环流原理示意图

(4)动态画

表示各种地理事物和现象的运动状态。与过程画类似，也是边讲边画，但要注意运动的状态和方向，要画出动感来。如在讲授“水循环”时，可采用图 3-1-2-8 所示，边讲边画，并说明数字箭头和字母所表示的水循环过程及主要环节。

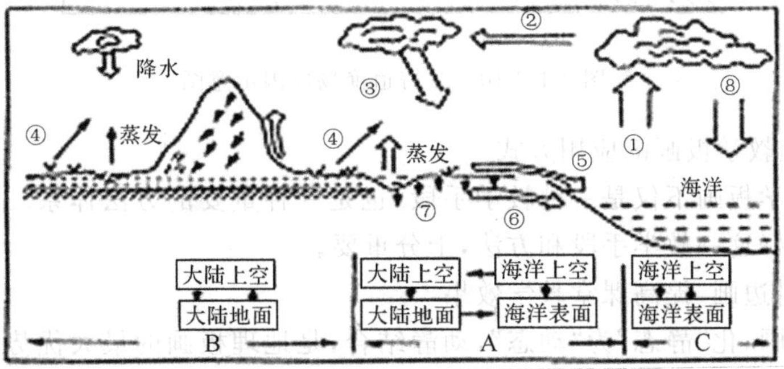

图 3-1-2-8　水循环示意图

(5)剖面画

用以显示地理事物和现象的内部结构。如地形剖面画、土壤剖面画、地质剖面画等。如图 3-1-2-9 所示。

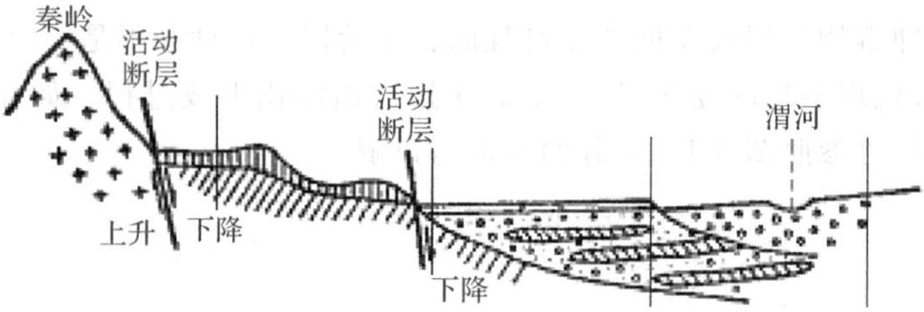

图 3-1-2-9 秦岭以北活动断层剖面图

(6)因果画

表示地理事物和现象的因果关系。如北海道渔场成因示意图(图 3-1-2-10)。

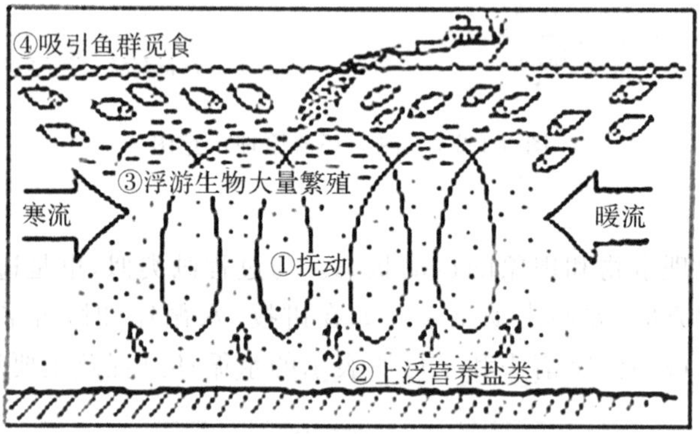

图 3-1-2-10 北海道渔场成因示意图

3. 地理教学板画的应用方式

地理教学板画不仅是一种教学手段,也是一种重要的方法体系。在教学过程中如何运用好这一教学手段和方法,十分重要。

(1)边讲边画,提高课堂教学效果

边讲边画,化"静态"为"动态",动静结合,是地理板画的最大优势。教师一边画一边讲解,可以形象地表现某些地理事物和现象的演变及形成过程,反映地理事物和现象的相互关系和分布规律;充分调动学生视觉和听觉,增强学生形象记忆的积极性,提高学习兴趣。

(2)学生仿绘,培养实践探究能力

常言道"百读不如一写,百看不如一画"。地理板画简洁,易于模仿绘制,教师可以指导学生亲自动手仿绘板画,这样有助于学生对知识的理解与掌握,培养学生的逻辑思维能力和实践探究能力。

(3)以图释文,培养学生思维能力

以图释文,是指利用板画将教材中冗长的文字描述转化为简明、直观的图像,这有利于培养学生的由抽象思维向形象思维的转化能力,也有利于培养学生多角度思考问题的习惯和能力。因此,以图释文是学生深刻理解和掌握知识的重要途径。

(二)地图运用技能训练

1. 地理科学师范生地图能力类型①

要培养地理师范生的地图能力,必须在研究地图能力分类的基础上,结合地理师范生的学习特点,在地图中逐步落实地理知识点,通过绘制地图提升地图能力。根据地理师范生不同的发展阶段对地图的不同需求,可将地图能力分解为识图、析图、绘图、用图四个部分。

识图能力主要指师范生能够获取地图所描述的地理事物表现出的定性、定量知识的能力。它也是识记能力、比较能力与辨别能力的综合,因此,识图能力是地图能力培养的第一步。要获取地图上的信息,首先需要弄清地图的基本要素,即看清图名、关注比例尺、理清图例所表示的地理信息;其次辨别清楚地图的类型,并选择不同类型地图判读的一般方法。一幅地理图像中有的地理信息会以较为直白的方式显现出来,而有些信息则表现得较为隐晦,需要师范生对信息进行进一步细致观察才能读出。例如,地球运动的试题中晨昏线有时会成为图中的隐含信息,有助于时间的推算。

析图能力主要是指师范生将图像中给出的地理信息与自身已学习的地理事物特征、地理现象发展趋势、相关地理数据等相联系,通过分析、推断、总结表达出简单图像信息所表现出的深层内涵,揭示地理事物发展规律与相互关联的地图能力。所以析图能力包含了地图分析能力、地图判断能力、地图综合能力以及归纳能力。可以说析图能力是地图能力发展的关键环节,它是挖掘图像深层信息的必备工具,因此析图能力的培养是地图能力发展的重中之重。

绘图能力是将特定地理事物和地理现象在地图上绘制表现出来的能力,其中又包括了对地图的填注、修改和绘编能力。填注能力是指将地理事物正确地配以相应信息的能力,这其中包括了地理事物的注记符号、空间特征、时间动态等。填注能力反映了地理师范生对于教材中知识点的掌握程度,是绘图能力中最为基本的、必须融会贯通的能力。修改能力是发现地图中的错误信息,并将其纠正的能力。当今获取地图的渠道之多,在提供便利的同时也带来地图质量参差不齐的隐患。因此,地理师范生必须具备修改能力,将地图中的不恰当信息“改旗易帜”。绘编能力是编制地图并用其解决地理问题的能力。填注能力确保地图编绘的顺利进

① 王雨静,蔡安宁,徐鉴尧.地理师范生地图能力培养的路径研究[J].地理教学,2015(12):7-10.

行,修改能力则确保师范生编绘地图的正确性,因此绘编能力是在填注、修改能力之上的提升。在新课程背景下,地理师范生的绘编能力不仅仅局限于板图板画,更要向运用GIS绘制和开发电子地图的方向发展。

用图能力,顾名思义则是对地图正确使用的能力,其涵盖着地图组合能力和联系实际能力。地图组合能力是指将两种或者是两种以上不同类型地图相叠加、组合为某一类型地图的能力。现实地理现象的综合性和复杂性决定了地图类型的多样性,若地理师范生具备这种能力则可使分析问题更加具有条理。例如在讲述影响城市分布的自然条件时将地形图、气候类型图、河流分布图等相叠加组合,这样就易于分析出城市分布的特点。联系实际能力则是能将地图运用到实际生活之中,通过地图来使得地理教学更加生动形象的能力。比如在乡土地理教学中要了解家乡的功能区分布时,则可以通过一张地图使得各功能区的分布一目了然、通俗易懂。

2. 地理科学师范生地图能力训练路径

地图能力是高等院校地理专业师范生必备的基本专业技能。随着3S技术和大数据的迅猛发展,高等院校必须加快创新地图能力培养模式,提高地理专业的核心竞争力,需将地图能力培养贯穿于整个地理专业学习过程中,注重构建以地图能力培养为核心的完整教学培养体系。

(1)课堂教学学习地图基本知识

课堂教学是培养师范生地图能力的主阵地。在课堂上,师范生要补充、巩固对地图基本知识和基本理论的掌握。在掌握这些基本知识和理论后,进行大量的识图和析图训练。识图、析图是地图能力培养最基础的练习,其主要目的就是使师范生能够识辨地图类型进而分析区别地图上表示的各种地图信息,并使之转化为书面或口头语言。在日常学习中,地理师范生会遇到各种各样的地理图像,所以正确区分地图类型,整体把握图像反映的大方向是地图能力培养的开端。师范生具有在校时间长、学校开设课程内容多、教师指导等优势,因此课堂是地理师范生地图能力培养的主阵地,以解决师范生存在的认图不清、思图不精问题。例如通过地图学课程掌握地图的类型,编绘、信息提取等能力的培养;通过教学论课程掌握地图在地理教学之中的实际运用。除此之外,还应在课堂教学中,在教学论教师指导下、师范生有意识地训练中正确辨别和分析中学地理教材中的图形,归纳教材中各种地图、等值线图、地理示意图、地理统计图表、地理景观图、地理三维立体图、地理漫画等各类图表的特点。但必须注意的是地理图像并非只单纯包含一种地图类型,而是包含几种地图的综合类型,因此应进行由单项训练到多项训练的逐级训练模式。地理师范生应先进行专项的地图训练,在搞懂熟知各地图类型之后,再选取较为复杂的、多种图型综合表述的图表进行分析,以提高识图、析图能力。对比各种地图的优劣势,也是地理师范生应在课堂训练中不断总结的知识点,这为以后的地图选取、地图制作打下基础。

(2)技能训练强化地图制作技巧

在掌握地图的基本知识和理论后，还必须通过技能训练来补充。绘图是地理师范生最重要的技能之一。为了解决师范生绘图不准、制图犯难的问题，有意识有目的地加强地理师范生的绘图训练是必不可少的。因此，技能训练是地理师范生地图能力培养的补充，包括了填图训练、板图绘制训练、手绘简图训练以及运用电脑软件绘制地图4个方面。

首先，填图训练应该加强对一些地理示意图，如山川、河流、行政区的填图，做到多看图，多读图，这样才能在填图时迅速反应此处讲述的是什么内容。其次，板图绘制与手绘简图方面，学会绘制简图是进行板图绘制的必要前提，板图与手绘简图的绘制大多属于临摹范畴，所以加强这两项图的绘制最主要的就是要多看图，找到一幅图的关键所在，勤加练习才能更好地掌握。地理师范生的培养计划中，板图板画是必修课程主要内容。在实际训练中，师范生要加强对于对板图或手绘图的训练，地理师范生可统一进行绘图训练，并组织相应的技能竞赛让教师点评，同学互评，指出不足，共同进步。最后，电脑软件绘制地图方面，通过地理信息系统(GIS)的技能训练，掌握GIS制图技能，并根据自己的需要着手制作一些专题地图以促进制图能力的提高。这项能力也为今后汇编试题，甚至是开发电子教学地图奠定基础。

(3)野外实习重在提升地图理解感悟

地图能力必须应用于社会实践中，没有实践的检验，不能说真正具有地图能力。生活中存在着各种各样的地理现象，但是地理师范生由于缺乏足够的生活经验、缺少发现"身边地理的眼睛"，对于生活中的地理现象认知不足，因此必须通过野外实习来拓宽视野，发现生活中的地理。生活中的地理现象从宏观看，可分为自然地理现象与人文地理现象。认识、辨析生活中出现的各种地理现象是师范生更加全面理解地理图像中包含的地理知识必不可少的一步。在地理师范生培养过程中，高校可以根据地理科学的学科性质与学生的学情增加一定的自然地理实习和人文地理实习。例如在学习中开展庐山自然地理实习和北京人文地理实习，通过考察庐山的地质地貌状况，增强对褶皱、断层等地理现象的感性认知；通过发现庐山植被的更替现象，更加深刻理解山地的垂直地带性规律。再如通过北京人文地理实习，了解北京城区的功能区分布以及CBD的具体特征，从而将书本上笼统的知识转化为更直观的实物。生活中任何地理现象均可与地理图像相互联通，因此野外实习是地理师范生培养地图能力的实践地，通过实践做到"眼见现象，心中有图"。

(4)教育实习展示地图讲授技艺

讲授是考验地理师范生用图能力的方式之一。经过长时间专业知识的学习，地理师范生已经具备了一定的识图、析图、绘图能力，因此教育实习是地理师范生踏入教师岗位前的小试身手，也是其培养地图能力的实践地。教师是学生学习知识的引导者，作为一名合格的地理师范生，在向学生讲授地理知识的同时，更重要的是让学生掌握学习方法和技能，将自身的地图能力传授给学生。所以师范生必须要能准确地根据地理图像，做出正确的判断，将题目讲解清晰，使学生弄清因果。

(5)考编试讲检测地图综合能力

考编试讲是地理师范生进入教师岗位的必经环节，更是检验地理师范生地图能力的综合“考场”。试讲的成功与否反映着地理师范生对地图能力的综合运用水平高低，可谓是“成败在此一举”。因此考编试讲是地理师范生地图能力的展示与检测。要提升考编试讲的表现，首先必须锻炼师范生的口头表达能力，增强师范生技能中即兴演讲的训练。其次，加强专业知识的巩固，掌握学科术语，使师范生自己更具深度，也使师范生未来的课堂更具科学性。再者，加强地理师范生逻辑思维的训练，使得其对地图的表述更加合理、有序。再经过教育实习的实践，地理师范生对于教材知识点的理解更为全面，对于地理图像的分析研究更为细致，真正能够做到对讲解的图像、题目烂熟于心，从而在考编试讲中条理清晰、突出重点、易于接受，获得进入教师职业岗位的“入场券”。

(三)乡土地理与地方综合分析技能训练

1. 乡土的内涵

乡土是人们出生或长期居住和生活的地方，那么乡土就不仅是一个地方，也不仅指出生的地方。乡土的空间是随着人的年龄与生活经验及其所在空间不同而扩大，它具有横的相对关系与纵的子母关系。(1)弹性空间：乡土空间感因年龄、生活经验、情感而异。(2)阶层空间：乡土空间感随情境而异。例：居住于中国台湾新北市者，因外在情境的改变，台北、台湾、中国、亚洲、地球都是他的乡土。因此，地球村或世界公民的概念，将随时间的演进而日渐显著。随情境而异的是乡土阶层空间概念。

乡土包括：(1)自然要素：指乡土的地形、地质、气候、水文、动植物、土壤等，是供应人类生存所必需的一切物质。(2)人文要素：指人类在其乡土上各种有形的建设，如交通、聚落、经济活动及无形的文化、风俗习惯、语言等。亦即人为了要适应环境而产生了文化。

乡土情感指识觉的空间、生活的空间、主体的空间。人们与其乡土，朝夕相处，交互作用，相互影响，自然而然产生不可分离的密切关系。人对乡土的识觉具有“属于感、熟悉感、亲切感、舒适感、价值感、责任感”。

乡土责任是指人与其乡土之间无时不在交互作用、相互影响，因此，乡土环境质量影响人们生活福祉至深且巨。乡土环境质量全赖居住其上的人们来维护，所以人们对他所居住的乡土负有维护的责任，同时也应尽回馈乡土的义务，而不是仅从乡土中获取生活物质。

2. 乡土地理教育

乡土教育的内涵包含认知、技能与情意三方面；主要范围是生长、生活环境的地理、自然景观、土地和人文现象，进而扩大到国家、世界等相关教育；其特色是生活、人格、民族精神和世界观的教育，更期待能经由接触、主动参与，培养学生解决问题的能力并让学生学会尊重他人进而互相学习、欣赏，成为一个具有世界观的世界公民。核心在于帮助学习者如何更好地理解“本土化←/→全球化”转换逻辑。

乡土地理教育目的：(1)增进学生对乡土文化的了解，培养学生热爱乡土的情怀。(2)增进学生对乡土环境的了解(家乡需要的是什么?)，培养学生爱护生活环境的情操。(3)培养学生野外观察的能力，改进学生户外旅游的观念。(4)增进学生对乡土问题的了解，培养学生服务社会的热诚。(5)培养学生对各族群文化的尊重，增进学生社会族群间的和谐。

3. 基于乡土地理的地方综合分析技能训练路径

以培养乡土情为重点，以经验教学为方法，教学内容可以取自周遭环境的任何议题。

(1)乡土语言包括乡土说话教材、读书教材。

(2)乡土历史包括家乡的地名沿革、家乡的族群、家乡在中国各王朝中的经营和发展、家乡的民间信仰、家乡的岁时节令、家乡的先贤、家乡的古迹、家乡的现代等。

(3)乡土地理概况：家乡的地理位置与行政区、家乡的地质与地形、家乡的气候、家乡的土壤、家乡的矿产与能源、家乡的人口、家乡的产业、家乡的交通与聚落、家乡的土地利用与区域发展等。

(4)乡土自然资源与景观：家乡的植物景观、与民俗节庆有关的家乡植物、家乡的民间药草、家乡的常见植物、家乡常见的特产植物，家乡常见的哺乳类与鸟类、特有的爬虫类两栖类水生动物与昆虫类、维护家乡自然的生态平衡、家乡的自然保育、自然景观等。

(5)乡土人文艺术，主要有家乡的传统戏曲、传统音乐、传统舞蹈、传统美术等。

(6)乡土土地利用景观系统及其要素(如图3-1-2-11所示)。

乡土教学活动中，要融入认知、情意和技能三个领域的学习。(1)知性的教育：乡土环境教育要教人们有关乡土的自然要素与人文要素，让人们对乡土的环境有充分的理解，以作为培养乡土感情的基础及建设乡土的基本知识。(2)情意的教育：人们对乡土有爱并具有责任感，乡土观念才能形成，显示乡土教学具有情意的教育功能。缺乏情意的教育功能，便失去乡土教学的意义。(3)艺能的教育：透过对乡土艺能的学习，对乡土的认知将更为深刻，也可使乡土艺术获得传承。

学习途径有二：练习、经验，以“经验”的学习方法更佳，即外出上课比室内上课

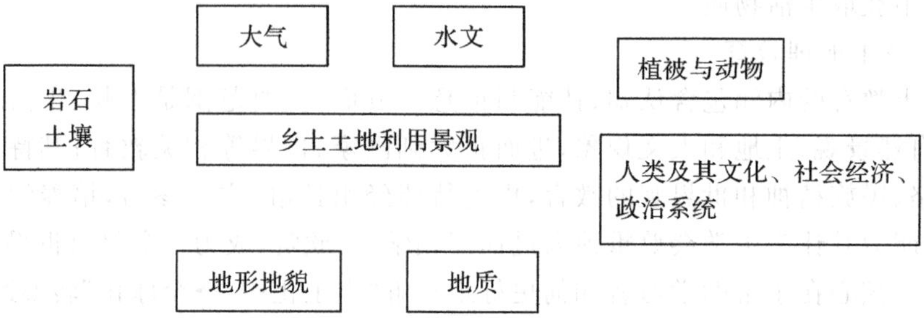

图 3-1-2-11　乡土土地利用景观系统要素

更佳。成功的乡土教学的先决条件是经验丰富的教师、新鲜有趣的教材、乡土环境教学法。教学宜先感性而后知性、教学速度宜缓、善用辅助器材、给学生亲身体验的机会。

4. 乡土教学活动设计案例，如案例 3-1-2-1 和案例 3-1-2-2。

案例 3-1-2-1

镇江第一中学环境夏令营计划

(一)日程安排(略)

(二)营员守则(略)

(三)句容宝华山自然保护区考察

1. 考察目的

了解宝华山的自然生态，调查其物种资源，认识建立自然保护区的意义。

2. 路线示意图(略)

3. 考察内容

(1)在芦圹工业区：观察仑山水库附近的自然环境，了解山青与水秀的关系，认识森林涵养水源保持水土的作用。

(2)在摇林口：观察斗篷山和馒头山的杉木林。

(3)在林场总部：参观标本室，了解宝华山自然保护区林木资源的种属，知道植物标本的压制方法。

(4)在分场：观察油茶、红枫、毛竹等经济林木的生态环境及用途。

(5)在隆昌寺周围：观察宝华山的自然环境；观察常绿与落叶阔叶混交林和针阔混交林；了解林区植物的层次结构及其明显的过渡性；观察宝华山特有的珍稀树种，认识建立自然保护区的意义；观察废煤矿，认识因植被遭破坏造成的严重后果；有组织地采集珍稀植物的标本。

（四）丹阳“乡镇企业与环境”调查提纲

1. 企业概况调查

(1)全乡企业总数、类别。

(2)全乡企业年产值，占全乡经济总产值的百分比。

(3)有污染的企业数，它们用的是哪些燃料和原材料？生产哪些产品？排放哪些废气、废水和固体废弃物？

(4)有多少是和其他地区一些工厂协作的企业？有无污染转嫁问题？

(5)没有防治污染设施的企业有多少？“三废”处理较好的是哪些企业？

(6)从事企业的人口数，占全乡人口百分比。

2. 重点企业调查

(1)企业名称、性质、开创时期；职工人数、性别构成。

(2)固定资产、年产值，逐年完成指标的情况。年利润逐年各是多少？

(3)产品名称、数量，主要原材料及其来源；全厂总耗能。

(4)污染物名称、排放数量、含有害物质的浓度、排放去向。

(5)治理情况及其经济效益；职工健康状况。

3. 环境调查

(1)乡镇地理位置、面积、人口及地形特点和常年风向。

(2)企业分布是否符合环境要求？是否设置在上风头、水源区？

(3)乡镇周围的绿化状况，林木覆盖率多少？有无荒山？植物生态怎样？

(4)周围有哪些河流和池塘？水质如何？沿河有哪些企业的废水排入？

(5)地面状况如何？有无工厂废弃物和居民生活垃圾？其污染程度如何？

(6)学校附近有无工厂？它对学校的正常教学和师生身体健康有无影响？

(7)周围环境是否优美？

（选自《中学乡土地理教学与研究》第 204 页）

案例 3-1-2-2

乡土地理野外实习设计——上海佘山地区

一、野外实习准备

（一）教师的准备工作

1. 制定野外实习计划

(1)首先要从学生的知识基础和年龄特点出发来安排活动。活动内容既要有地理观察，又要有适当游览，既要有集体活动，又要安排个人或小组活动。

(2)计划的目的性要强。例如：我校佘山地区乡土地理野外实习的目的就是：

A. 使学生直观地认识家乡的地理环境，从而激发学生热爱家乡的热情。

B. 进一步调动学生学习地理的积极性，有利于学生理论联系实际，掌握和巩固课堂讲授的知识。

C. 提高学生观察问题和解决问题的能力。

实习的要求是观察和解决如下问题：

佘山地区能看到哪些岩石？如何识别？

根据这些岩石，你认为这些小山丘是怎样形成的？

这些小山丘有多高？上海的地形最高点在哪里？

佘山地区可以看到哪些土壤？它们是怎样演化而来的？

佘山地区可以看到什么植被？

(3)内容要充实，计划中有明确的实习路线并附有地图。

2. 选点：指导教师要事先亲自到实习地区选点，各点都要有详细计划。

(二)学生的准备工作

1. 组织准备：分组并明确组织纪律方面的要求。

2. 知识准备：指导教师要在出发前向学生宣布实习计划，并给学生上"野外实习基础知识课"。

二、野外实习过程

(一)先分散

到达每一个观察点以后，先让学生分散活动，在这期间教师不断提问。

(二)后集中

由学生回答教师提出的问题，再由教师归纳小结。

如在天马山观察点，我们给学生的实习任务是：采集、观察和识别熔结流纹凝灰岩、熔结火山角砾岩、花岗斑岩等岩石并讨论其成因；采集土壤和植被标本；游览护珠宝塔和竹林。

又如在辰山观察点，我们给学生的实习任务是：采集、观察和识别熔结凝灰岩、熔结凝灰角砾岩、闪石玢岩、细晶岩等岩石，并讨论其成因，观察和分析岩石节理和花岗岩球状风化。

再如在西佘山观察点，我们给学生的实习任务是：登高眺远，观察上海地貌；西佘山的土壤、植被及它们的垂直分布；观察作为吴淞零点高程起算点的"球式铜头标志"(海拔46.065米)；天文台地震台、教堂等。

三、野外实习总结

包括谈收获和体会，整理标本，完成和交流作业。

(选自《地理教学》1983年第6期第33页　作者：顾蕙荪)

三、地理科学专业师范生特色教学技能的培养模式创新

(一)培养模式创新的方向

在培养方式上,不仅注重理论课教育,更注重理论与实践的结合。规范执行培养计划所列书法课教学,同时加强二、三年级学生三笔字训练,由班主任及书法课教师督查指导。学校定期举办讲课大赛、朗诵比赛、演讲赛、辩论赛等活动,以此培养师范生更多的爱好特长,提高师范生综合素质。

加强微格教学、试讲过程管理,提高师范生多媒体课件制作和使用能力。积极组织开展师范生技能训练及讲课大赛,通过班级、学院、学校、省、国家级赛事平台,推动学生师范技能水平的整体提升。

根据学生成长特点和基础教育需求,分别在二、三年级设置了“师范生三笔字技能”“多媒体技术应用及课件制作”“口语表达训练”等师范生技能课程,增加课程的学习时间,并保证其教学质量。

课程内容和时间安排科学合理,符合师范生专业成长规律,体现应用型人才培养理念,在掌握理论知识的同时,学习专业技能,使学生具备相应的专业素质。

(二)特色教学技能的培养创新

1. 基于网络实践社区的师范生教育实习互动平台

以师范生的培养与教师专业发展的需求为出发点,考虑最优的用户体验与最高效的管理维护方式,帮助师范生搭建不断观察、分析、讨论、反思的教育实习环境,为他们提供不断递增的情感支持、减少孤独感,提升对教师职业的自信与热情,提高教学技能。基于网络实践社区的师范生教育实习互动平台使具有各种不同经验和专业知识的师范生及广大教师在这个学习环境中聚合,观察、讨论和反思抛锚于真实教学案例的教育理论和实践,为师范生在专业发展道路上实现实践性知识的管理和再创造提供了一个理想的专业环境。

2. 尝试学生自主训练与志愿者指导相结合

借鉴中国教育部直属师范大学免费师范生教学技能培养的自主训练与志愿者指导模式。学生自主训练主要是通过免费师范生的个人自主训练和小组集体训练等方式,提升免费师范生的教学技能。如西南大学某学院正在探索免费师范生教学技能自主训练与志愿者指导相结合,即依托“未来教育家志愿者协会”,从一些有一定实践教学经验的硕士或博士研究生中选拔一批志愿者担任免费师范生自主训练的指导教师,这些志愿者或指导教师利用自己的教学经验和良好的教学技能技巧,定期指导低年级免费师范生进行教学技能训练(低年级分为7～8人的若干自主训练小组),包括指导低年级免费师范生的教学语言训练、板书训练、教学体态言语训练、课堂讲课能力的训练等,该方式效果显著,大大提高了免费师范生教学技能培养的主体性和实效性,但还需要在实践中加强对志愿者素质和能力的培养,逐

步“建立指导教师—研究生(硕士与博士研究生)—免费师范生培养联合体,实现立体的传帮带体系”以切实提高师范生的教学实践能力。

3. 基于 Word 绘制地理图像

在高等学校,地理师范生的地理课程中设置了“GIS 概论与应用”课程,一般是学习 ArcGIS 软件并利用这一软件学会制图。而目前学习的 ArcGIS 软件更适用于地理信息系统专业使用,专业性较强,没有相关的坚实理论基础一般较难熟练掌握。少许学者就 ArcGIS 这一软件开发适用于中学教学的信息平台,但在中学地理教学中真正应用的还是较少。其他绘图软件如 CorelDraw、Illustrator、MapInfo、Microsoft Office 的 Visio 软件等都不是地理教师所熟悉的,需从头学起,费时费力。Word 操作简单,又是地理教师日常办公的软件,学生对其界面、操作都非常熟悉,并且微软公司也不断地在完善 Word 绘图工具,增强其绘图功能,使其能满足地理教师日常工作处理图片的需要,达到简单方便的绘图效果。

Word 绘图能够解决点状图、线状图、面状图和组合图的绘制;Word 绘图工具随着 Word 版本的更新而不断地完善和强大,利用 Word 绘制地理图像简单易学、实用性强,能够满足地理教师在日常授课、试题编写、教学研究中对各种地理图像的需求。在绘制较为复杂的地理图像时,地理教师所花时间可能较长,但熟能生巧,熟练掌握 Word 绘图的各种技巧和方法后绘图效率也会大大提高。地理信息的呈现离不开地理图像这一重要媒介,地理图像既是学生地理学习的重要工具,也是教师地理教学的常用工具。地理教师常常需要相同区域或类型相同的地理图像,为避免重复绘图,可在 Word 建立一个地理图库,集中保存常见和常用的地理图像。地理教师日常制作课件的办公软件 PPT 也具有绘图功能,在 2010 版以上的 PPT 相对于 Word 增加了“合并、拆分图形”的功能,也是值得广大地理教师关注的一种绘图工具。

第二节 地理科学专业师范生教学技能考核

综合性大学举办教师教育,在发挥学科优势的同时,必须高度关注师范氛围的营造,尤其要加强师范技能的训练与规范化考核,唯此才能突出师范特色,才能使综合性大学培养的师范生具有职业竞争力。技能考核对于师范生来讲,既是动力又是压力。师范生为了应对考核所做的训练,以及在考核过程中所经受的锻炼,对于提高他们的技能水平和综合素养都有着积极的作用。

一、地理科学专业师范生教学技能考核内容与时序

地理科学专业师范生教学技能考核项目如表 3-2-1-1 所示,其中,普通话、三笔

字、教育信息技术构成了第一层次，亦即一般技能；板图与地图运用、地方综合分析构成了第二层次，即学科特色技能；教学设计、课件制作、说课·上课·板书构成了第三层次，即综合技能。具体而言，如普通话可具体化为直接可操作的功能单位，语音、语速、语气、重音、朗读、演讲等。说课可具体化为说教材、说教法、说过程等要素，模拟上课可从教学目标、教学内容、教学过程、教学素质、教学效果等方面训练和考察，板书设计科具体化为内容匹配、构图、书写等方面。在此基础上形成第三层次各要素的评判标准和专家打分规则，使训练与考核更具有针对性和可操作性。

表 3-2-1-1　地理科学专业师范生教学技能考核

师范生培养目标	教学技能项目
中学地理科师资	普通话、三笔字、教育信息技术，学科特色技能（板图与地图运用、地方综合分析），教学设计、课件制作、说课·上课·板书

综合国内多家师范大学和地方综合性大学地理科学专业师范生教学技能涉及的课程安排，构建如表3-2-1-2所示地理科学专业师范生教学技能考核时序，可使师范生的教学技能具有现代性、完整性和可操作性，同时技能考核计划分学期、有梯度地进行，有助于使师范生的教学技能循序渐进地得到切实提高。

表 3-2-1-2　地理科学专业师范生教学技能考核时序

考核项目	考核学期
普通话	第 2 学期末
三笔字	第 4 学期末
教育信息技术	第 4 学期末
学科特色技能	第 6 学期末
教学设计、课件制作	第 6 学期末
说课·上课·板书	第 6 学期末

二、地理科学专业师范生教学技能考核评判规则

（一）师范生教学技能竞赛项目与流程

如图 3-2-2-1 所示师范生教学技能竞赛项目与流程，主要包括教学设计并制作课件、即席演讲、模拟上课。需要特别指出的是，每位选手赛前准备时间共计 155 分钟，其中模拟上课准备时间为 150 分钟，即席讲演准备时间 5 分钟。每位选手正式比赛时间为 13 分钟，其中即席讲演时间为 3 分钟，模拟上课时间为 10 分钟。每位选手进入竞赛室后，先进行即席讲演，然后开始模拟上课。

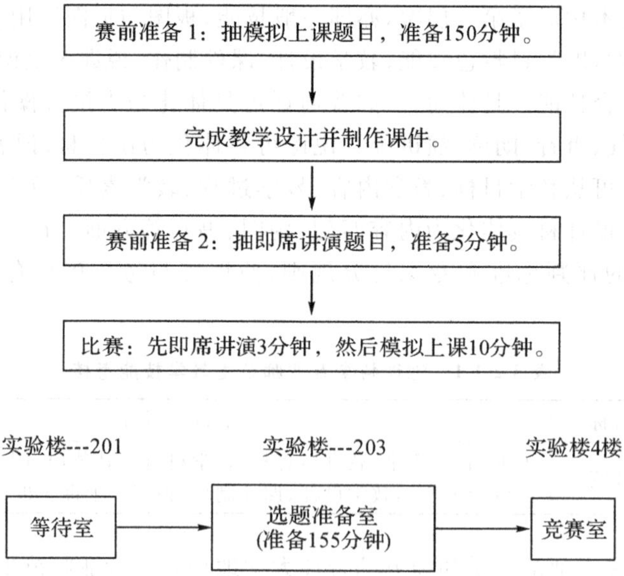

图 3-2-2-1 师范生教学技能竞赛项目与流程

(二)教学设计评价参考标准

教学设计是指运用系统方法，将学习理论与教学理论的原理转换成教学过程和教学活动的具体计划的系统化过程。教学设计是一个开放动态的过程，是能够充分体现教师创造性教学的“文本”。参赛者应结合我国新课程改革的理念，以及基础教育现实、教学要求、课程目标等发生的深刻变化，针对指定内容进行教学设计，解决教什么、怎样教的问题，使教学过程最优化。

(1)要求：根据抽取的试题，设计教学方案一例，建议设计的时间不超过 90 分钟，单项满分 25 分。

(2)教学设计评价标准见表 3-2-2-1。

表 3-2-2-1 教学设计评价参考标准

项目	内容	评 价 标 准	分值
目标设计 3 分	目标表述	教学目标清楚、具体，易于理解，便于实施，行为动词使用正确，阐述规范	1.5
	要求与宗旨	符合课标要求、学科特点和学生实际；体现对知识、能力与创新思维等发展要求	1.5
内容分析 2 分	教学内容	教学内容前后知识点关系、地位、作用描述准确，重点、难点分析清楚	2
学情分析 2 分	学生情况	学生认知特点和水平表述恰当，学习习惯和能力分析合理	2

续表

项目	内容	评价标准	分值
教学过程设计 11 分	教学思路	教学主线描述清晰，教学内容处理符合课程标准要求，具有较强的系统性和逻辑性	2
	教学重点与难点	重点突出，点面结合，深浅适度；难点清楚，把握准确；化难为易，处理恰当	2
	教学方法	教学方法清晰适当，符合教学对象要求，有利于教学内容完成、难点解决和重点突出	2
	教学手段	教学辅助手段准备与使用说明清晰，教具及现代化教学手段运用恰当	1
	教学环节	内容充实精要，适合学生水平；结构合理，过渡自然，便于操作；理论联系实际，注重教学互动，启发学生思考及问题解决	3
	教学评价	注重形成性评价及生成性问题解决和利用	1
延伸设计 2 分	课时分配与作业答疑	课时分配科学、合理；辅导与答疑设置合理，练习、作业、讨论安排符合教学目标，有助于强化学生反思、理解和问题解决	2
文档规范 2 分	内容排版	文字、符号、单位和公式符合标准规范；语言简洁、明了，字体、图表运用适当；文档结构完整，布局合理，格式美观	2
设计创新 3 分	设计创新	教学方案的整体设计富有创新性，较好体现课程改革的理念和要求；教学方法选择适当，教学过程设计有突出的特色	3

(三)多媒体课件制作评判参考标准

多媒体课件是用于实施教学活动的教学软件，参赛者应在一定的学习理论和教学理论的指导下，遵循学生的认知规律，根据学习目标或教学目标设计反映某种教学策略和教学内容的课件。课件应该形象、直观、生动、快捷、高效，并具备参与交互功能，有助于优化课堂教学，推进素质教育。

(1)要求：根据教学设计内容制作课件一例，制作平台不限，建议制作时间不超过 60 分钟，单项满分 15 分。

(2)课件制作评价标准见表 3-2-2-2。

表 3-2-2-2 多媒体课件制作评判参考标准

项目	内容	评价标准	分值
多媒体课件15分	科学性	课件取材适宜，内容科学、正确、规范	2
		课件演示符合现代教育理念	2
	教育性	课件设计新颖，能体现教学设计思想；知识点结构清晰，能调动学生的学习热情	6
	技术性	课件制作和使用上恰当运用多媒体效果	1.5
		操作简便、快捷，交流方便，适于教学	1.5
	艺术性	画面设计具有较高艺术性，整体风格相对统一	2

（四）即席讲演评判参考标准

即席讲演具有即兴发挥、主题集中、篇幅短小等特点，参赛者应具备多方面的知识素养和能力，特别是需要敏捷的思维能力，快速的语言表达能力和灵活的应变能力，主要考察参赛者知识的广度、思想的深度以及思维的敏锐程度。

（1）要求：根据抽取的试题进行讲演，时间不超过 3 分钟，单项满分 15 分。

（2）即席讲演评价标准见表 3-2-2-3。

（五）模拟上课·板书评判参考标准

模拟上课是参赛者依据教学设计方案，自主选择一个“教学片段”或“环节”进行模拟上课。应能够突出新课程理念，展示驾驭课堂教学的艺术，体现创新精神和课堂教学研究的能力。板书在模拟上课过程中呈现。

（1）要求：根据制作的教学设计方案和课件进行模拟上课·板书，总时间不超过 10 分钟，单项满分 45 分。

（2）模拟上课·板书评价标准见表 3-2-2-4。

表 3-2-2-3　即席讲演评判参考标准

项目	内容	评价标准	分值
即席讲演 15 分	演讲内容	主题鲜明切题，内容充实、针对性强；问题分析到位，解决策略得当、新颖，说服力强；论据贴切，符合实际，阐释充分；内容构架结构严谨、层次分明、条理清晰	5
	语言艺术	普通话标准，用语规范，节奏处理得当，表现力强，说服力强	3
	思维艺术	思维敏捷，随机应变能力强；把握时机，灵活多变；组织能力强	3
	仪表形象	神态丰富自然，与演讲内容吻合；姿态自然、动作适度，辅助演讲效果好	3
	演讲时间	时间在 2～3 分钟，不超时	1

表 3-2-2-4　模拟上课·板书评价标准

项目	内容	评价标准	分值
模拟上课 35 分	教学目标	目标设置明确，要求具体，符合课标要求和学生实际	3
	教学内容	重点内容讲解明白，教学难点处理恰当，关注学生已有知识和经验，注重学生能力培养，强调课堂交流互动，知识阐释正确	5
	教学方法	按新课标的教学理念处理教学内容以及教与学、知识与能力的关系，较好落实教学目标；突出自主、探究、合作学习方式，体现多元化学习方法；实现有效师生互动	7
	教学过程	教学整体安排合理，环节紧凑，层次清晰；创造性使用教材；教学特色突出；恰当使用多媒体课件辅助教学，教学演示规范	7
	教学素质	教态自然亲切、仪表举止得体，注重目光交流，教学语言规范准确、生动简洁	4
	教学效果	按时完成教学任务，教学目标达成度高	4
	教学创新	教学过程富有创意；能创造性地使用教材；教学方法灵活多样，有突出的特色	5

续表

项目	内容	评价标准	分值
板书设计10分	内容匹配	反映教学设计意图,突显重点、难点,能调动学生主动性和积极性	4
	构图	构思巧妙,富有创意,构图自然,形象直观,教学辅助作用显著	4
	书写	书写快速流畅,字形大小适度,清楚整洁,美观大方,规范正确	2

三、地理科学专业师范生特色教学技能考核的组织

首先,组织考核委员会,制定考核规范。其次,修订各师范专业培养方案,把教学技能考核纳入师范教育培养方案里,规定教学技能考核全部合格者可获得“师范生教学技能合格证书”,取得合格证书方可毕业。再次,制定三级达标制度。师范生教学技能考核是一个完整的系统,一次性考核不符合技能的形成规律。根据教学技能内容的特点,分三个级别进行考核:一级一般教学技能考核(包括普通话、三笔字、教育信息技术、简笔画)、二级学科特色教学技能考核、三级综合教学技能考核(包括教学设计、课件制作、说课・上课・板书)。最后,制定具体的考核计划,考核全部合格者才可参加实习。

对各设有教师教育学院的大学,一般采用主管本科教学的副校长领导教务处负责师范教育(或者实践教学)科协同教师教育学院组织全校师范生教学基本技能的考核,并结合本省师范生教学技能竞赛开展校级选拔赛,同时要求各有关学科组开展校内学院层面的院级选拔,随后进行学校命题和学校决赛。

第三节 宁波大学地理科学专业教学技能考核组织安排

一、根据浙江省高等学校第十一届师范生教学技能竞赛组织校级选拔赛

宁波大学教务处于2017年5月19日发布《关于举行宁波大学第十一届师范生教学技能竞赛暨浙江省高等学校第十一届师范生教学技能竞赛选拔赛的通知》。

为进一步适应基础教育改革发展对师资培养的要求,加强师范生教学基本技能的训练,提高实践应用水平,促进教师教育的发展。经研究,学校决定举办宁波

大学第十一届师范生教学技能竞赛暨浙江省高等学校第十一届师范生教学技能竞赛选拔赛。现将有关事项通知如下。

(一)组织机构

主办单位:教务处

承办单位:教师教育学院

(1)竞赛组织委员会

主任:邵千钧

副主任:贺国庆、王晓东

成员:陈柏华、陈道裕、庞菊爱、王红阳、王蕾、李本伶、郭智勇、刘干斌、龚一富、狄智奋

秘书:葛翔、姚艳

(2)专家委员会由组织委员会聘任,负责制定竞赛方案、设计评审标准、组织竞赛巡视、审定竞赛奖次、处理竞赛异议等问题。

(二)竞赛项目

本届竞赛共分普通组和学前组两大竞赛组。其中,普通组包含语文、数学、外语、综合一、综合二和综合三共六个小组;综合一包括历史、思想政治、历史与社会、心理、地理;综合二包括物理、化学、生物、科学、信息技术;综合三包括音乐、体育和美术。

普通组竞赛项目由“教学设计、多媒体课件制作、即席讲演、模拟上课·板书”四个部分组成。

学前组竞赛项目由“教学活动设计和说课、儿童故事讲述、艺术技能展示(音乐、舞蹈、美术)”三个部分组成。

竞赛采用院级选拔赛和全校决赛两个阶段进行。详细规则及评价标准见附件。

(三)竞赛安排

1. 院级选拔

相关学院要成立“师范生教学技能竞赛”领导小组,按照本通知规定的竞赛内容具体组织实施本学院的竞赛活动。各学院的竞赛活动要求 2014 级师范生必须全部参加,做到人人过关。在全员考核的基础上选拔优秀师范生参加学校竞赛。各相关学院要制定本学院的师范生技能竞赛方案并上报宁波大学师范生技能竞赛组织委员会秘书处(gexiang@nbu.edu.cn 并同时发送至 yaoyan@nbu.edu.cn),各学院的竞赛要在 6 月 21 日以前完成。届时,宁波大学师范生技能竞赛组织委员会将组织相关人员到各学院进行检查,没有组织 2014 级全体师范生参与竞赛的学院,原则上取消该学院的参赛名额。

2. 决赛命题

2017年6月21日前根据竞赛项目要求组织专家完成命题。

3. 校级决赛

各学院按参赛名额选拔成绩优异的学生，并指派1名带队老师参加全校决赛。一、二等奖获得者将优先代表宁波大学参加2017年11月下旬的浙江省普通高校第十一届师范生教学技能竞赛。

（四）竞赛日程

(1)5月20日—5月27日：宣传发动；

(2)5月27日—6月5日：上报院级竞赛方案；

(3)6月5日—6月21日：院级竞赛准备指导；院级竞赛，并上报参加校级决赛名单；

(4)7月1日：校级决赛。

（五）奖项设置和获奖等级评定

决赛分别设立全能奖（教学设计、多媒体课件制作、即席讲演、模拟上课·板书四部分的总成绩）和各类单项奖（教学设计、多媒体课件制作、即席讲演、模拟上课·板书四个项目中其中一项的成绩。如获全能奖的选手同时获单项奖，则只能选择1项），对获奖的学生给予表彰奖励。

省级竞赛的相关信息将在浙江省教育厅网站(http://www.zjedu.gov.cn)以及师范生教学技能竞赛网站(http://www.jsjns.cn)发布，供教师、同学们参考。

（六）竞赛办公室联系方法

联系地址：教师教育学院（西区博观楼305室）

联系电话：0574-87600072（短号592817）

联系人：姚老师

E-mail：yaoyan@nbu.edu.cn

随后学校教务处于2017年06月22日发布《关于举行宁波大学第十一届师范生教学技能竞赛暨浙江省高等学校第十一届师范生教学技能竞赛选拔赛的补充通知》。根据《浙江省高等学校师范生教学技能竞赛改革方案》的有关精神，为进一步做好竞赛的组织工作，现将有关事项补充通知如下：

1. 改革背景

(1)进一步加强职前教师的实践教学能力；

(2)鼓励优秀的非师范生进入教师队伍。

2. 主要内容

(1)参赛对象：全校师范生及非师范生（其中14级师范生必须参加）。

(2)分组：分中学语文组、中学数学组、英语组、综合一组（历史、思想政治、历史与社会、心理、地理五个学科）、综合二组（物理、化学、生物、科学、信息技术）、综合三组(音乐、体育和美术)、职教组(机械类、电子信息类、旅游服务类、财会类)、小学组(语文、数学)和学前组等9组。

(3)名额分配:各学院师范生参赛名额分配见附件,非师范生参赛名额每专业限报1人。

二、地理与空间信息技术系协商学院发文安排院级选拔

以2013级地理科学师范专业院级选拔为例,阐述地理与空间信息技术如何组织院级选拔。为贯彻落实《关于举行宁波大学第十届师范生教学技能竞赛暨浙江省高等学校第十届师范生教学技能竞赛选拔赛的通知》精神的要求,进一步引导广大师范生重视教师的教育教学基本素质和能力培养提高,经研究决定举办宁波大学建筑工程与环境学院师范生教学技能竞赛选拔赛。

(一)竞赛目的

主动适应并服务于基础教育改革发展对师资培养的需求,提高师范生教学技能,加强师范生实践应用能力;检验师资培养质量,加强教师基本技能的教学与训练,促进教师教育的发展。

竞赛对象:地理科学2013级全体同学

(二)竞赛组织委员会

1. 主任:刘干斌

副主任:李伟芳

成员:杨晓平、童亿勤、张红、骆海军、徐皓、孙艳伟、马仁锋

2. 评委分组

A组:

组长:李伟芳

组员:骆海军、徐皓、孙艳伟

B组:

组长:张红

组员:杨晓平、童亿勤、马仁锋

专家委员会由组织委员会聘任,负责制定竞赛方案、设计评审标准、组织竞赛巡视、审定竞赛奖次、处理竞赛异议等问题。

其他工作人员:王腾飞等研究生3名。

(三)竞赛项目

竞赛由"教学设计、多媒体课件制作、即席讲演、模拟上课·板书"四个部分组成。

竞赛主题:陆地自然带类型、分布与特征。

(四)竞赛日程

6月1日下午:教学设计、多媒体课件制作

6月1日下午:14:00　模拟上课·板书、即席讲演

(五)竞赛地点

学校教学楼5-301和5-311、5-314。

(六)奖项及录取

(1)全能奖取前5名(一等奖1名,二等奖2名,三等奖2名)。

(2)单项奖各取前2名。

三、地理与空间信息技术系承办学院师范生技能竞赛选拔过程

(一)经费预算并向学院备案

根据学生人数和学校相关要求,分成2组(A、B组),聘请宁波市中学地理高级教师和学校专业老师组成院系选拔竞赛评委,根据学校对外聘专家劳务费发放规矩,预算建筑工程与环境学院师范生教学技能竞赛经费如下:

评委会主任:1人,1500元(包括学生参加校、省赛指导费)。

评委:7人,每人500元共3500元。

合计:5000元。

(二)师范生教学技能竞赛实施流程

1. 竞赛项目(如图3-3-3-1所示)

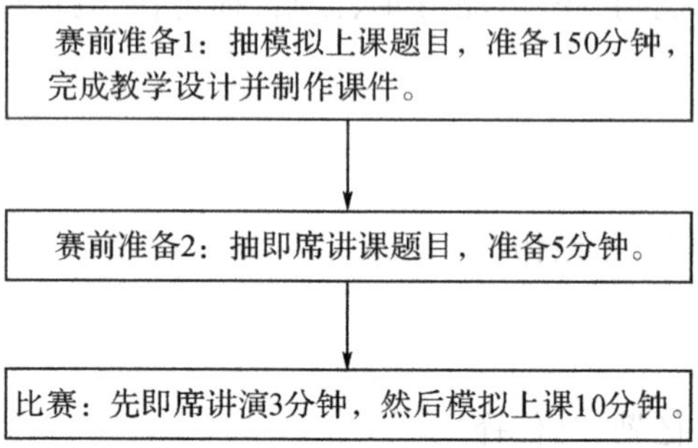

图3-3-3-1　竞赛项目流程图

说明:每位选手赛前准备时间共计155分钟,其中模拟上课准备时间为150分钟(含交通摆渡时间),即席讲演准备时间5分钟。每位选手正式比赛时间为13分钟,其中即席讲演时间为3分钟,模拟上课时间为10分钟。每位选手进入竞赛室后,先进行即席讲演,然后开始模拟上课。

2. 竞赛流程候场安排(如图 3-3-3-2)

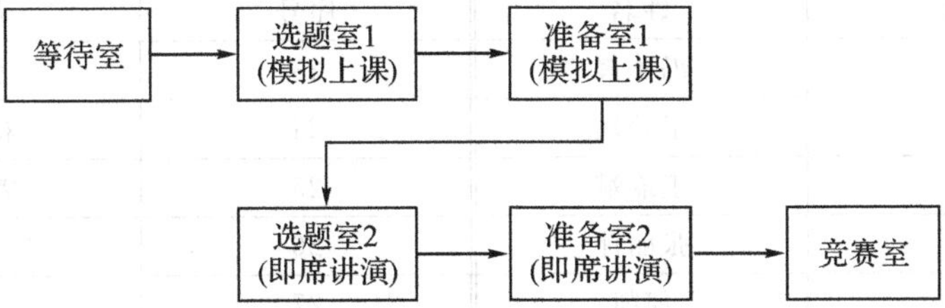

等待室:本场次比赛的全体选手;
选题室 1:赛前 155 分钟抽取模拟上课试题;
准备室 1:供选手准备模拟上课,进行教学设计和课件制作使用;
选题室 2:赛前 5 分钟抽取即席讲演试题;
准备室 2:供选手准备即席讲演使用;
竞赛室:供选手进行即席讲演和模拟上课竞赛使用。

图 3-3-3-2 竞赛流程候场安排

准备室 1 与竞赛室提供的材料:多媒体计算机、白板笔(红、黑)、A4 白纸、尺规、粉笔(彩色、白色)。

说明:每场次所有选手提前 15 分钟进入等待室抽取比赛序号,然后按规定时间到选题室 1 抽模拟上课试题,并到准备室 1 准备 150 分钟(离开前需将课件和教案传至 FTP);然后再到选题室 2 抽即席讲演试题,并到准备室 2 准备 5 分钟(离开准备室时需交回讲演试题);最后到竞赛室开始比赛。每个选手竞赛时间为 13 分钟,选手间交接时间为 4 分钟。

3. 比赛分组(见表 3-3-3-1)

A 组:参加人员 1—13 号,地点 5-311 室。

B 组:参加人员 14—25 号,地点 5-314 室。

A、B 组等候教室 5-301 室。

表 3-3-3-1 建筑工程与环境学院师范生教学技能竞赛参赛人员姓名、序号对照表

序号	姓名	序号	姓名
1	刘均	16	李欣露
2	陈佳	17	张维维
3	尼加提·艾合买提	18	陆雪亭
4	沈国强	19	罗霞
5	王盛瞾	20	刘颖麒
6	董保强	21	李莉
7	何艳	22	吴蓓蓓

续表

序号	姓名	序号	姓名
8	冯陈晨	23	张薇
9	王美瑛	24	朱宇婕
10	王瑜斌	25	褚晓倩
11	张丽萍	26	
12	何凯	27	
13	王梦梦	28	
14	杜珍珍	29	
15	傅杰超	30	

4. 竞赛时间

2017 年 6 月 1 日 14：00-17：00。(即席讲演与模拟上课・板书)

(三)地理与空间信息技术系师范生教学技能竞赛项目操作说明

竞赛由教学设计、多媒体课件制作、模拟上课・板书、即兴演讲等四个部分组成。

(1)教学设计(单项 25 分),细化评分标准见表 3-3-3-2。

表 3-3-3-2 教学设计评价标准(单项 25 分)

项目	内容	评价标准	等级				得分
			A	B	C	D	
教学目标设计 4 分	目标的表述	教学目标清楚、具体,易于理解,便于实施,行为动词使用正确	2.0	1.5	1.0	0.5	
	目标的要求	符合课程标准要求,符合学科的特点,符合学生的实际状况	1.0	0.8	0.6	0.4	
	目标的宗旨	体现对学生知识、能力、思想与创造思维等方面的发展要求	1.0	0.8	0.6	0.4	
教学内容分析 1 分	教学内容	教学内容前后知识点关系、地位、作用描述准确,重点、难点分析清楚	3.0	2.5	2.0	1.5	
学情分析 2 分	学生情况	学生学习水平表述,学习习惯和能力分析	2.0	1.5	1.0	0.5	

续表

项目	内容	评价标准	等级				得分
			A	B	C	D	
教学过程与环节设计14分	教学思路	教学主线描述清晰，教学内容符合课程标准要求，具有较强的系统性和逻辑性	2.0	1.5	1.0	0.5	
	教学重点	重点得到突出，点面结合，深浅适度	1.0	0.8	0.6	0.4	
	教学难点	难点描述清楚，把握准确，能够化难为易，以简代繁，处理恰当	1.0	0.8	0.6	0.4	
	教学方法	教学方法描述清晰，选用适当。符合教学对象的要求，有利于教学内容的完成，有利于教学难点的解决，有利于教学重点的突出	2.0	1.5	1.0	0.5	
	教学手段	教学辅助手段准备与使用说明清晰，教具及现代化教学手段运用恰当	2.0	1.5	1.0	0.5	
	教学环节	内容充实精要，适合学生的理解水平；层次与结构合理，过渡自然，步骤清晰，便于操作；能够理论实际，注重教学互动，启发学生思考，培养学生分析问题、解决问题的能力	5.0	4.0	3.0	2.0	
	教学评价	注重形成性评价，注重生成性问题的解决和利用	3.0	2.5	2.0	1.5	
课时分配与课后延伸设计2分	课时分配	课时分配科学、合理，符合教学目标的要求	0.5	0.4	0.3	0.2	
	章节总结	有完整的章、节课堂教学小结	1.0	0.8	0.6	0.4	
	作业与答疑	辅导与答疑设置合理，符合学生学习状况；练习、作业、讨论安排符合教学目标，能够强化学生反思能力，加深学生对课业的理解，提高学生分析问题、解决问题的能力	1.5	1.25	1.0	0.75	
文档规范2分	排版	文档结构完整，布局合理，格式美观整齐	1.0	0.8	0.6	0.4	
	内容	文字、符号、单位和公式符合国家标准规范；语言清晰、简洁、明了，字体运用适当，图表运用恰当	1.0	0.8	0.6	0.4	

(2)多媒体课件制作(单项15分),细化评分标准见表3-3-3-3。

表3-3-3-3 多媒体课件制作评价标准(单项15分)

项目	内容	评价标准	等级				得分
			A	B	C	D	
多媒体课件15分	科学性4分	课件的取材适宜,内容科学、正确、规范	2.0	1.5	1.0	0.5	
		课件演示符合现代教育理念	2.0	1.5	1.0	0.5	
	教育性6分	课件的设计新颖,能体现教学设计思想,知识点结构清晰。能调动学生的学习热情	6.0	4.0	2.0	1.0	
	技术性3分	课件的制作和使用上是否恰当运用了多媒体效果	1.5	1.0	0.5	0.2	
		操作简便、快捷。交流方便、适用于教学	1.5	1.0	0.5	0.2	
	艺术性2分	画面设计具有较高艺术性,整体风格相对统一	2.0	1.5	1.0	0.5	

(3)即席讲演(单项15分),细化评分标准见表3-3-3-4。

表3-3-3-4 即兴演讲评价标准(单项15分)

项目	内容	评价标准	等级				得分
			A	B	C	D	
即席讲演15分	演讲内容5分	主题鲜明切题,内容充实,针对性强;问题分析到位,解决策略得当、新颖。说服力强;论据贴切,符合实际,阐释充分;内容构架结构严谨、层次分明、条理清晰	5.0	4.0	3.0	2.0	
	语言艺术3分	普通话标准,用语规范,节奏处理得当,表现力强,说服力强	3.0	2.5	2.0	1.5	
	思维艺术3分	思维敏捷,随机应变能力强;把握时机,灵活多变;组织能力强	3.0	2.5	2.0	1.5	
	仪表形象3分	神情丰富自然,与演讲内容吻合;姿态自然、动作适度,辅助演讲效果好	3.0	2.5	2.0	1.5	
	演讲时间1分	时间在2～3分钟内,不超时	1.0	0.8	0.6	0.4	

(4)模拟上课·板书(单项45分),细化评分标准见表3-3-3-5。

表 3-3-3-5 模拟上课·板书评价标准(单项 45 分)

项目	内容	评价标准	等级				得分
			A	B	C	D	
模拟上课 35 分	教学目标 3 分	目标设置明确,要求具体,符合课标要求和学生实际	3.0	2.5	2.0	1.5	
	教学内容 5 分	重点内容讲解明白,教学重点处理恰当。关注学生已有知识和经验。注重学生能力培养,强调讲练结合,知识传授正确	5.0	4.0	3.0	2.0	
	教学方法 7 分	按新课标的教学理念处理教学内容以及教与学、知识与能力的关系,较好落实三维目标:突出自主、探究、合作学习,体现多元化学习方法:实现有效师生互动	7.0	5.0	3.0	2.0	
	教学过程 7 分	教学整体安排合理,环节紧凑,层次清晰;创造性使用教材;教学特色突出;恰当使用多媒体课件辅助教学,教学演示规范	7.0	5.0	3.0	2.0	
	教学素质 4 分	教态自然亲切、仪表举止得体,注重目光交流,教学语言规范准确、生动简洁	4.0	3.0	2.0	1.5	
	教学效果 4 分	按时完成教学任务,教学目标达成度高	4.0	3.0	2.0	1.5	
	教学创新 5 分	教学过程富有创意;能创造性地使用教材;教学方法灵活多样,有突出的特色	5.0	4.0	3.0	2.0	
板书设计 10 分	内容匹配 4 分	反映教学设计意图,突显重点、难点,能调动学生主动性和积极性	4.0	3.0	2.0	1.5	
	构图 4 分	构思巧妙,富有创意,构图自然,形象直观,教学辅助作用显著	4.0	3.0	2.0	1.5	
	书写 2 分	书写快速流畅,字形大小适度,清楚整洁,美观大方,不写错别字	2.0	1.5	1.0	0.5	

(5)竞赛题目:陆地自然带(表 3-3-3-6～表 3-3-3-8)

表 3-3-3-6 宁波大学第十届师范生教学技能竞赛决赛团体报名表(地理科学专业)

参赛学院	建工学院						
带队教师	张红		性别	男	联系电话	13373875238	
选手姓名	王梦梦	性别	女	专业	地理师范	参赛类别	全能
选手姓名	刘颖麒	性别	女	专业	地理师范	参赛类别	全能
选手姓名	冯陈晨	性别	女	专业	地理师范	参赛类别	全能
选手姓名	罗霞	性别	女	专业	地理师范	参赛类别	全能
选手姓名		性别		专业		参赛类别	
选手姓名		性别		专业		参赛类别	
选手姓名		性别		专业		参赛类别	

表 3-3-3-7　宁波大学第十届师范生教学技能竞赛决赛选手信息表

推荐学院	建工学院				
姓　名	王梦梦	性别	女	学号	136331819
专　业	地理科学		年　级	2013 级	
参赛类别	□语文组　□数学组　□外语组　■综合 1 组　□综合 2 组				
电话(长、短号)	15728044458、644458	E-mail			
推荐学院意见 推荐学院盖章					
备注					

表 3-3-3-8　评审专家推荐表

学院名称	建筑工程与环境学院地理系			姓名	骆海军	性别	男
出生年月	1981.7	学历	大学本科	职称	高级	职务	教研组长，学部主任
所在部门				Email	nblhj0011@163.com		
联系地址	宁波市江北区文教路 125 号					邮编	315016
电　话	0574-87200124				手机	18758811175	
研究方向	高中地理老师						
评审类别	□√教学设计　□√多媒体课件制作　□√模拟上课.板书　□√即兴演讲						
个人简历 (其中可包括主要学习、工作经历；主要教学、科研成果和主要奖励、荣誉等)							
2000.9—2004.6 湖北文理学院地理科学专业学习 2004.8 起任职于宁波市第四中学 主要荣誉 2007 年、2011 年、2012、2013 年四次荣获浙江省普通高校招生考试文科综合优秀阅卷教师 2010 年国际气候酷派—绿色校园行动优秀指导教师 2011 年宁波市城区微型党课大赛一等奖 2012 年宁波市城区班主任基本功大赛一等奖 2012 年宁波市局级优秀教师 2012 年宁波市局级优秀团干部 2013 年上海欧盟科学院“科学诠释者” 2014 年宁波市城区高中地理教坛新秀 2015 年宁波市城区高中地理论文评比一等奖 2016 年宁波市高中地理教坛新秀 2016 年宁波市优秀教师 主要课题：宁波市基础教育课题“普高文科创新人才培养与实践” 卓越工程课题“基于地理思维能力培养的探究型作业设计”							
推荐意见： 推荐学院(盖章) 年　月　日							

四、地理与空间信息技术系承办学院师范生技能竞赛选拔反思

课程“教学技能考核(113E02A02)”是地理科学专业13级师范生教学技能院级竞赛选拔，进行了为期1个多月的竞赛辅导、指导与协调，负责13级地理科学专业25名学生教学技能竞赛实习指导工作，认真执行了实习教学计划，现将实习指导过程及其相关事宜做如下总结。

(一)关于指导方法

在学院领导和支持下，实习指导以学科教育学任课教师宁波四中地理学科组高级职称的骆海军、宁波四明中学张红老师为校外评委和校内的李伟芳、杨晓平、童亿勤、徐皓、马仁锋、孙艳伟等老师为辅助专家组成教学技能竞赛小组。

指导小组先后进行前期动员、现场评判点评、优秀同学专场汇报分享与点评、专题研讨与汇报，进入校赛同学汇报与比较等。

(二)质量分析与评估

经过实习动员，学生比较重视教学技能竞赛，但是缺少实践训练和临场发挥的历练，整体课堂教学水平有待进一步提升。

课件制作与多媒体运用环节，在素材选择、课程导入情景、设问把握、虚拟互动情景设置等方面把握不到位。

对于讲课内容的分解与时间把握不到位。

(三)存在的问题

1. 学生存在的问题

学生有轻视校内技能竞赛实习的思想，指导教师有必要通过实习动员让学生认识到实习的重要性。

学生专业技能的基本功训练严重不足，如组织能力差，管理能力差，实践能力差，动手能力差，不善于与人沟通，这的确是我们学院今后要特别重视和亟待解决的问题。

如何协调集体研习和班级优秀学生的互动和提升。

如何充分挖掘学生主动性，转化学生在心理、思想、能力及知识等各种因素的全面提高。激发学生对自己所从事职业的热爱，加强理论与实践的结合，增强学生的综合能力。

2. 组织及教师指导方面存在的问题

学院系对师范生教育的研究不够，特别是对中学教材、课改的研究不够，对中学地理学科教育的现状和发展了解较少，教师做不到前瞻性指导。

(四)解决措施与建议

建议学院系所加强对师范生实习的重视和全面指导，加强在校学生的专业技能训练，改善训练的手段，培养学生的超前意识、动手意识、多媒体综合运用、临场

发挥的素养，以适应当今中学地理教学的需要。

建议探求合适的组织方法，提升学生自我训练成效和多种技能的协调发展。

表 3-3-4-1 宁波大学实习教学指导记录

日期	指导内容	存在问题
5.28	安排实习相关事宜：主题/板书/PPT/讲演等	—
6.1	分两组初赛，围绕 PPT/讲课/板书进行点评	部分同学不重视，PPT 制作不完美，讲课仓促，板书缺乏条理
6.3	学科教育学专业老师进行专业辅导	对进入前五的同学进行专场辅导与观摩
6.24	进入校赛同学专场指导	时间把握不到位
7.1—7.5	围绕 PPT 制作、板书、讲课等进行专业指导	主题不突出； 素材运用恰当度把握不到位； 三者关系没有处理恰到好处

（五）本赛优胜者参加本赛

本年度地理科学专业师范生选拔进入宁波大学决赛的王梦梦同学，获得宁波大学师范生技能大赛一等奖，成功晋级冲入浙江省赛，并于 2017 年 12 月 23 日在浙江师范大学地理与环境科学学院进行了比赛。

比赛结束后，王梦梦同学返校向学弟学妹介绍了比赛机房设备情况和比赛体会，她认为平时家教积累、备好每一课、勤做高考地理科题目、积累各种（导入、结束、地图、地理情景术语）素材、有一位优秀指导教师和全程的实战练习是能够站在浙江省师范生教学技能大赛舞台上且胜出的法宝。

第四章　地理科学专业教育实习内容与统筹

教育实习是将地理科学知识、技能与素养，运用现代教育理念、教学方法、教学工具授予中、小学生的教学素养习得基本途径。地理科学专业教育实习，是师范性升华过程，主要依托校内外和国内外优质教学实习基地，优化教师教育实践模块，提升学生的教育教学技能。地理科学专业教育实习正面临着新的挑战和机遇，既需要适应地理科学发展进程，将地理科学的新理念、新方法融入地理教学，赋予地理教学新的内涵，又需要通过建立高质量的实习基地促进大学教师、实习基地中学指导教师与实习学生（本科生、研究生）多边、多元的实习互动，提高地理科学专业本科生、课程与教学论或学科教学（地理）研究生的理论联系实际的素养与感知。

第一节　地理科学专业课程群与教育实习课程

一、地理科学专业培养目标论教育实习重要性

（一）师范大学地理科学（师范）专业培养方案对教育实习认知

纵览教育部部分直属师范大学（北京师范大学、华东师范大学、陕西师范大学）和东南沿海部分省属师范大学（南京师范大学、福建师范大学）的地理科学（师范）专业培养方案（表 4-1-1-1）发现：(1)教育实习是高等师范教育的重要组成部分，是提高师范生专业素质和技能的重要途径之一，是进一步确立和巩固专业思想的重要方式，是一门具有师范特色的综合实践课程。(2)教育实习可以进一步培养锻炼学生理论联系实际和分析问题、解决问题的能力，使学生了解基础教育实际，获得教师职业的初步实际知识和能力，从而缩短从教适应期，为今后走上工作岗位打下良好的基础。(3)通过学生教育实习各项任务目标达成度，可以了解和学习中学地理教育教学改革的经验，检查高等地理师范人才的培养质量，进而推动地理教学改革和教育科学的研究工作。(4)部属师范大学和个别省属师范大学都建立学校直属的教师教育学院，强调整合全校教师教育资源，实现各学科专业优势互补，力争全面提升教师教育专业人才培养质量和教师专业化水平；部分师范大学围绕“免费师范毕业生在职攻读教育硕士专业学位研究生”和全日制学科教育硕士研究生培养，探索实施面向基础教育开展“4＋2”等模式研究生教育培养模式试点。

表 4-1-1-1 国内重点院校对地理科学(师范)专业培养目标论述

学校与专业	培养目标	主要课程	资料来源
北京师范大学地理科学(免费师范生)	旨在培养掌握现代地理科学和教育科学基本理论与基本知识,具有扎实的地理学实践与实验技能,宽厚的文化修养和科学的思维方式,了解地理学研究最新进展和地理教育最新研究成果,能够运用现代教育技术开展地理学教学、热爱教学事业的优秀中学地理教师。	中国地理、世界地理、遥感概论、经济地理学、水文学、地理信息系统、教育心理学、教育学、现代教育技术基础、地理学教学论、教学技能实训、地理多媒体教学、地理教材分析与教学设计、环境与可持续发展教育等。	北京师范大学 2017 年本科生报考指南——部(院、系)介绍
陕西师范大学地理科学(师范)	国家级特色专业,省级名牌专业,设有国家级实验教学示范中心和省级人才培养模式创新试验区,该专业开设"卓越教师实验班"。培养目标:培养综合素质优秀的中学地理教师,同时培养地理科学研究的"基础型"和面向经济建设主战场的"专门型"的地理应用人才和教育行政管理人才。	地图学、地球概论、地质学基础、气象与气候学、地貌学、水文与水资源学、土壤地理学、植物地理学、人文地理学、经济地理学、中国地理、世界地理、遥感概论、地理信息系统等。	陕西师范大学本科招生信息网
南京师范大学地理科学(师范)	本着以生为本的原则,以培养学术性、应用型、复合型人才为目标,强化地理学理论教育,强化数学、计算机和信息科学基础,加强野外实习和科研训练,加强相关领域知识的学习和掌握,培养一专多能、适应新时代地理教育、环境教育、资源教育及相关领域研究等需要的人才。	自然地理学、人文地理学、地质学基础、地貌学、气象与气候学、水文与水资源学、土壤与土壤地理学、植物地理学、经济地理学、地理综合实习、中学教育基础、儿童发展与学习、教师语言文字表达与应用、现代教育技术、中学地理课程标准与教材研究、中学地理教学设计与技能训练、中学教育实习等。	南京师范大学本科人才培养方案 2016 年版

续表

学校与专业	培养目标	主要课程	资料来源
福建师范大学地理科学(师范)	本专业按照“卓越教师”培养理念，遵循教师专业化发展规律，培养造就师德高尚、教育教学理念先进、教育理论与专业知识宽广厚实、教学技能娴熟、教育教学研究潜力大、具有创新精神的高素质的基础教育地理学科专门人才。通过自然地理、人文地理、区域地理、地理信息系统以及教师教育等主干课程群的学习，毕业生能够胜任中学地理教学和地理教育研究工作，或成为地理科学和相关学科研究生的合格生源。	地理科学导论、地球概论、地图学、地质学与地貌学、气象学与气候学、水文地理学、土壤地理学、植物地理学、综合自然地理学、遥感导论、地理信息系统、计量地理、经济地理学、人文地理学、区域分析与规划、环境科学概论、中国地理、世界地理、福建地理、人口地理学、城市地理学、文化地理学、政治地理学、地理教材研究、地理教学论等。	福建师范大学地理科学学院教学管理本科教育网站

(二)地方综合大学地理科学(师范)专业培养方案对教育实习重视

1990年代末，中国高等院校掀起的一场高校合并或合并升本潮以及当时高等师范教育的社会弱势，导致中国许多布局在非省会城市的师范专科学校、师范学院等与毗邻农、商、工、医、艺等专科学院合并重组升格为综合性大学。如宁波师范学院、宁波大学、浙江水产学院宁波分院于1996年合并后，地理科学(师范)专业先后被纳入宁波大学建筑工程与环境学院城市科学系(2000—2017)、宁波大学昂热大学联合学院暨中欧旅游与文化学院地理与空间信息技术系(2017年5月至今)；广州师范学院、广州大学、广州教育学院等7所学校于2000年合并组建广州大学，地理科学(师范)专业先后隶属广州大学理学院地理学系、地理科学学院。显然，在综合性大学中，高等师范类专业逐渐被弱化，但是相关院校仍然比较重视教育实习，如宁波大学地理科学(师范)专业教育见习、教育实习的学分和实习学时总体延续宁波师范学院的教育实习统筹，在2004版、2008版、2011版、2014版、2018版培养方案中将教育实习规定为9～13周，此外教育见习2周、教育技能考核2周和教育研习2周。

二、地理科学专业课程体系论教育实习的重要性

地理科学(师范)专业课程体系，在不同类型高等学校虽有差别，但是总体都包括了公共课程、专业课程、教育教学课程、实践与毕业论文等模块，专业毕业要求一般是修满160～170学分。其中，对于教育教学类课程分设为教育教学必修课程(表4-1-2-1)、选修课程，教育实习作为必修课程给予6～8学分，总课时10～14周。

此外，教育实习修读学期一般安排在第六或第七学期，实习内容主要包括听课、备课、评课、学生指导、实验教学等各环节，以及班级管理、教育调查与研习等，学生在为期一个学期的时间内常驻中学，在大学教师和中学地理科教师双重指导下系统了解和掌握基础教育改革发展现状；提升教育教学知识与技能，了解中学班级管理体系与规程；开展教育调查与培养中学教育研究能力。

表 4-1-2-1　国内某大学地理科学(师范)专业课程体系之教育教学平台必修课程

课程名称(中、英文)	学分数	总学时	学时分配					建议修读学期
			讲课	实验	上机	实习	实训	
教师语言技能 Language Skills of Teachers	1	34	0				34	1—2
教师书写技能 Writing Skills of Teachers	1	34	0				34	1—2
教育学 Pedagogy	3	51	51					2
教育心理学 Educational Psychology	2	34	34					3
现代教育技术 The Modern Education Technology	1	34					34	4
教育科研方法 Research Methods in Education	1.5	34	17				17	5
教育科研训练 Educational Research Training	1.5	34	17				17	6
微格教学 Micro-teaching	1	34					34	5—6
课程与教学论 Curriculum and Instruction	3	51	51					5—6
中学课程标准 Curriculum Standards for Junior High School	1	17	17					5—6
班级管理 Classroom Management	1	26	9				17	6
教育见习 Educational Probation	1	2 周						学院自定
教育技能考核 Teaching Skills Testing	1	2 周						学院自定
教育实习 Educational Practicum	7	14 周						学院自定
教育研习 Education Workshop	1	2 周					34	学院自定

教育实习过程，实习生要紧紧围绕教学活动、教育科研、教学管理三方面进行。(1)教学活动的观摩听课、实践讲课、交互评课等，注重发掘听课的评价能力及形成改进思路，以及自己对本节课设计的反思。(2)教育科研，主要是结合班级管理、校本教材、基础教育调查和自己本科毕业论文的撰写展开，重点进行课堂观察、访谈和问卷调查等。(3)教学管理，实习生通过参与中学的校运会、班级班会、黑板报制作等学生活动，既综合锻炼自身素养，也是了解和关心学生的基本途径，更能培养教师身上的那一份责任与爱心。

三、地理科学专业实践课程与教育实习

地理科学(师范)专业实践课程由三部分组成：一是地理学的课程实验实习实训，如地球概论、地质学、地貌学、水文学、气象气候学、土壤学、植被与生态学等部分自然地理学，以及经济地理、城市地理、人口与社会地理、文化地理等部分人文地理学的课程实验实习实训；二是地理学基本知识、基本技能与方法的区域综合应用实习，我国中学地理科和大学地理科学(师范)教育课程体系中都有乡土地理课程，这必须依赖于地理学野外实习基地的综合实习，全面提升学生专业素养；三是教育教学技能的见习、实习与研习，主要是提升学生对教育理念、教育技能与方法、教育工具的综合运用与创新能力。可见，教育实习是地理科学(师范)专业实践课程体系的重要组成，并且处于实践体系的末端。该课程的成效，将直接决定该专业学生获得从业职业资格证书的国家统一考试以及就业入职的选拔性考核的成绩。

当然，教育实习不仅仅要求学生专业知识获得增长，而且要求学生就如何成长为一名优秀的地理教师做出自己的思考。尤其是面临实习要求与现实情况之间的矛盾，在实际实习过程中可能中会遇到任务繁杂的情况，必须学会合理安排时间与精力，努力做好各方面工作。同时，在教育科研方面，如何将教育实践与教育科研更好地结合起来，也是一个很大的挑战。

第二节　地理科学专业教育实习教学计划

为培养德、智、体、美全面发展，具有坚实的地理科学基本理论和基本知识，掌握地理科学基本思维方法和基本实践技能，具备现代教育理念，具有地理创新精神和综合技能，胜任中学地理学科及相关学科的教学、教育研究和教育管理的专业人才，各普通高等学校都制订了详细的《地理科学(师范)专业培养方案及教学计划》和《地理科学(师范)专业教学大纲》，将地理科学(师范)专业教育实习教学计划囊括其中。

一、地理科学专业教育实习计划的动态性

近年来，各普通高等学校为适应社会经济发展以及地理科学师范生自身发展的需要，纷纷调整《地理科学(师范)专业培养方案及教学计划》和《地理科学(师范)专业教学大纲》，在地理科学(师范)专业教育实习教学计划方面，也有了不少变动。

如表 4-2-1-1、表 4-2-1-2 所示，某地方综合性大学 2007 年、2015 年两版地理科学(师范)专业培养方案，其中 2015 年新培养方案在教师教育模块上做了以下调整：(1)新增了不少选修课程，如青少年心理健康教育与辅导、教育政策与法规、中外教育思想评析、有效教学、中学学科课程标准与教材解析等，为地理科学(师范)专业的学生提供了更多学习相关教育知识以及根据自身兴趣与发展需要自由选择课程的机会。(2)一部分必修课程在名称上做了调整，但其实质内容并没有改变，如教师语言艺术改名为教师语言技能，班级管理改名为教育研习 1，学校问题研讨改名为教育研习 2。(3)部分课程学分或学时发生了变化，如教师书写技能学时增多至 34 学时并全部分配为实训学时；现代教育技术学分从 2.5 分减少至 1 分，学时相应减少并全部改为实训学时；微格教学与教育见习合并为教育见习 1，学时有所减少。(4)部分课程被砍掉，同时又有不少新课程开设起来，如砍掉了心理学、教学测量与评价等课程，新增了教育心理学、教育见习 2 等课程。

表 4-2-1-1 某地方综合性大学 2007 年地理科学(师范)专业培养方案中教师教育模块教学计划

类别	课程名称	学分	学位	学时分配						修读学期	修读说明
				课堂教学	自主学习	实验	上机	实习	实训		
必修	教师语言艺术	1							34	2.1	
	教师书写技能	1		9					17	2.2	
	心理学	2.5		34					17	2.1	
	班级管理	1		9					17	3.2	
	教育学原理	2.5		34					17	2.2	
	现代教育技术	2.5		26			34			2.2	
	教学测量与评价	1.5		26						3.1	
	地理学科教育学	2.5		43						3.2	
	教育研究方法	1.5		17					17	3.2	
	微格教学	1							3	3.3	3 周
	教育见习	1						2		3.2	2 周
	教育实习	8						8		4.1	8 周
	学校问题研讨	1		9					17	4.1	

表 4-2-1-2　某地方综合性大学 2015 年地理科学(师范)专业培养方案中教师教育模块教学计划

类别	课程名称	学分	学位	学时分配						修读学期	修读说明
				课堂教学	自主学习	实验	上机	实习	实训		
必修	教育学	2.5		34					17	1.2	
	教师语言技能	1		0					34	1.1	
	教师书写技能	1		0					34	1.1	
	教育心理学	2		34					0	2.1	
	教育科研方法	1.5		17					17	3.1	
	现代教育技术	1							34	2.2	
	教育见习 1	2						2		3.2	2 周,含微格教学
	教育研习 1	1						1		3.2	
	教育研习 2	1						1		4.1	
	地理学科教育学	3		51				0		3.2	
	教育见习 2	2						2		3.3	2 周,区域地理野外调查技能培养
	教育实习	12						12		4.1	12 周
选修	青少年心理健康教育与辅导	1		17						3.1	
	教育政策与法规	1		17						2.2	
	中外教育思想评析	1		17						3.1	
	有效教学	1		17						2.2	
	学校管理专题	1		17						3.2	
	中学学科课程标准与教材解析	2		34						3.2	限修

如表 4-2-1-3 所示,与 2007 年地理科学(师范)专业教育见习教学计划相比,2015 年新的教学计划将教育见习细分为教育见习 1 和教育见习 2,学分从原来的 1 分增加到 4(2+2)分,总学时增加了 2 周,并将教育见习 2 移至第三学年第三学期修读。其中,教育见习 1 在 2007 年版教育见习的基础上又包含了微格教学,教育见习 2 主要培养学生的区域地理野外调查技能。而地理科学(师范)专业教育实习则从 2007 年版培养方案的 8 学分、8 周总学时增加为 2015 年版培养方案的 12 学分、12 周总学时(见表 4-2-1-4)。

表 4-2-1-3 地理科学(师范)专业教育见习教学计划

年份	课程名称	学分	总学时	修读学期
2007 年	教育见习	1	2 周	3.2
2015 年	教育见习 1	2	2 周	3.2
2015 年	教育见习 2	2	2 周	3.3

表 4-2-1-4 地理科学(师范)专业教育实习教学计划

年份	课程名称	学分	总学时	修读学期
2007 年	教育实习	8	8 周	4.1
2015 年	教育实习	12	12 周	4.1

二、地理科学专业教育实习内容的稳定性

地理科学(师范)专业教育实习内容主要包括课堂教学工作实习、班主任工作实习、基础教育科研实习三部分内容，各普通高等学校对相关内容的命名存在一定差别。

(一)教学工作实习

为了培养学生的教学工作能力，要求实习生尽可能实习本专业各类课程。本科生以实习高中课程为主，少数专业因中学周学时偏少或高中无相应课程者，可实习初中课程。

实习生必须在实习学校指导教师的指导下，认真钻研教材，认真备课，认真编写教案，认真试教。实习期间，每一实习生课堂教学时数，每周不少于 2 学时，最多应不超过 6 学时，每堂课都必须编写教案，在上课前两日送指导教师审阅签字。教案一经批准，实习生一般不得自行修改或变动。每一实习生在授课后应举行两次以上的评议会。未评议的课，各实习生也应主动征求原任课教师及听课者的意见，以求不断改进和提高教学质量。课的类型，力求多样，以增加锻炼的机会。对指导实验、课后辅导、作业批改与讲评、考试与成绩评定、组织课外学习活动等，也应积极参加。

实习生在实习期间，必须认真听课，其中三节课必须作详细记录，填写《听课记录表》。实习结束交院(系)备查，作为评定实习生平时表现的依据之一。

在实习期间，各实习学校应有计划地进行一些公开试教活动并举行评议会，以提高实习生的试教质量和观察分析能力，各院(系)应尽可能创造条件，组织本院(系)低年级学生听公开课。

实习生应参加实习学校有关教研活动、备课活动。

(二)班主任工作实习

在实习学校班主任指导下，学习班主任工作的基本方法，掌握班主任工作的基

本内容、特点，学会教书育人。实习班主任工作的主要内容：

(1)听取原班主任工作介绍，查阅学生学籍卡，深入到学生中去，了解学生的思想、学习、劳动和健康情况。

(2)根据原班主任的工作计划，结合学校的中心工作及本班级实际，拟定《班主任工作实习计划》，经原班主任审批后执行。

(3)对学生进行思想政治教育，开展班级日常工作，进行家访，组织主题班会，开展多样化有实效的班级活动，协助原班主任处理好班内临时发生的重大事情。

(4)实习生必须在原班主任领导(指导)下开展共青团、少先队和班会活动。学生的春秋游活动应在实习学校的统一组织下进行，实习生不得擅自带领学生外出活动。班级活动限在当地进行，不到实习点以外举行。

(三)教育科研

教育科研包括教育调查和教学研究。

教育调查的范围主要是：

(1)了解实习学校的基本情况及办学经验。

(2)调查优秀教师的先进事迹，教育教学经验及教学改革情况。

(3)研究教育对象的心理与生理特点，学习态度与方法、知识结构与智能水平，及德、智、体诸方面状况。

教学研究内容可自立课题，也可参加本专业教师教学研究的分课题或实习学校教学研究的有关课题。

每个实习生最后应提交独立的教育调查报告或教学研究论文。

三、地理科学专业教育实习模式的创新性

教育实习是高校师范生培养中提高教学技能和实际操作能力的最关键的环节，当前所采用的“理论—应用”相对单一模式①，更多重视学科知识，而忽略学习过程和教学能力、研究能力、反思能力的培养②，难以适应教师资格证考试改革需要。因此普通高等院校教育实习亟须改革，要强化教学技能，把职后培训变为职前培养，适应教师资格证考试需要。

过去的教育实习往往集中在一个学期进行，目前国内各大学普遍采用的实习模式基本上可以归类划分为“集中型实习”和“分散实习”模式两种。(1)集中型实习，实习人员相对集中且实习场所相对固定，以集体的方式进行，主要有两种方式：

---

① 赵传江．论我国师范院校教育实习的模式[J]．河南社会科学，2002(5)：151-152；邵秀英，王红，王向东，等．高等师范地理教育实习现状与规范性研究[J]．教育理论与实践，2005(14)：59-61.

② 高杨，徐国伟，许东升，等．高师地理科学专业教育实习现状分析及改革研究[J]．阴山学刊：自然科学版，2014(1)：83-85.

集中定点实习模式和校内集中模拟实习；(2)分散实习，主要有分散型回原籍实习模式、委托管理教育实习(表 4-2-3-1)。

表 4-2-3-1 传统教育实习类型与优缺点

类型	内涵	优缺点
集中定点实习模式	是一种传统的实习方式，产生于计划经济时代，从新中国成立直到目前仍为部分院校采用。其基本做法是按照大纲的要求，在规定的实习时间内经过校内试讲后，将实习生一次或分批相对集中地安排到若干所固定的中学实习。	这种实习方式的好处包括：有利于师范院校直接控制实习过程并一次性完成实习任务；由于实习生相对集中，这样就便于师范院校进行管理并派出专业指导老师参与实习的组织协调和指导；因实习生专业相同，彼此之间容易交流，可以共同讨论问题，教学能力提高较快；师范院校指导教师直接参与实习的各个环节，有利于实习工作的程序化和规范化，对实习生的考核评分比较客观、准确。缺点包括由于在较短时间内集中实习，一所实习中学常常要安排 2～3 个专业以上，几十名学生，实习生过于密集。实习学校安排有一定的难度，实习生实际锻炼的机会也比较少；大批实习生的进入给实习学校正常的教学秩序造成了很大的干扰；师范院校在实习期间要派出一定数量的指导教师，这使得原本紧张繁重的教学任务更加难以完成。
校内集中模拟实习	指在高师课堂上，模拟中小学的教育教学情景，进行教育教学技能演练，分为校内试讲和微格训练。二者的共同做法是注重对实习生平时的指导，加强教师职业技能训练并力求体现在日常教学中，使师范生逐渐进入角色，一般在第三学年开展。校内模拟实习时，实习生不出校门，采取一个专业或一个班级分组进行实习，实习生既当教师，又当学生。当教师时，听课、评议并指导管理其他实习生；当学生时，进行教学活动，接受其他实习生的听课、评议和指导。二者的区别就在于微格教学按“准备—试讲—反馈—再准备—再试讲”模式应用于师范生基本教学技能培训，把基本教学技能分解成 10 项，如导入技能、教学语言技能、提问技能、板书板画技能等。对各项技能分阶段、分层次逐一进行训练，各个突破，然后应用于教学实践。具有技能训练的目标明确、训练时间短、规模小、学生参与性强(每组 5～10 人，每人试讲 5～10 分钟)、训练过程声像记录，反馈及时、客观，评价科学合理等特点，而成为培训师资的先进方法。	好处在于：首先，实习在校内进行，人力物力投入少，一方面可以解决实习经费短缺的问题，另外一方面可以解决师范院校指导教师派遣难的问题，各系可以根据自身的实际情况来灵活解决；其次，这种模拟实习可以重复进行，对实习生的指导及时，训练系统，要求也比较严格，可以使师范生逐步达到实习目的。其缺点主要表现在缺乏中小学教学的真实氛围，没有教育的真实对象导致实习生的备课和讲授针对性差，脱离中学教育实际，使得实习生得不到“真枪实弹”的锻炼，特别是中小学班主任工作实习更是无从开展。学生在这种模拟实习中不能全面完成实习任务，不利于全面检测学生的整体素质和能力。

续表

类型	内涵	优缺点
分散型回原籍实习模式	是在我国高等教育招生规模的不断扩大，师范生人数猛增，传统的"集中实习"模式已经无法适应高师发展这样的大环境下产生的。具体做法是师范院校与教育行政部门协作，实习生在经过平时见习及校内试讲后，每人携一纸由师范院校开具的实习介绍信返回原籍毕业中学实习，直接受母校或当地中学的管理和指导。	这种方式虽然有效地缓解了实习安排难的问题，在一定程度上有利于减轻师范院校的人力和财力负担；由于自行联系实习学校存在一定的压力，有利于激发实习生的主动性和积极性；同时，实习指导委托给各中学，实习生和实习学校的自由度比较大，使得实习生能够得到较多的锻炼机会，增加独立工作的能力。缺点是实习生过于分散，缺乏必要的约束机制和浓厚的教育实习氛围导致高师院校无法进行及时的追踪指导和管理；有些实习生因为种种原因，对待教育实习的态度不端正，有些学生可能仅仅听了几节课，更有人干脆不实习，托熟人在实习鉴定表上盖个章了事，致使教育实习流于形式，走过场；还有就是有些地方教育实习条件差，实习指导力量薄弱等，导致教育实习质量难以保证。
委托管理教育实习	高师院校在对实习生进行试教把关后，把不同专业实习生按市县混合编队，经与当地教育部门联系，全权委托他们就近相对集中安排实习，并负责全部指导和管理工作，高师院校只是组织巡回指导小组，作象征性检查指导。	这种方式优点是教育实习全面委托给当地教育部门，能够有效调动实习学校的积极性和主动性；可以解决师范院校实习生多与实习指导和管理人员不足的矛盾；实习生能够更多地接触了解当地教育状况和特点，得到实习学校全面的指导。不足之处是学校指导不足，反馈不便，质量难以保证，同时也增加了实习学校食宿安排的困难；二者之间缺乏必要的交流和沟通，师范院校对教育实习情况了解不够，对实习生的成绩评定造成了很大的不便。

资料来源：魏艳．我国高师院校地理教学实习模式研究[D]．成都：四川师范大学，2007.

在教育部2011年10月下发的《教师教育课程标准（试行）》规定中，不低于18周的教育实践不可能完全集中在一个学期进行，应分学期分阶段进行，在第五、第六学期安排1～2周的教育见习，主要是认知见习，让学生了解教育教学的基本情况以及地理教学的基本要求，在第七或第八学期集中安排10周以上的实习基地学校的集中教育实习，使教育实践有一个循序渐进的过程，使学生在教育实习过程中有领悟实习内涵、改进自身教学不足的时间过程。另外，一些专科院校将教育实习延长至18～20周，以"顶岗实习""教育支教"等形式使实习教师融入中学教师职业，收到了良好的效果，这种实习形式值得借鉴。

湖南师范大学吕殿青教授于2017年提出"七段式"教育实习创新改革模式①，通过见习、综合实习的班主任工作，树立学生作为一名教师的职业素养，形成良好"师德教育"理念。教育实习期间教学语言、教学礼仪、教学方法、教学设计、教学软件应用、教学组织、教学研讨、教学反思等技能逐步层层培训，由单一到综合，不断

① 吕殿青，杨文，刘利科．高师地理教育实习改革创新模式研究——构建"七段全程贯穿螺旋上升式"教育实习创新模式[J]．科教文汇，2017(5B)：60-61.

提升师范生教学技能。掌握谷歌地球、地理信息系统(GIS)、动画制作、地图处理等软件应用,获得现代化教育技术教学手段。“七段式”教育实习模式跨越了第二至第七学期,贯穿大学学习全程,中学实践至少 12 周,总时长 21 周,达到教育部教育实践至少 18 周的要求。该模式将见习提前到第五学期,综合实习于第七学期的 11 月中旬结束,解决了学生实习、就业和考研的冲突矛盾(表 4-2-3-2)。

表 4-2-3-2 “七段全程贯穿螺旋上升式”教育实习的技能目标、时间安排、实施过程与要求

阶段	技能目标	时间安排	实施过程	具体要求(针对每人)
感受教学阶段	流畅的教学语言表达、自然的教姿教态和良好的地理知识逻辑层次	第二至第三学期,每周 2 课时,相当于 2 周	利用分散时间,每周 4 名左右的师范生进行 8～10 分钟的地理知识点教学,旨在锻炼师范生的教学语言、教姿教态。	普通话标准、语言流畅、教学礼仪规范、教态自然,教姿合体、地理知识逻辑层次。
模拟观摩阶段	恰当的地理教学方法和设计、顺畅的教学组织和恰如其分听课评课	第四学期,每周 2 课时,8～10 周,相当于 1 周	以优秀地理教学视频为案例,集中教学观摩和研讨,详细解读案例教学设计、教学方法、教学组织,听课评课记录与要点。	6～8 份听评课记录,阐明案例优点、不足和建议,设计 1 份教案、1 份课件、1 份教学设计。
学科特色软件应用阶段	地图板图绘制和图像处理、谷歌地球、动画制作地理软件操作应用	第四学期,每周 2 课时进行 8 周,相当于 1 周	以讲座进行师范生的板书、地理地图板画,训练师范生课件的动画制作、图像处理、GIS 应用、谷歌地球软件应用专题,并上机等实训	各类地图绘制,粉笔板书,应用动画、GIS 应用、谷歌地球等其中 1～2 个制作教学课件,并现场解说。
教育见习阶段	良好的现场课堂教学技能、师德理念与班级管理	第五学期,为期 3～4 周	观摩式见习,了解中学生特点、熟悉地理授课过程和班主任工作内容,在心理上形成对教师职业的适应感。观摩并参与中学地理集体备课,教学研讨。	至少 6 份听课评课记录、1 份班主任工作流程、1 份师德、学生心理调查、1 份见习总结;2 份备课和教学研讨记录、1 堂展示课。
技能培训与考核阶段	熟练的课堂教学技能、合格的教学设计和教案、先进的教学手段	第六学期,为期 4 周	以试讲、评课进行 3 周教学技能培训。以抽题—课件—教学设计—10 分钟片段教学—回答问题的师范技能竞赛流程进行 1 周师范技能考核。	4 节试讲课,4 节教案、4 节课件、1 次师范技能考核。
教育综合实习阶段	完整的课堂教学过程、良好的教学设计与实施、备课与教学研讨、班级管理工作	第七学期,为期 9～12 周	在教育见习中学,进行地理课堂教学、备课及教学研讨、批改作业、课后辅导学生、班主任工作、班级管理、教育调查等。采用小组合作探究研讨方式,每周进行教学反思、教学和班主任工作研讨等。	12 节课堂教学、教案、课件,1 节汇报课、1 份教育调查、10 节听课记录、1 份班级和地理学习情况、1 份教育综合实习总结、6 份教学反思、班主任和教学工作自评表。

续表

阶段	技能目标	时间安排	实施过程	具体要求(针对每人)
教育反思研习阶段	总结优秀实习经验，技术性教学反思和教学研讨	第七学期，为期1～2周	整理综合实习档案，小组进行教育反思，教育实习总结与汇报。	1份教育实习总结和反思汇报、8分钟教学汇报、教育实习总结与反思大会。

资料来源：吕殿青，杨文，刘利科.高师地理教育实习改革创新模式研究——构建"七段全程贯穿螺旋上升式"教育实习创新模式[J].科教文汇，2017(5B)：60-61.

此外，安徽师范大学李俊峰对安徽师范大学近5年地理教学实践现状进行了调查，针对中学地理课程改革和高师地理实际，从实习时间、教师遴选、教师专业化发展学校的选择(PDS)、课程安排和评价方式等方面构建全程—互动式的新型教学实践模式[①]。该模式为全程—互动式，主要由实习时间、教师遴选、基地选择、课程安排和评价方式等五个要素组成，和传统教学实践相比，全程—互动教学实践模式在时间安排和跨度、课程结构和比例、导师遴选、PDS建设等方面均有很大改变(图4-2-3-1)。

综合分析湖南师范大学地理教学实习和安徽师范大学地理教学实习模式的创新，优点集中表现在：一是实现了实习的内容全面化、形式多样化。该模式将师德理念、班级工作、教学的方法、研讨和组织、地理学科教育技术、教学反思、地理学科知识和教材挖掘、新型教学模式都融合到地理教育实习过程中，内容更加全面。采用教学观摩、学科与教学技能培训、教育见习、综合实习和反思研讨等多样化实习方式。二是把现在的职后培训转变为职前培养，实现了师范技能培养层层递进。在整个实习中首先是教学语言、教学姿态、学科知识逻辑，然后是教学设计、课件制作、地理学科软件，最后上升到教学方法、教学组织和教学研讨反思，技能不断拓展，从简单的教学、地理知识递进到专业教学设计、知识点挖掘，再发展为反思教学研究。同时把教育理念、现代教育技术、地理学科软件应用、翻转课堂等纳入师范技能培养中，把教师职后培养转变为职前培养，使得实习生顺利转变成合格教师，更好地适应基础教育改革的实际需求。三是全方位、多角度评价实习效果。①建立学生成长记录袋和学习效果评价指标体系。从学生进入学校开始，给每位学生建立成长记录袋，主要以文字、影像、图片等形式记录大学四年成长过程，主要内容涉及试卷、科研论文、心得体会、课堂教学、教案、说课稿等。再结合学习效果评价指标体系对学生每年的结果进行评价。②聘请同行知名专家、中学地理名师对学生的从教技能、班主任能力、运用现代多媒体技能、地理基本技能等方面进行综合

① 李俊峰.课改背景下高师地理专业新型教学实践模式探讨[J].安徽师范大学学报(自然科学版)，2009，32(6)：593-596.

评价。③建立用人单位对毕业生满意度的反馈通道。这有助于了解用人单位对本专业毕业生培养质量的总体评价以及人才培养的要求，找出人才培养过程中存在的问题和偏差，加快教育教学改革步伐，进一步提高教育教学质量和管理水平。

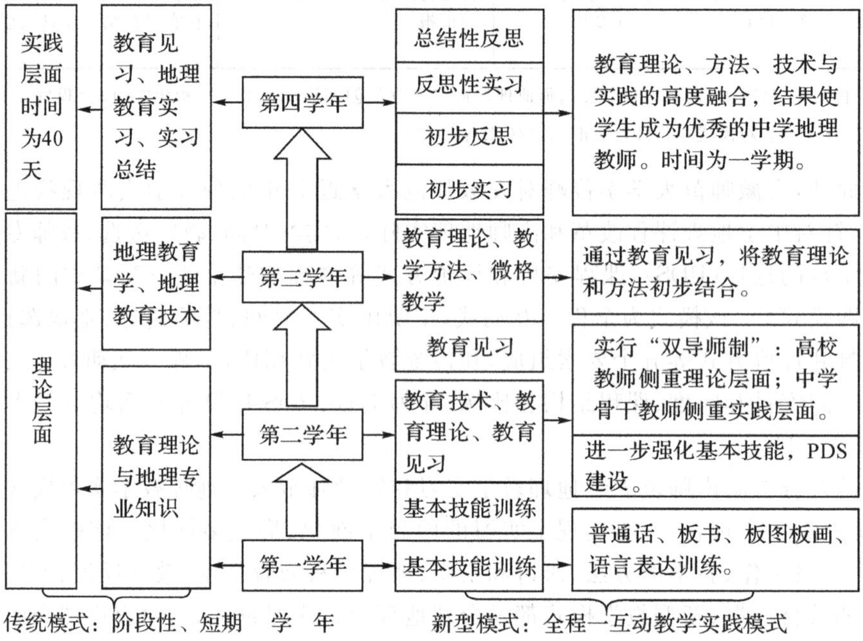

图 4-2-3-1　高师地理全程一互动教学实践模式

资料来源：李俊峰.课改背景下高师地理专业新型教学实践模式探讨[J].安徽师范大学学报(自然科学版)，2009，32(6)：593-596.

第三节　宁波大学地理科学师范生教育见习、实习的统筹安排

宁波大学对师范生教育见习、实习工作的安排共分前期准备环节、课堂教学工作实习环节、班主任工作实习环节、教育教学研究工作实习环节、教育实习考核与评价环节5个环节，每个环节均有所侧重。前期准备环节中，教育见习、实习工作一般流程和教育见习、实习工作条例相当重要，是对整个教育见习、实习工作的统筹计划和全局性把控；课堂教学工作实习环节中，备课、上课与听评课都十分重要，是课堂教学实习的中心环节；班主任工作实习环节中，实习班主任工作的内容详尽地概括了实习生实习班主任工作的具体任务，清晰、明确；教育教学研究工作实习

环节中，撰写教育叙事、教育案例和教育调查报告能使实习生充分发挥主观能动性，掌握教育教学研究的基本内容与方法手段，培养实际写作的能力，为从事教育科学研究打下基础；教育实习考核与评价环节中，教育实习鉴定表和教育实习成绩评定表是对实习生教育实习的最终考核与评价，是对实习生工作态度、教学技能和业务水平的考察。

一、前期准备环节

(一)教育见习、实习工作一般流程

根据《浙江省教育厅关于深化教师教育改革的实施意见》(浙教师〔2014〕41号)文件精神和《宁波大学教育实习工作管理办法》(宁大政〔2006〕115 号)文件的有关要求，对宁波大学教育见习、实习工作进行规范管理，教育见习、实习工作一般流程如表 4-3-1-1。

表 4-3-1-1　宁波大学教育见习、实习工作一般流程

时　间	内　容
4 月	★各学院做好师范生教育见习工作前期准备。
5 月初	★各学院组织师范生参加教育见习工作。
5 月中旬	★教育见习生完成《宁波大学实习情况登记表》《宁波大学实习日记》《宁波大学实习报告》，汇总后报教务处备案(纸质)。 ★确定教育见习生见习成绩，报教务处备案(电子)。
6 月	★完成自主联系实习学生的审批流程(纸质)，填写好参加集中实习学生的《教育实习学生编组情况一览表》(实习学校等信息暂不用填)、《自主联系教育实习汇总表》，报教务处备案(电子)。
6 月	★各学院成立教育实习工作领导小组，报教务处备案(纸质、电子)。 ★各专业应制定规范、完整的《教育实习大纲》，经所在系审核、学院批准后实施，由学院报教务处备案(纸质、电子)。 ★各专业制定《教育实习计划》，由学院汇总后报教务处备案(纸质、电子)。
7 月	★各学院组织所有参加实习学生参加师范生教学技能竞赛。
9 月初	★各学院要进行实习前思想动员，开展安全教育活动。 ★各学院要为参加实习学生做好实习期间人身意外保险的投保工作(按照宁大政〔2015〕39 号文件执行)。
9 月中旬—11 月下旬	★学生实习，教师指导，学院、学校检查。

续表

时 间	内 容
12月中旬	★整理汇总实习材料，确定实习生实习成绩，《教育实习成绩评定表》放入学生档案(纸质)。 ★做好《自主联系教育实习协议书》《自主联系学生家长承诺书》《自主联系单位接受证明》《听课记载表》《教育实习成绩考核一览表》的整理归档工作(纸质)。
12月中旬	★推荐优秀实习生和优秀指导教师，总结交流教育实习工作体会，及时召开全学院的教育实习工作汇报交流会(吸收下一届学生参加)，写出书面总结材料，报教务处备案(电子)。

(二)教育见习、实习工作条例

1. 实习时间的安排

本科(含专升本)各师范专业教育实习时间初步拟定在9月26日至11月25日，为期8周。

专科各师范专业教育实习时间初步拟定在9月26日至11月11日，为期6周。

2. 实习资格的审核

所有参加教育实习的学生，必须同时满足以下两个条件，方准许参加教育实习。

(1)须参加教师教育相关的教育学、教育心理学、微格教学、教师语言艺术等课程的学习，经考核合格。

(2)须参加宁波大学师范生教学技能竞赛暨浙江省高等学校师范生教学技能竞赛选拔赛，师范生教学技能考核必须做到人人过关。

3. 实习学校的落实

实习学校的选择应以市教育局公布的教师发展学校为主，教师发展学校的初次联系由教务处统一负责。各学院各专业应结合自身特点与优势，拓宽合作渠道，创新合作模式，与教师发展学校建立紧密的联系，形成互利共赢的工作新局面。

同时，对于已有的其他实习学校，各学院各专业也应保持密切联系，争取纳入第二批教师发展学校名单。

4. 实习计划的制订

各学院应根据各专业开课计划和教育实习大纲的要求，于6月10日之前，制订各专业教育实习计划，报教务处备案。

5. 指导教师的选派

各学院应选派具有三年以上教学经验，原则上应具有中级以上职称的学科教育学教师担任教育实习指导工作。每位指导教师指导的学生数原则上不超过

8人。

各学院应对各专业教育实习指导教师提出明确的工作任务，并对指导教师在教育实习期间的指导工作进行督促、检查。

6. 实习学生的准备

实习生应提高对教育实习的认识，强化安全意识，在思想和心理上做好充分的准备。同时，要了解并熟悉本专业课程标准和主流教材的编制理念及基本框架，熟悉教材内容，增强自身对基础教育的适应性，为实习工作做好准备。

7. 安全管理的强化

根据《宁波大学学生实践教学安全管理办法》(宁大政〔2015〕39号)文件精神，各学院作为安全管理和安全教育的第一责任人，要为每一位参加实习的学生做好实习期间人身意外保险的投保工作，要层层落实安全管理责任，指定每个实习点的带队教师和每位学生的实习联系人，制定突发事件应急预案，有计划地、有成效地组织开展安全教育活动。

8. 实习工作的总结

教育实习结束后，各学院要及时、主动征求实习学校对实习工作的意见和建议，组织好对各专业教育实习计划的执行情况、教育实习质量、存在问题及解决措施、经验体会和建议等进行交流、总结，写出书面总结材料，报教务处备案。各学科性学院作为教育实习过程管理的第一责任人，要做好实习相关过程材料的整理、归档工作。

同时，要灵活运用学习研讨、经验交流等多种形式，搭建起参加实习学生和下一届学生间沟通的渠道，努力实现我校师范生教育实习质量的逐年稳步提升。

(三)教育见习、实习生守则

(1)教师教育类专业学生应按我校人才培养计划规定参加教育见习、实习活动。教育见习、实习期间要严肃认真，刻苦钻研，克服困难，努力完成各项教育见习、实习工作，争取优良成绩。

(2)自觉遵守教育见习、实习工作的有关规定和教育见习、实习学校的规章制度，服从教育见习、实习学校的统一领导。

(3)教育见习、实习生要尊重教育见习、实习学校的工作人员，虚心接受指导教师、原任课教师、原班主任的指导。不许在中学生面前批评议论教育见习、实习学校的领导、教师和职工。如对教育见习、实习学校的工作有新的建议，应通过小组讨论，集中交指导教师处理，不应发生有损社会公德的事情。

(4)教育见习、实习生与教育见习、实习学校的中学生是师生关系。应在各方面成为中学生的表率。注意仪表，举止言谈要讲文明礼貌，并以满腔的热情关心和教育学生，以和蔼、诚恳的态度对待学生。

(5)凡未予公布的有关决议，不得向中学生透露。

(6)凡向教育见习、实习学校集体或个人借用的各种材料(包括中学生材料、家访材料和物品)应认真保管,不得遗失和外传,并要按时归还教育见习、实习学校。

(7)遵守教育见习、实习学校的各项规章制度。教育见习、实习期间教育见习、实习生原则上不准请假,确需请假,按《宁波大学教育实习请假制度》有关规定执行。

(8)教育见习、实习生之间应发扬团结互助的精神,互相帮助,互相学习,共同提高。

(9)自觉遵守教育见习、实习学校的教学秩序,爱护公物,如有损坏、遗失,要照价赔偿。

(10)在教育见习、实习期间,不得邀请或接受邀请,与教育见习、实习学校的学生到校外进行与教育见习、实习工作无关的活动;不准自作主张带学生外出活动,违者教育见习、实习成绩降级处理;应注意安全,严防意外事故发生。

(四)教育见习、实习生请假制度

(1)教育见习、实习生因病、因事不能参加教育见习、实习活动,必须办理请假手续。

(2)请假半天以内者,须征得带队指导教师同意;请假一至两天并外出者,需有请假报告,经带队指导教师签署意见,由教育见习、实习学校领导小组批准,方能离队。

(3)因病或伤残事故(凭县级以上医院证明)或其他特殊原因,请假三至七天者,需报经所在院教育见习、实习指导组集体研究审批,并报学校教务处备查。请假八天以上者由所在院教育见习、实习指导组审查并加意见后,报校教育见习、实习指导委员会批准。凡不请假或请假未经批准者,作擅自离队处理。

(4)无故缺勤一天,按旷课6课时处理。无故缺勤七天以上者,取消其教育见习、实习成绩,另行安排重修教育见习、实习;请事假、病假十天以上者,亦需重修教育见习、实习。

(五)关于加强学生分散实习管理的若干规定

(1)教育实习由校(院)统一安排,同时考虑到学生就业等因素,部分学生(一般为实习学生总数的20%)可自主联系学校进行实习。自主联系实习需由学生提出申请,家长签署意见,学院审核并报教务处批准同意。

(2)各学院要切实掌握分散实习的学生人数和实习单位有关情况,将《自主联系教育实习汇总表》报教务处备案。

(3)自主联系实习学校进行教育实习的学生,其教育实习的要求与学校统一安排实习的学生应一致。

(4)各学院应结合各专业特点和自主联系的实习学校的情况,制定自主实习具体实施计划和关于自主实习学生管理的具体办法,与各专业教育实习计划同时交教务处。

(5)实习期间，各学院应对所有分散实习的学生加强监督、管理，以确保实习质量和实习安全。

(六)教育实习必须收集的资料

实习前，各师范生必须收集好相应的中小学教科书、各学科新课程标准、《学科教学指导意见》、教辅(例如《5 年高考 3 年模拟》等)、工具书(例如《中学地理地图册》等)、教学用具(例如地球仪等)等资料。

二、课堂教学工作实习环节

(一)备课与教案写作

1. 备课

备课就是教师课前所做的准备工作，是指教师根据教学大纲的要求和本门课程的特点结合学生的具体情况，认真钻研教材，选择最合适的表达方法和顺序，以保证学生有效地学习。备课是整个课堂教学工作的起点，是上好课的重要前提，是加强教学的目的性、计划性和预见性，充分发挥教师主导作用，切实提高教学质量的重要保证。

备课从程序上要"由大到小""由粗到细"。所谓"由大到小"是指备课的范围，要按照全册教材→单元教材→课时教材的程序来备课。"由粗到细"是指备课的深度，即对所教课程要反复推敲，深入钻研。宏观备课有方向性、计划性、超前性，是微观备课的指南。而微观备课是对每一课时，从知识到方法的逐一设计，是对宏观备课的具体落实。从宏观到微观，实习生备课应掌握以下几种方法①：(1)学期备课。学期备课要求实习生在课程标准指导下对整册书进行钻研，学期备课可粗一些，可编出《学期教学进度计划表》。(2)单元备课。单元备课是在一个单元或一个课题的教学之前进行备课，单元备课拟出单元的教学计划。(3)课时备课。课时备课是根据单元明确的教学目的、任务、要求、重点、难点及其相应教学方法，进一步从每节课的实际出发，认真研究和解决单元备课各项计划的具体落实。(4)课前备案。这要求实习生在上课前对教案内容再揣摩构思，默记熟练。(5)课后备课(课后反思)。这是教者课后回顾，反思总结的过程，可以写教学后记。

备课具体操作要领包括备教材、备学生、备教学资料、备教法、备学法五个方面。备教材要求实习生做到五个弄清，即弄清《课程标准》精神，弄清教材体系，弄清教材特点，弄清教材疑点，以及弄清教学重点、难点。备学生要求实习生做到六个了解，即了解班级基本情况，了解学生个体自然情况，了解学生学习基础，了解学生对教学方法的意见，了解学生个性品质差异，了解学生的变化与进步。备教学资

---

① 夏正江.《上海市中小学见习教师规范化培训手册》试评[J].基础教育，2018，15(2)：55-65.

料要求实习生掌握以下四项原则:(1)博览精选,厚积薄发;(2)消化吸收,创新运用;(3)凡引入教学的资料中的观点和事例必须科学可靠;(4)引入教学的资料应尽可能是新鲜的。备教法一方面要求实习生熟悉掌握一些传统的教学方法,另一方面则要求其重点学习掌握教学改革中优秀教师和教育科研工作者创造出来的新的教学方法和模式。备学法要求实习生掌握学法指导内容与方法,重视学生的学习过程,研究学生的学习方法,不仅让学生"学",而且要让学生"爱学""会学"。

2. 教案写作

教案是教师备课时写的教学方案,是备课的一个重要部分。实习生在编写教案时,应遵循科学性、创新性、艺术性、可操作性、变化性原则。所谓符合科学性,就是要认真贯彻课标精神,按教材内在规律,结合学生实际来确定教学目标、重点、难点,设计教学过程,避免出现知识性错误。所谓加强创新性,就是在自己钻研教材的基础上,广泛地涉猎多种教学参考资料,向有经验的老师请教,不要照搬照抄,要取其精华,去其糟粕,独立思考,结合个人教学体会,巧妙构思,精心安排,从而写出自己的教案。所谓教案的艺术性,就是要让学生在课堂上不仅学到知识,而且得到艺术的欣赏和快乐的体验。所谓可操作性,就是要从实际出发,考虑教案的可行性和可操作性,该简就简,该繁就繁,要简繁得当。所谓变化性,就是要根据学生实际提出的问题和看法灵活改变原先的教学计划和方法,满腔热忱地启发学生的思维,针对疑点积极引导,而不能死扣教案,把学生思维的积极性压下去。

此外,实习生编写教案应写清楚课题、课时、课型、教学目标、教学重点和难点、教学方法、教具、教学过程、板书设计等方面内容。其中,教学目标应包括三个维度:(1)知识与技能目标;(2)过程与方法目标;(3)情感态度与价值观目标。教学过程是教案编写的重点,是教学设计的体现,也是教学思想的展示过程,包括导入新课、讲授新课、巩固练习、归纳小结等步骤。

(二)上课及基本要求

上课是实习生课堂教学实习的中心环节,实习生应在备课后将教案交给双方教师审阅,并进行试讲,试讲合格经指导教师签字后方可正式上课。实习生上课应做到以下五点:(1)实习生要做好课前准备工作。要认真钻研教材,精心备课,整理好自己的教学思路,还要提前到教室候课,熟悉教学环境,做好教具准备工作。(2)实习生在教学过程中要紧扣教学目标,对不同学习基础的学生,在教学目标和教学内容上应尽可能体现不同的层次要求,采用不同的教学方法,以适应他们的学习需求。(3)实习生课堂提问要少而精,不提没有思维价值的问题,多引导学生独立发现问题、分析问题、解决问题,坚持探究式、合作式和讨论式教学,加强对学生学习方法的指导,特别要注重培养学生良好的学习习惯,提高教学实效。(4)实习生上课要讲普通话,语言要精练、准确、生动、富有启发性和吸引力,声音要响亮;板书要清楚,布局结构合理,能体现出讲课重点,字迹工整,大小适当,用字规范,不写错别字；举止要文明、持重，教态亲切、自然、大方，衣着得体。(5)实习生要充分利用教具和学具，合理使用现代教育技术手段优化课堂教学，有效渗透德育、美育、人文教育和心理教育因素，做到既教书又育人。

(三)听课与评课

听课与评课是一种行之有效地研究课堂教学的重要方法。实习生听课应该按以下三个步骤来进行[①]：(1)课前要有一定的准备工作。实习生要想通过听课真正学习点东西，就必须做到充分预热。打算听谁的课，应该事先问问他教什么内容，把课本找来预习一下，看看有没有难点、疑点，同时自己设想一下，假如让我教这样的课，准备怎样教，以便听课时有个对比。(2)听课中要认真观察和记录。实习生听课要高度集中注意力，全身心地投入。在课堂上不仅要听，还要看，要仔细捕捉讲课者的语言和表情，记下他每个教学环节和教学方法。实习生既要看教者对教材的钻研，重点的处理，难点的突破，教法学法的设计，教学基本功的展示，也要看学生的学，要看学生的课堂表现，学生参与的情绪，学习的习惯，总而言之要看教师主导作用和学生主体地位有机结合。此外，实习生听课不仅要详尽记录课堂的教学过程，还要记下自己的主观感受和零星评析。(3)课后要思考和整理。实习生对课堂实况应进行反复的琢磨，或翻翻听课记录，或与执教者交谈，或写一篇"听课心得"等。每个教师在长期教学活动中都可能形成自己独特的教学风格，实习生要善于进行比较、研究，准确地评价各种教学方法的长处和短处，并结合自己的教学实际，吸收他人有益经验，改进自己的教学。

实习生评课主要从以下六个方面观察和分析[②]：(1)从教学目标上分析。要分析教学目标的制定和达成，看教学目标的制定是否明确、具体，是否符合三维目标体系；课堂教学是否围绕教学目标进行。(2)从教材处理上分析。看教材的组织和处理是否突出了重点，突破了难点，抓住了关键。(3)从教学程序上分析。看教学思路设计是否符合教学内容和学生实际，教学思路层次、脉络是否清晰，教学思路设计是否具有创造性；看课堂结构安排是否完整、合理、严谨、高效，是否环环相扣、过渡自然。(4)教学方法和手段上分析。看教法是否得法，是否符合认知规律，是否灵活且有实效；是否面向全体学生，是否激发学生兴趣，启迪学生思维；是否正确、有效地使用现代化教学手段。(5)从教学基本功进行分析。看教学语言是否准确、简明、生动，是否使用学科专业术语，是否运用普通话进行教学，普通话是否标准、流利，语速是否适中，声音是否洪亮；看教态是否自然、亲切、大方，仪表是否端庄、整洁；看板书格式是否规范、清晰，板书设计是否合理、精良，有无笔误和错别字。(6)从教学效果上分析。看教师是否按时、按量、按质完成了教学任务和目标；

---

① 赵立新.提高教师群体教学水平的捷径[J].教育实践与研究，2006(3)：26.

② 施良方，崔允漷.教学理论：课堂教学的原理、策略与研究[M].上海：华东师范大学出版社，1999.

检测学生是否掌握、理解了所学知识，学生能力是否有所提高。

(四)教育实习教案

教育实习教案是实习生为顺利而有效地开展教学活动，根据教学大纲和教科书要求及学生的实际情况，以课时或课题为单位，对教学内容、教学步骤、教学方法等进行的具体设计的一种实用性教学文书。表4-3-2-1为宁波大学教育实习教案，实习生应按要求编写教育实习教案，在备课时写清实习学校、实习班级、实习课程、教材题目、教材目的与要求、教学的重点难点、教学用具和教学过程等内容，并在课程结束后认真反思，完成实习生课后自我检查。

表 4-3-2-1 宁波大学教育实习教案

学院 专业 班 姓名： 学号：

年 月 日(星期) 第 节(由 时 分至 时 分)

指导教师： 月 日批准 带队教师：

实习学校		实习班级		实习课程	
教材题目(注明教材名称、出版社、所授课内容的章、节、页次)					
教学目的与要求					
教学的重点、难点					
教学用品(直观教具、模型、实验仪器等)					
教学过程					
实习生课后自我检查					
实习小组评议					
实习学校指导教师意见					

(五)教育实习听课记录表

教育实习听课记录表共分两种，一种是教师用的教育实习听课记录表，如表4-3-2-2，由指导教师在讲课实习生讲课时填写，用以记录讲课实习生的教学内容以及对实习生教学的意见；另一种则是学生用的教育实习听课记录表，如表4-3-2-3，由实习生在讲课教师讲课时填写，用以记录讲课教师的教学内容以及对教学的体会。

表4-3-2-2 教育实习听课记录表(教师用)

20　　年____月____日(星期____)____午　第____节(时间：　　)　记载人__________

实习学校		实习班级		讲课实习生	
课程		教材章节			
教学内容					
对教学的意见					

表4-3-2-3 教育实习听课记录表(学生用)

20　　年____月____日(星期____)____午　第____节(时间：　　)　记载人__________

实习学校		实习班级		讲课教师	
课程		教材章节			
教学内容					
对教学的体会					

三、班主任工作实习环节

(一)实习班主任工作的职责与任务

实习班主任的基本职责与任务是按照德、智、体、美全面发展的要求，开展班级工作，全面教育、管理、指导学生，使他们成为有理想、有道德、有文化、有纪律、体魄健康的公民。每个实习生都应该遵照实习学校的作息时间履行职责，根据原班主任工作计划和班级的具体情况，做好班主任的日常工作。首先，实习生要认真向原班主任学习，明确班主任工作的具体内容、目的和要求。其次，要进行班级常规管理，协助原班主任针对班集体的具体情况，进行集体教育，至少独立组织班活动2次以上。此外，还要做好个别学生的教育工作，深入了解学生的学习情况、思想动态、行为习惯等(必要时进行家访)，进行教育和引导。

(二)实习班主任工作的内容

实习班主任工作主要包括以下内容[①]：

(1)了解和研究班级情况及学生情况，并制订班主任工作计划。

(2)教导学生学好功课。注意学习动机、学习目的与学习态度的教育，指导学生改进学习方法。

(3)组织主题班会活动。班会的内容与形式应当多样化。

(4)组织课外活动、校外活动和指导课余生活。

(5)组织学生的劳动。

(6)协调各方面对学生的要求。

(7)评定学生操行。

(8)做好班主任工作的计划与总结。

(三)教育实习主题班会设计方案

教育实习主题班会的设计要遵循以下原则：1.针对性原则，要根据学生的学习情况、思想动态、实际生活以及社会热点等，确定具有针对性的班会主题。2.自主性原则，实习生可与学生一起确定班会主题，策划活动方案，设计出能充分体现学生自主性、为学生提供锻炼机会的主题班会活动。3.趣味性，主题班会活动的内容和形式都要富有趣味性，要生动、新颖，能吸引和感染学生，调动学生参与的积极性。

此外，实习生在设计主题班会活动方案时要写清楚活动主题、活动目的、活动时间、活动地点、活动准备、活动过程，如表4-3-3-1所示。其中，活动主题要简明、概括、清晰，并具有艺术性；活动准备主要写人员的分工、环境的布置、资料的准备等；活动过程要写明整个活动具体分为几个环节，以及如何导入，如何深入和如何总结。

① 王道俊，王汉澜.教育学[M].北京：人民教育出版社，2009.

表 4-3-3-1 班级活动方案

活动主题	
活动目的	
活动时间	
活动地点	
活动准备	
活动过程	

(四)班主任工作记录表

实习生在班主任工作实习期间要做好班主任工作记录(4-3-3-2),包括学校及班上召开的各种会议的记录,各种活动及参加情况的记录,学生个人表现的记录,作业完成情况的记录以及测试情况记录等,保证班级工作井然有序。

表 4-3-3-2 班主任工作记录表

20 年 月 日 第 周

项目	内容
当周工作安排	
当周教育内容	
存在问题及应对措施	

四、教育教学研究工作实习环节

(一)实习日志

教育实习生在实习期间把实习经历通过实习日志(表 4-3-4-1)的形式记录下来,有利于实习生教育经验的积累和能力的提升。

表 4-3-4-1 宁波大学实习日记

实习课程名称(课号)：　　学院：　　专业：
班级：　　姓名：　　学号：
指导教师：　　实习起止时间：

年　月　日　星期
实习地点：
实习主要项目和内容：
主要收获与体会：
指导教师批阅意见： 成绩评定： 指导教师签字： 年　月　日

(二)教育反思

教育反思是实习生在教育教学研究工作中自觉地以自己的教育实践为思考对象，对自己所做出的行动以及由此产生的结果进行审视、分析和总结，是促进教师专业发展的重要途径。教育反思主要包括以下五点内容：1.反思教育教学过程中的优点；2.反思教育教学过程中的不足和失败之处；3.反思学生的创新思维对实习生教学的启发；4.反思课堂中的突发事件以及学生的问题和建议；5.反思教学设计的改进方案。

(三)教育叙事

教育叙事是以叙事、讲故事的形式记录在自己的教育实践、教育生活中发生的各种真实鲜活的教育事件和发人深省的动人故事，表述自己在实践过程中的亲身经历、内心体验和对教育的理解感悟。“叙”就是叙述，“事”就是故事。教育叙事其实是一种叙事化的教育反思，具有教师的亲历性、故事的生动性、案例的典型性、意义的启发性、评价的科学性等特点。教育叙事涉及的主要内容有研究教师的教育思想，研究教师的教育活动，以及研究教师的教育对象。撰写教育叙事应体现以下四个基本原则：体现自我评价的原则，体现评价的真实性原则，体现叙事的典型性原则，体现评价的反思性原则。

（四）教育案例

教育案例是一个教育情境的故事。在叙述一个故事的同时，人们常常还发表一些自己的看法——点评。所以，一个好的案例，就是一个生动的故事加上精彩的点评。教育案例应符合以下条件[①]：1. 教育事件中必须包含一个或多个疑难问题，同时也可能包含有解决问题的方法，换句话说，没有问题在内的事件不能称为教育案例，也就是教育事件要有分析的价值。2. 所选教育事件应该具有典型性、代表性，通过这个事件可以给人带来许多思考。3. 事件都是5年之内发生的真实故事，要紧扣时代教育的脉搏，并有从开始到结束的一个完整的情节。4. 事件要能反映出教育教学工作的复杂性，并揭示出人物的内心世界。5. 事件的描述中要有一定的冲突，描述要具体、明确，要反映事件发生的时间、地点和背景。此外，教育案例的撰写主要采取描述的手法，既可用第一人称，也可采用第三人称。教育案例的描述要生动具体，有详有略，重点突出，可分案例的背景、案例的展开、案例的总结三部分来写。

（五）教育调查报告

教育调查报告是就某种教育现象，在掌握大量材料的基础上，经过整理分析形成认识而写成的文字材料。其作用是通过与教育有关问题的调查，掌握规律，发现问题，分析原因，总结经验，为教育科学和科学教育服务。

实习生对实习学校的基础教育状况可作跟踪调查，收集教学与学生的一手资料和数据，并撰写教育调查报告。实习生开展教育调查研究活动的具体内容为[②]：1. 调查研究实习学校的历史、现状及贯彻党的教育方针与政策的情况；2. 了解优秀教师的先进事迹、教书育人经验、教学方法和教改经验；3. 调查研究实习学校新课程改革及教育教学改革的情况；4. 研究教育对象的心理与生理特点、学习态度与方法、知识结构与智能水平及与思想政治品德状况等。

（六）实习总结

教育实习是大学教学工作的一个重要环节，也是提高师范教育专业学生素质和技能的重要途径。通过实习总结，师范生能逐步认识和掌握教育的本质和规律，找出教育实习期间的问题和不足，取长补短，提高自身的教育理论素养和教学技能；各院系能考察实习生的教育教学能力和业务水平，改进院系教育实习工作，搭

---

① 杨璐璐. 教师教育中的案例教学[J]. 教师教育论坛，2017，30(5)：14-19.

② 范丹红，李江，邓虹婵. 教师专业技能训练与教育实习[M]. 北京：北京师范大学出版社，2013.

建起参加实习学生和下一届学生间沟通的渠道，交流实习经验，实现学校师范生教育实习质量的逐年稳步提升。因此，实习生个人和各院系教育实习负责人都需要对实习的基本情况，取得的主要成绩和存在的问题及建议作一个综合性总结。

五、教育实习考核与评价环节

(一)教育实习鉴定表

如表 4-3-5-1 所示，教育实习鉴定表由自我鉴定、实习小组意见、原任课教师意见、原任班主任意见、实习学校意见和院系实习领导小组意见六个部分组成，最后一栏实习成绩的评定采用等级制，分优秀、良好、中等、合格、不合格五档。

表 4-3-5-1　教育实习鉴定表

<table>
<tr><td>自我鉴定</td><td colspan="3">本人签名：　20　年　月　日</td></tr>
<tr><td>实习小组意见</td><td colspan="3">小组长签名：　年　月　日</td></tr>
<tr><td>原任课教师意见</td><td colspan="3">任课教师签名：　年　月　日</td></tr>
<tr><td>原任班主任意见</td><td colspan="3">班主任签名：　年　月　日</td></tr>
<tr><td>实习学校意见</td><td colspan="3">负责人签名(盖章)　年　月　日　|　评定成绩：</td></tr>
<tr><td>院系实习领导小组意见</td><td colspan="3">负责人签名(盖章)　年　月　日</td></tr>
<tr><td>实习成绩</td><td></td><td>备注</td><td></td></tr>
</table>

(二)教育实习成绩评定表

如表 4-3-5-2 所示，教育实习成绩从以下四个方面评定，其中教学实习工作占 50%，班主任工作实习占 30%，个人表现占 10%，个人总结、调查报告成绩占 10%。

表 4-3-5-2　教育实习成绩评定表

<table>
<tr><td>系别</td><td></td><td>班级</td><td></td><td>姓名</td><td></td><td>实习学校名称</td><td></td><td>教学实习班级</td><td></td><td>班主任实习班级</td><td></td></tr>
<tr><td>讲授课程名称</td><td></td><td>讲授内容</td><td></td><td>讲课总时数</td><td></td><td>实习时间</td><td colspan="5">由　年　月　日
——　月　日</td></tr>
</table>

<table>
<tr><td colspan="2">项目</td><td>成绩评定内容</td><td>实习学校指导教师评分</td><td>带队指导教师评分</td><td rowspan="6">实习学校指导教师评语</td><td rowspan="6">签名：</td></tr>
<tr><td rowspan="10">教学实习工作(50分)</td><td rowspan="3">课前准备(15分)</td><td>(1)钻研教学，了解学生(5 分)</td><td></td><td></td></tr>
<tr><td>(2)编写教案，准备教具图表及其他教学手段(5 分)</td><td></td><td></td></tr>
<tr><td>(3)试讲(5 分)</td><td></td><td></td></tr>
<tr><td rowspan="5">课堂教学(25分)</td><td>(4)教学内容重点突出(5 分)</td><td></td><td></td></tr>
<tr><td>(5)贯彻教学原则恰当运用教学方法(5 分)</td><td></td><td></td></tr>
<tr><td>(6)注重三基教学与能力培养(5 分)</td><td></td><td></td><td rowspan="5">实习学校对实习生综合能力评语</td><td rowspan="5">强　较强　一般　较弱　弱　签章：</td></tr>
<tr><td>(7)教师主导作用与学生主体作用的发挥(5 分)</td><td></td><td></td></tr>
<tr><td>(8)教学语言、板书、教态、仪表(5 分)</td><td></td><td></td></tr>
<tr><td rowspan="2">课后工作(10分)</td><td>(9)作业收阅及辅导(5 分)</td><td></td><td></td></tr>
<tr><td>(10)课后总结(5 分)</td><td></td><td></td></tr>
<tr><td colspan="2" rowspan="4">见习班主任工作(30分)</td><td>(1)工作态度(5 分)</td><td></td><td></td><td rowspan="6">系领导小组意见</td><td rowspan="6">签章：</td></tr>
<tr><td>(2)组织管理能力(10 分)</td><td></td><td></td></tr>
<tr><td>(3)教育方法(10 分)</td><td></td><td></td></tr>
<tr><td>(4)以身作则，为人师表(5 分)</td><td></td><td></td></tr>
<tr><td colspan="2" rowspan="2">个人表现(10 分)</td><td>(1)组织纪律(5 分)</td><td></td><td></td></tr>
<tr><td>(2)思想作风(5 分)</td><td></td><td></td></tr>
<tr><td colspan="2" rowspan="2">个人总结、论文或调查报告(10 分)</td><td colspan="2">(1)总结、论文内容(5 分)</td><td rowspan="2">教育实习评分(百分制)</td><td rowspan="2"></td><td rowspan="2">教育实习成绩评定等级</td></tr>
<tr><td colspan="2">(2)文字表达(5 分)</td></tr>
</table>

注：1. 见习班主任工作先由指导班主任评分然后再由带队教师评分；2. 实习学校填写对实习生综合能力的评语后，还应对该项目内的五个评定等级做出选择，在相应方框内打“√”。

（三）教育实习优秀实习生评选办法

教育实习优秀实习生评选应符合以下条件：

(1)能正确认识教育实习的重要意义，对待教育实习态度端正，能积极、热情地参加教育实习；

(2)刻苦钻研，虚心求教，严肃认真地按要求完成各项教育实习任务，能够认真备课、试讲、上课、辅导答疑，开展一些有益的教学方法、教学研究活动、成绩突出；并能积极向教务处反馈教育实习动态(教育实习期间发送稿件不少于 2 篇)；

(3)以身作则，为人师表，服从领导，听从指挥，注意师德修养，严于律己，积极奋进，协助指导教师搞好各项工作；

(4)能积极参与教育实习学校的各项活动，严格遵守教育实习纪律和教育实习学校的各种规章制度；

(5)优秀教育实习生的教育实习成绩必须优秀，比例不超过学院教育实习学生总数的 5%。

（四）教育实习优秀实习指导教师评选办法

教育实习优秀实习指导教师评选应符合以下条件：

(1)能积极组织制订教育实习计划，与教育实习学校共同落实教育实习生的教学教育实习，班主任见习及教育调查，总结评比等工作；

(2)能够妥善安排好教育实习生食宿，关心教育实习生的思想、工作、生活和身体健康，及时处理教育实习过程中的各种问题，协调好同教育实习学校关系；教育实习期间到教育实习学校实地检查、辅导 6 次以上；

(3)关心教育实习生，能够处处为教育实习生着想，并组织各种活动，丰富教育实习生的教育实习与生活；

(4)能严格要求教育实习生，教育实习期间，教育实习生无违反教育实习纪律现象；

(5)能随时从教育实习学校各指导教师中了解教育实习生的思想及教学情况，并做好对教育实习生的思想教育及教学指导工作；

(6)能够积极组织教育实习生向教务处提供教育实习动态稿件(要求每两周发送高质量稿件一篇)；

(7)能积极参加教育实习学校组织的与教育实习有关的各项活动；

(8)各学院可推荐 1 名优秀指导教师，指导教师总数 5 人以上的学院可推荐 2 名优秀指导教师。

（五）教育实习情况调查表

在借鉴国内外有关教育实习的研究、实验结论的基础上，结合我校师范生教育实际编制了教育实习情况调查表(学生用)和师范生教育实习情况调查表(实习学校指导教师用)两份。针对实习生的调查表再经过试调和征询导师意见后形成正式问卷，其结构见表 4-3-5-3。

表 4-3-5-3 教育实习情况调查表

第一部分 实习学生问卷

性别　　　　　　实习学校名称

1. 你实习所在学校属于(　　)

　A. 国家重点　　B. 省重点　　C. 市(县、区)重点　D. 普通学校

2. 你实习所在学校是自己联系的还是学校安排的？(　　)

　A. 自己找的　　B. 学校安排的　C. 因其他原因自己没有实习

3. 你的教学实习所在年级(　　)，班主任实习所在年级是(　　)

　A. 初一　　B. 初二　　C. 初三　　D. 高一　　E. 高二　　F. 其他

4. 你是以什么样的编队形式到中学实习的？(　　)

　A. 单个系编队的形式　B. 不同系混合编队的形式　C. 其他

5. 你实习所在学校教学工作指导教师基本情况：

(1)性别(　　)

　A. 男　　B. 女

(2)学历(　　)

　A. 中专　　B. 大专　　C. 大学本科　　D. 硕士研究生　　E. 不清楚

(3)职称(　　)

　A. 中教高级或特级　　B. 中教一级　　C. 中教二级

　D. 其他　　E. 不清楚

(4)你对他指导能力的评价(　　)

　A. 强　　B. 较强　　C. 一般

(5)他对你的教学工作指导的责任心(　　)

　A. 强　　B. 较强　　C. 一般　　D. 较弱

6. 宁波大学指导教师基本情况(指校内试讲指导老师)：

(1)性别(　　)

　A. 男　　B. 女

(2)学历(　　)

　A. 大专　　B. 大学本科　　C. 硕士研究生　　D. 博士研究生　　E. 不清楚

(3)职称(　　)

　A. 助教　　B. 讲师　　C. 副教授　　D. 教授　　E. 不清楚

(4)关于他的指导工作，你认为(　　)

　A. 针对性强，对实习很有帮助　B. 针对性较强，有帮助

　C. 一般　　D. 缺乏针对性，帮助不大

(5)从宁波大学指导教师那里，你最想得到的指导是(　　)

　A. 如何上好课　　B. 怎样当好班主任

　C. 怎样开展教育调查　　D. 其他

续表

7．你在中学的大致时间在（　　）（请你根据客观实际情况填写）

A．1～4 周　　B．5～7 周　　C．6～8 周　　D．其他____（请你写明）

8．你在中学实习期间上课的节数共　　节，上课的章节主要是

9．你们在中学实习期间的实习内容包括（多选）：

A．开展地理课堂教学　　B．班主任工作

C．教育调查与科研　　D．其他

10．你在本科期间所参加的教育实习形式（多选）：

A．本科期间的中学地理课堂见习　　B．学校内的小组试讲

C．微格模拟教学　　D．大四学年集中教育实习

11．校内试讲阶段，你希望师大指导教师在哪个或者哪些方面作重点指导（　　）

A．教学内容的理解　　B．教学过程的设计

C．教学方法　　D．心理指导和调适

E．其他____________（请注明）

12．你认为在实习期间的最大收获是（　　）

A．更了解教师职业的崇高，更坚定从教为师的决心

B．掌握了一定的教育教学方法，培养了一定的教育教学能力

C．看到自身的薄弱环节，并有意识地在今后的学习和工作中加以弥补

D．明白了当教师的辛苦，毕业后不想当教师了

E．其他____________________________________（请注明）

13．你个人认为自己实习过后还存在哪些问题？（要指明是教师技能方面、综合素质方面、专业知识或者其他）：____

14．通过实习，你认为影响教育实习工作顺利开展的最主要因素是什么？（多选）

A．实习经费不足　　B．高师指导教师管理不到位

C．实习学校不欢迎　　D．实习学校指导教师不信任

E．学校不重视地理学科

15．你认为在实习的准备以及实习的各个环节中哪个环节还应特别加强（　　）

A．一、二、三年级时的学习　　B．见习

C．实习前的准备　　D．实习

16．对你课堂教学工作实习帮助最大的人是（　　）

对你班主任工作实习帮助最大的人是（　　）

A．实习点指导教师　　B．师大指导教师

C．实习组的同学　　D．学生

F．其他____________（请注明）

17．你认为在实习点的时间多长比较适合？（　　）

A．1 个月　　B．2 个月

C．1 个学期　　D．1 年

E．其他____（请注明）

续表

18. 你所在的实习组实习成绩评定的方法是(　　)

你认为比较适合理的评定的方法是(　　)

A. 由实习学校的指导教师打分,由实习学校审核

B. 由师大指导教师打分,由学院实习领导小组审核

C. 分别由实习学校指导教师和师大指导教师打分,然后按比例求平均值

D. 由实习小组集体评议,在小组评议意见基础上由学院(或师大指导教师)平衡

E. 其他________________(请注明)

19. 对于地理教育实习,你的建议是________________

第二部分　实习学校指导教师问卷

1. 您的个人资料:性别　　　　　　教龄　　年　　所带年级

您所在学校的名称:

它是________(国家重点学校/省重点学校/市重点学校/一般学校)

2. 您每年大概带____个地理师范生,他们基本上来自哪几个师范院校?(请您写出这些院校的名称)

这些师范生通过____这一途径(单选)的实习态度认真或者实习生进步大?

A. 实习生自己找的　　B. 院校安排　　C. 其他途径

3. 这些师范生在您的指导下平均每周可以上____节地理课;通过大约6~8周的教学实习,他们还存在什么样的问题?(需要指明专业知识和教师技能的哪些方面)

4. 在您发现师范生在教育实习存在的问题,您通常通过什么途径来帮助实习生改正?(可以多选)

A. 在发现问题之后直接找实习生谈话

B. 真实的反映到实习生的实习鉴定表中

C. 通过实习生的院校带队老师把他们存在的问题反映给实习生

D. 发现问题后反映给我校地理教研组,把问题归类后给所有的实习生提出来并帮助他们解决

E. 其他

5. 请您在下表评价观点栏打钩

评价维度	序号	评价指标	评价观点					
教育实习管理方面	1	地理教育专业实习的时间	太长		适中		太短	
	2	地理教育专业实习最有效的实习形式	基地		流动		个人	
	3	您觉得本校其他地理教育专业实习指导教师的工作态度	认真		一般		不认真	
	4	地理教育专业实习对中小学校的影响	积极		没有		一般	

续表

评价维度	序号	评价指标	评价观点					
实习生素质方面	5	地理教育专业实习生的实习态度	认真		一般		不认真	
	6	地理教育专业实习生的专业知识面	宽		一般		窄	
	7	地理教育专业实习生的教育基本技能	过硬		一般		差	
	8	地理教育专业实习生素质中最弱的方面	工作态度		知识面		教育技能	

(六)教育实习工作评价表

如表 4-3-5-4 所示，教育实习工作评价表[1]用于评价教育实习带队老师的实习指导工作。

表 4-3-5-4　教育实习工作评价表

院系：　　　　　专业：　　　　　班级：　　　　　带队教师：　　　　　职称：

	评价项目及分值(总分 100 分)	好	较好	一般	差	评分
准备阶段	实习准备充分，对实习生列出实习要求、内容及相应参考资料等，使学生明确教育实习的目的要求、方法步骤、具体任务；组织实习生学习院系教育实习的相关管理规定。(10 分)	10	9	7	5	
	实习前认真批阅学生实习教案和听取每一位实习生的试讲，并给予及时充分的指导，效果良好。(10 分)	10	9	7	5	
见习阶段	能较好地协调、处理与实习学校的关系，认真落实实习计划，妥善解决实习过程中遇到的实际问题；能很好地组织实习生与原任课教师进行交流、沟通，利用见习机会指导实习生了解教学实际，进行有针对性的教学方法、教学手段与教学技巧的训练。(10 分)	10	9	7	5	
准备阶段	实习阶段坚守岗位，以身作则，为人师表。(10 分)	10	9	7	5	
	仔细审阅学生教案，指出不足、纠正错误；在课前对实习生的教学内容与方法给予充分指导。(10 分)	10	9	7	5	
	能做到对每位实习生随堂听课两次以上，并在课后组织评讲，及时指出教学中存在的问题，给予有效指导。(20 分)	20	18	14	10	
	认真指导实习生的班主任工作实习，帮助实习生制订班主任工作实习计划，并协助解决有关问题。(10 分)	10	9	7	5	

① 江溱.边缘参与：一个师范生实习小组的生存状态[J].教育学术月刊，2013(11)：31-37.

续表

	评价项目及分值(总分 100 分)	好	较好	一般	差	评分
结束阶段	能根据教案、试讲、授课、班主任实习报告、实习单位的成绩鉴定等综合评定实习生的实习成绩，并做到公平、公正。(10 分)	10	9	7	5	
其他方面	能认真研究新课改，努力提高业务水平，关心学生的生活与安全，积极与学生构建良好的师生关系。(10 分)	10	9	7	5	
意见或建议		总得分				
	20　年　月　日					

第五章　地理科学专业教育研习内容与途径

新一轮基础教育课程改革倡导教师要成为教学过程的研究者。教育研习作为一种新的教师职前教育实践课程，其设置就是为了适应这一要求。现阶段，教育研习正处于起步阶段。教育研习是指师范生完成中、小学教育实习后，针对教育实习中的不足和缺陷进行补缺、补差、再提高，不断完善自身的知识结构、能力结构、技能结构，提高心理素质；对教育实习中遇到的问题作进一步的探讨和研究，提高对职业道德的理性认识，进一步体会现代教育观念在教育、教学过程中的特殊地位和作用[①]。

第一节　教育研习的概念、途径与方法

一、教育研习的概念与理论

随着教师教育改革的发展，教师职前教育越来越受到重视。为了更好地强化教师职前教育的实践环节，提高师范生的实践能力，教育研习这一新型的教育实践类课程应运而生。从本质上来说，教育研习是一种以实践为基础、以研究为主要特点的学习活动，其基本原则是“在实践中研究，在研究中实践”[②]。

课程教学过程中，多以项目形式(Project-Based Learning，简称 PBL)完成某个具体问题的学习过程[③]。为此，教育研习可以围绕学校教育行政、学校环境、学校各学科师资及其教学成效、班级管理、校外活动组织等进行项目学习式的研习。它一般采用小组方式进行，在项目实施前期，小组成员根据自身兴趣选择一定的项目主题，之后根据项目所涉及的问题进行合理的小组分工协作。在协作过程中，为了有效完成项目主题，可能需要小组成员开展各种活动或收集阅读各种文献资料。最后，

---

① 叶纪林．教育研习浅论[J]．甘肃政法成人教育学院学报，2007(6)：152-154.

② 谢国忠．教育研习：一种新的教师职前教育课程形态[J]．常州工学院学报(社科版)．2007，(6)：109-112.

③ 高志军，陶玉凤．基于项目的学习(PBL)模式在教学中的应用[J]．电化教育研究．2009，(12)：92-95.

小组成员将收集到的资料进行整理分析并选用合适的媒体来呈现项目成果[①]。

基于项目学习的教育研习有如下特点：

(1)实践性。实习学生的体验实践活动贯穿始终，重点是学生通过体验式的教育研习来更好地掌握课堂知识，对课堂知识如何更好地在实践中运用获得更深层次的理解，同时对教师这一角色获得更进一步的体验。

(2)教、学、研相结合。在项目开展过程中，既有课堂教学又有项目合作单位的教学，学生既可以在课堂中学习新知，又可以亲临教学第一线进行观摩。另外，学生通过项目开展，不仅可以获得项目组织实践的亲身经验，而且结合项目还可开展对课程或项目本身的研究，真正实现教学研的完美结合。

(3)实效性。项目的选择及开展都是具有一定目的并能获得一定成果的。对于最后的成果，要求具有实效性，能在使用过程中体现其社会价值，同时兼具创新性、实践性和实用性。

(4)多元合作。项目的开展如果只是停留在本校，具有一定的局限性，并且也不能很好地体现出项目本身的实效性。为此，在项目开展过程中，需要寻找一方甚至多方合作单位，在教师资源、硬件环境等方面提供帮助。

(5)完整性。作为基于课程的教育研习活动，需要有完整的项目活动安排、相应的课程目标设计、活动领域规划、活动主题设计、活动过程督导、活动管理、活动评价、活动资源保障等，以确保项目的顺利进行。

上述性质也体现了基于项目的体验式教育研习与常规课程的区别。

二、教育研习的任务、内容与途径

(一)教育研习的主要任务

1．全面了解和熟悉中学地理科教学工作

全面了解中学教育教学工作是师范生迅速适应将来工作的前提条件。在师范生中开展教育研习活动，就是要充分利用各种有利条件，通过各种形式的研习活动，全面、深入地了解中小学教育教学工作。(1)了解和熟悉地理科教学工作的主要环节。教学工作是学校的中心工作，师范生进行教育研习的首要任务就是要通过研习熟知地理科目教学工作的主要环节，并运用有关教育理论进行分析和研究，掌握地理科目教学工作的一般规律。班主任、共青团、课外活动、校本教材研发、家庭走访等工作是中学的重要工作，师范生要有目的、有计划地开展班级管理、共青团、校本教材、地理奥赛等方面的研究，系统了解相关工作的基本原理和方法。(2)了解地理课程改革的基本目标和主要内容。中国中学地理科目历经多轮课程

① 颜艳艳，郁晓华．基于项目的体验式教育研习研究——以《计算机辅助教育导论》课程为例[J]．现代教育技术，2010，20(6)：121-124．

改革，新课程改革必然要成为教育研习的重要内容。师范生不仅要了解地理科课程改革的基本目标和主要内容，而且要了解新课程改革的动态以及在当地的实施情况，进而明确应如何适应基础教育课程改革的需要。(3)师范生对诸如学校管理、校园文化建设等其他方面的一些情况也应有较为全面的了解。

2. 培养初步的地理科教学研究能力

在现代社会发展和新课程改革的背景下，教师应当而且必须成为研究者。培养师范生初步的地理科目教学研究能力是教育研习的重要任务之一。通过教育研习，师范生要能做到：学会使用常用地理科学研究方法；掌握地理教育学研究的一般程序和规范；在教师指导下开展一些初步的地理教学课题研究；学会撰写各类教学研究项目申请书和项目结题研究报告。

3. 全面提升地理科目教育教学实践能力

师范生的教育教学实践，教育研习以往主要限于教学工作研习、班主任工作研习，对教育教学的反思研究不够。因此，在教育研习中师范生要经常性地对自己的教育教学实践进行及时总结和反思，探讨如何改进自己的教育教学工作，进而提升教育教学实践能力。

(二)教育研习的主要内容

教育研习的主要内容包括课程标准研习、课程教材研习、课堂教学技能研习、教育科研方法研习、班级工作技能研习等。

1. 地理课程标准研习

课程标准是国家课程的基本纲领性文件，是国家对基础教育课程的基本规范和质量要求。地理课程标准研习就是师范生在双导师指导下，充分利用各种教育资源，对课程标准进行研读，以了解和领会基础教育课程改革的基本理念，明确国家对于基础教育课程改革的基本规范和质量要求。重点是：了解地理课程标准的功能，理解地理课程标准与教材的关系，知道为什么要用课程标准取代教学大纲，了解地理课程标准的基本结构，熟悉本专业课程标准的主要内容。

2. 地理课程教材研习与地理课堂教学技能研习

“一标多本”是中国2000年以来基础教育课程改革的一大特点，长江三角洲地区各中学教材有苏教版、人教版、北师大版、华东师大版、湘教版等，这些教材均体现了地理课程改革的基本理念，但又各具特色。教材研习重点是：了解地理教材的结构体系，了解地理教材的特点，熟悉地理教材的主要内容；重点掌握地理教材教学使用过程中的师生交往技能、指导技能、课程开发技能、教学评价技能、课堂管理技能、教学设计技能等。因此课堂教学技能研习主要包括：师生交往技能研习、学习指导技能研习、课程开发技能研习、课堂管理技能研习、教学设计技能研习等。

3. 班级管理工作技能研习

班级管理工作是学校教育的重要工作，其研习是指师范生要在充分了解中学生年龄特点、明确班级管理工作的基本理念的基础上,通过开展现场的、模拟的或校外的班级活动,初步掌握有关的班级工作技能和方法。

4. 教育科研方法研习与教育热点问题研习

随着"互联网+"进入千家万户,中学教师科研能力成为教师素质结构中不可或缺的组成部分。地理教学科研方法研习就是师范生在双导师指导下,掌握从事学科教育科研的基本程序和研究方法,主要内容包括:常用的教育科研方法,尝试开展一些初步课题研究,学会撰写教育研究申请书与研究报告等。

中国基础教育改革中的热点、难点非常多,地理科目教师必须能够正确对待这些热点、难点问题,开展教育热点问题研习将有助于师范生对这些问题形成一个科学的认识。教育热点问题研习指对当前基础教育所发生的热点、焦点问题进行分析,识别原因,探索解决策略和方法。对于中学教育与大学教育、社会职业教育等衔接的问题都应给予充分的关注。

(三)教育研习的途径

1. 课题研究

组织师范生开展各种专题性的课题研究活动是进行教育研习的一条行之有效的途径。课题研究的内容可以是教育教学的理论,也可以是具体的教育教学实践活动。课题研究的一般流程为:确定选题→查阅文献→在指导教师的指导下设计研究方案→实施方案→形成结论→撰写研究报告→进行课题评价。

2. 微格教学

运用微格教学,面对其他师范生进行模拟教学,结束以后师范生要进行及时的总结和交流,找出存在的问题和不足,以便进一步提升课堂教学的技能和水平。微格教学的基本流程为:布置微格教学任务→指导教师进行总体指导→师范生自由分组→师范生选择教学内容→在指导教师指导下进行微格教学设计→按小组进行微格教学→评价(指导教师评价、自我评价与小组评价相结合)。

3. 现场实践

现场实践是指师范生在双导师指导下进入教育现场进行的教育教学活动,是教育研习的最主要的途径。常见的现场实践形式有教育见习、教育实习、教育调查、社会实践等。现场实践中,师范生在每一次听课、上课、组织班级活动或进行教育调查后,都要进行及时的总结与反思,并写出相应的总结报告或研究论文。

现场实践的基本流程为:明确实践任务→师范生按实践内容分组指导教师作总体指导→开展实践活动(见习、实习等)→撰写实践报告→评价(指导教师评价、自我评价与小组评价相结合)。

4. 论坛沙龙

各种论坛、沙龙也是教育研习的重要途径。这种途径通常与课题研究、微格教学、现场实践等结合进行,既可以在课题研究、微格教学和现场实践之前进行,也可以在课题研究、微格教学或临床实践告一段落之后进行；既可以在现场进行，也可以通过网络进行在线交流。举办论坛、沙龙活动的一般流程为：确定研究主题→收集、整理素材→交流、研讨→形成结论。

三、教育研习的方法

教育研习活动的开展，可以通过对教育实习成果的评析、"说课"、专题研究等途径不断完善和提高未来教师的知识结构、能力结构、技能结构和科研能力。

(一)实习成果的评判与省思

教育实习结束的总结，离不开成果展示，师范生在教育实习中的公开课录像，是成果展示的内容之一。地理教学研习阶段对师范生的公开课进行再评判是教育研习的一大功能。研习阶段评课偏重这样教不行是为什么。(1)供研习评析的公开课在内容上可能是主题班会、地理科的常规课堂教学等；(2)研习公开课的实习生应该在评课开始时就其教学设计作说明，包括教学目的、主要教学方法的应用等；(3)研习指导老师负责主持评课，点评重点包括选择该课的根据和评课的要求，引导研习师范生就实例作理论分析，评课结束时的小结等；(4)教育研习成果汇报中可用多媒体课件、实物(如学生作业、教育教学照片)及其他学员在实习过程中最重要的问题、最精彩的成果、最大的收获等。当然，评判与省思区别于实习阶段的评课，实习阶段评课比较偏重这样教不行，怎样教行或怎样教更好。

(二)说课

"说课"在研习层面主要包括说教材、说学生、说教学程序等。(1)说教材是为确定教学内容的深广度，可明确"教什么"，揭示教学内容间的相互关系，可知"如何教"，内容主要是教学目的，认识教学内容在整个教材体系中的地位与作用，发掘能力培养和情感教育的素材，明确教学内容的基本线索、教学重点、难点等。(2)说学生是对学生的准确分析，内容主要是学生的年龄特点和学习方式、学生已有的知识基础和生活经验等。(3)说教学程序，明晰教学活动推移的时间序列，反映说课者的教学思想和个性风格，内容主要有：教学思路与教学环节的安排、教学辅助手段运用、展示完整的板书设计、说明教与学的双边活动、教育重点难点的处理等。

(三)教育教学专题初步研究

教育教学专题研究在教育研习阶段主要体现为针对教育教学实习中碰到的问题或现象而展开的研究。见习结合教育教学问题进行研究，目的是求得解决问题的办法或探索产生某一种教育教学现象的原因；主要过程包括：(1)选题，见习生根据自身的知识水平、研究能力(时间、资料、经费等)结合教育实习经历和体会，量力而为，可以选择：如何加强教师基本技训练、中学生课程学习兴趣、良好班风的形成及其原因等议题。(2)论据，说明自己的看法、主张的正确，摆事实、讲道理；论据主要有教育调查数据、典型个案；学生生理、心理表征及学习行为和变化的材料；教育、教学活动的实例等。(3)论证,展开分析自己提出的论点,回答“为什么是这样或不是那样”;基本思路是提出问题、分析问题和解决问题。

第二节 地理科学专业教育研习的宁波大学探索

一、地理科学师范生教育研习的组织

宁波大学师范生教育教学实践内容与流程总体安排中,将教育研习分成两部分:一是教师教育模块各课程教学见习(第 2、3、4 学期)及综合性见习(第 6 学期)结束之后,但是该阶段未能针对性明确学生研习的内容;二是第 7 学期进行为期 12 周教学实习结束之后进行的反思与总结,该阶段教育研习在 2012 级至 2015 级学生中重点围绕课堂教学技能、班级管理、校本教材开放等议题,由实习生自我选择并拟定研习工作计划(如 2014 级胡同学班主任工作计划,表 5-2-1-1),在实习结束回校后进行汇报、交流与评析。

表 5-2-1-1 宁波大学地理科学 2014 级师范生班主任工作计划

高一班主任学期工作计划 学号:146331810　姓名:胡××　专业:地理科学(师范)14 级
对于高一新生,经过第一学期的磨合、规范,学生基本适应了班主任的管理方式,也基本了解了学校的规章制度,同学之间更是得到了有效的融和。在这种大势已定的情况下,即使再有部分学生调入本班,也会很容易将其同化,所以下一步的任务主要就是再给学生新的目标。让学生在新鲜的管理中学会自律,在不断的规范中找准定位,在明确的方向中看到希望。对于基础欠缺的学生,帮其树立信心、找到希望、感受成功,至关重要。所以,下学期的任务是在进一步规范的基础上,给学生提供机会展示才华、增长自信。
一、进一步强化养成教育 教书先育人,这是我教学教育的不变准则。我始终认为:常规好,仪容仪表好,学习自然也会很好。遍观高一年级学生,无一不存在做事不规范的问题。要么是自我为中心,不欣赏同学;要么是懒散应付,学习目的非常之不明确,学习不认真。养成教育,应该说在这一届学生身上尤其欠缺,但作为高中生,很多习惯已经定型,且基本人人都有问题。这就决定了养成教育绝不可能一蹴而就,而是要有计划、分步骤地进行。否则,贪多嚼不烂,造成无所不备无所不寡的结果。具体计划如下: 1. 在教育内容上,重点放在抓常规:迟到、穿校服、学生仪容仪表,两操,室内外卫生带桌罩、课桌物品摆放、值日、文明礼貌等方面的教育上。学习成绩的取得,并不完全决定于聪明智慧,很大一部分因素都在非智力方面。学习搞不好的学生,基础差只是表面现象,深层次的问题是没有进取心、没有好习惯。但这种习惯的培养又不能完全从学习上去做,因为在学习上找不到成就感的学生已经麻木了,已经对这方面的教育充耳不闻了。要想真正达到目的,必须曲线射门,以另一种的方式达到这一目的。从日常生活、养成教育中培养学生良好习惯,再引导其将能力迁移到学习上,不失为一种有效措施。

续表

2. 在教育时间上,分时段完成。担当班主任,又身兼两个班的地理教学实习,精力实在有限,不可能同时全部完成。更何况,学生问题较多,对于他们来说要求集中解决,也是难以翻越的高山。这就决定了,这一系列的养成教育必须分步进行,每次一个重点,解决一个再进行下一个。为此,我决定最短每周解决一个问题,解决完一个,找一个负责人,继续执行着。保证劳动果实继续保有的基础上,稳步前进。积少成多,逐渐把问题解决,逐步让学生成为完善的人。而且一定要把这些常规检查制度化,由班委进行定期检查。 3. 在教育方式上,班主任有效引导的基础上,充分挖掘学生的潜力。知己知彼,百战不殆。教育,不是每一个学生都能接受的,所以在了解学生的基础上,做及时的沟通和引导就变得很重要了。要做好班主任工作,必须了解每一个学生,了解他们的优点缺点、家庭环境、性格特点,只有了解,才有沟通,有了沟通,才有深入人心的引导和帮助。
二、构建良好的班级精神面貌 集体需要凝聚力,班级需要昂扬向上的班风和良好的班级文化。比如我们班的班训是:得意失意,永不在意!进步退步,永不止步!这是全班同学一起选出的口号,反映同学的心声。班级墙上贴着班规和班干部、课代表、小组长等的职责,时刻提醒同学们努力上进。除此之外,班主任也应倡导同学们养成良好习惯,这是无形的财富。快乐学习、热爱生活,班主任可以发起跑步锻炼活动、鼓励同学们每个午后齐声唱歌,振奋精神……诸如此类的方法有助于形成互助互爱、轻松但不失努力、愉快但绝不倦怠的班级氛围。同时强化常规管理,创设正常有序的学习环境。
三、进一步做好信心教育 因材施教,才能最大限度地挖掘学生的潜力,才能最大限度地发挥自己的作用。不管学生基础如何差,习惯如何不好,毕竟这是改变不了的现实。这就是自己的学生,必须要面对,而且还必须使其有所改变。对于这样的学生,最大的问题就是信心不足。由于长期的考试不理想(相对),很多学生已经失去了学习的信心,心态发生了变化,毫无斗志可言。这就决定了,我的教育必须是唤醒式的教育。要每位同学牢记班训:得意失意,永不在意!进步退步,永不止步! 上学期"超越自我"的信心教育方法,这学期继续坚持,并尽可能的丰富化。为此,我设计了"我的学习我做主"的自我监督形式,内容涉及励志格言、成绩激励、听课状态自我监督、作业自我解决、疑难解决办法、学会欣赏和家长评语等。让学生在刺激中自我惊醒,自我监督,自我竞争。天天一小步,一年一大步。学生在日积月累中,增强自信,积极进取,不断超越。
四、用激情理想鼓励学生 十六七岁正是有激情的时候,我们应该调动他们的积极性,而不是压制。班里成绩差的学生也学习得很积极,因为我要给每一个学生继续努力学习的动力。学习是有节奏的,该玩的时候不要强迫学生学习,否则,只能适得其反。所以,在调理好学习节奏的前提下,同时用热情鼓舞学生,才能使整个班级齐心向上。多理解、多鼓励,少批评。把学生看成是与我一样的成年人,他们有比较成熟的想法,他们不需要我们过多的说教,他们最需要的是我们的理解。当他已经认识到自己的错误的时候,就不要再批评了,否则,只能起到相反的效果。在高一到高二的过渡时期,让学生真正投入到高中学习中,是最为紧迫的任务。这一阶段顺利完成,则直接决定了学生今后两年良好的学习状态。所以,在这一学期,我需要不遗余力地让学生跟上步伐,打好基础。

在学生课程见习、综合性见习、实习、研习中初步形成了如图 5-2-1-1 的操作模式，但是在管理层面未能明晰每一个学生的研习项目而放任学生自我选择是一大缺憾。

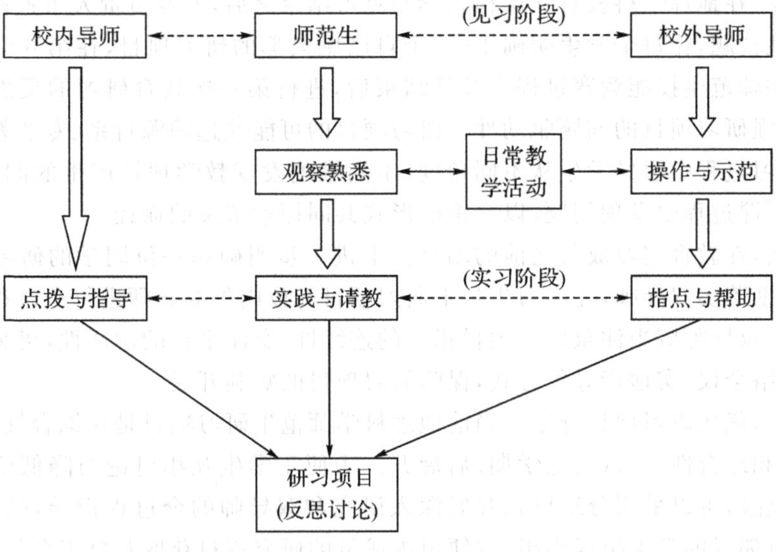

图 5-2-1-1　“校内外双导师制度”引导下的见习、研习、实习

资料来源：叶叶.“教育见习、研习、实习一体化”实践模式的问题与管理对策研究[D].上海：华东师范大学，2013.

二、地理科学师范生教育研习改进策略

(一)系统化每一位学生的见习、实习、研习，帮助学生明晰研习项目及其完成计划

为了保障“教育见习、研习、实习”实践模式的顺利实施，宁波大学共与 54 所中小学校签订合作协议，建成宁波市教育局报省教育厅备案的首批教师发展学校，制度上保障了系统化每一位学生的教育见习、研习和实习活动。未来，应重点落实“教育见习、研习、实习”的一体化组织管理流程和制度保障。(1)教育见习、教育研习和教育实习的意义与原则、组织与领导、方式与编组、管理与运行、指导与评价、经费与纪律、实习基地的合作办法、校外导师的考核标准等；(2)明确“定岗定员、统筹管理、混合编组、相对集中、责任分工”的执行原则；(3)在操作过程中，强调师范专业所在系和师范专业负责人、师范专业年级班主任共同组成的地理科学专业相对集中的实习基地学校所有实习学生的事务管理，统筹本专业学生教育见习、教育研习和教育研习事务的管理；(4)全面推进“双导师制度”，既要让本校本专业教师承担“教育见习、研习、实习”的指导工作，点拨与指导学生的研习项目，又要让实习

基地第一线指导教师参与师范生教育实践指导体系，指导见习与实习，指导学生开展基础教育课题研究。

（二）加强问题驱动，注重研习过程全面指导

首先，在地理学科教育学课程教学与见习结束之后，专业负责人布置教育研习的可能性选题，让每个学生明确 1～2 个自己感兴趣的研习项目，在第 6 学期综合性见习和师范生技能竞赛过程中及其结束后，进行第一次教育研习的反思与小组评析，加强研习项目的问题驱动性。研习项目的可能性选题源自系、专业教师的指导，在见习过程中引导学生从不同角度、不同维度发现教学现场产生的问题，或者在听课评课过程中发现问题，以小组的形式共同探索解决的途径。

其次，在教育实习成行之前的动员会上进一步明确每一位同学的研习项目选题，并帮助落实双导师，让实习生带上研习项目与校内外双导师进行全过程的沟通与反馈。双导师应当注重研习项目指导的连续性、交流平台的沟通性，可采用小组讨论、网络会议、实地指导等方式，保障研习项目的顺利开展。

第三，优化研习项目分组。当前地理科学师范生研习项目是在综合性见习（第六学期）和综合性实习（第七学期）后展开。为便于学生互相讨论与降低研习项目失败的风险，可以采用分组形式开展深入研究和双导师的全过程指导，鼓励见习、实习地点邻近的学生组成小组，方便组内成员的研究资料获取及分工合作，更方便校内外导师的交流。

（三）搭建研讨、评析与省思的平台

有效交流才能促进共同进步，合作与研讨制度是促进“教育见习、研习、实习”系统落实的路径保障。地理系将通过研究会、项目促进会、研习项目小组探讨会、示范课集体研讨等方式，进一步促进师范生、实习基地学校和本系教师间搭建研讨、评析、反思的交流平台。着重强调师范生、校内外导师在研习项目集体研讨中的理论互补、思想交锋和智慧的碰撞，形成以教育实践改进为载体的研习氛围，为所有参与者提供平等对话协商的机会，落实集体参与、观察和反馈，促进教育教学实践共同体的成长。可以采用一名师范生与其校内校外导师进行三人会议的形式，可以利用 QQ 讨论组、微信讨论组、Skype 三方视频会议等不受限制的方式开展讨论。

三、提升地理科学师范专业研习成效的工作方式

（一）加强教育见习、实习、研习的衔接与管理统筹

针对教育见习、教育研习与教育实习各阶段工作目前脱节实施，教育见习、研习未对教育实习产生积极作用的问题，应当在实践模式内容上加以改进，加强各阶段工作之间的衔接与促进。(1)加强三次教育见习（心理学、教育学、教学仪态与技能、班级管理与学校研究的各课程见习；地理学科教育学、地理课程标准与教材、校

本教材开发的课程见习;综合性见习)之间的衔接。在每次见习开始前制订详细的工作计划与考察观摩目标,在见习结束阶段探讨每次见习的目标达成度。(2)加强教育见习和教育研习之间的衔接。在第一次教育见习之时,地理系与专业负责人、年级班主任就应当做好教育研习的动员教育工作,使学生了解到教育研习的重要性,在每次教育见习期间有意识地发现教学情境中的问题,让研究意识和研究理念贯穿于见习体验之中,为顺利开展教育实习奠定基础。(3)加强教育研习和教育实习之前的衔接、之后的反馈。当实习生明确研习项目及分组之后,系与专业负责人、年级班主任应当对教育实习期间开展研究的内容、要求予以规定和说明,确保以小组为单位实施研究项目,并及时关注教育研习的开展过程,进行中期考核和评估。

(二)制作师范生实践成长档案袋

"教育见习、研习、实习"实践几乎贯穿了职前教师教育的全部环节,对师范生进行综合评价和有针对性的指导,不仅关系到师范生成绩的评定,也关系到师范生求职就业,更关系到师范生走上工作岗位后的适应程度和发展程度。因此,在对师范生的整个实践过程进行综合管理和评价时,既要将实践过程与实践效果有机地结合起来,又要考核师范生的实践能力、实践目标达成度,更要考察师范生在实践期间的态度、情感和作风。因此,可以依托专业负责人和年级班主任的协助,采用档案袋评价法为每一位师范生制作实践成长档案袋。该档案袋由三部分组成:第一部分为整个实践过程的计划、说明以及流程介绍,用以记录师范生对于教学实践的整体计划及看法;第二部分为实践过程,包括教案、听课评课记录、见习计划与工作日志、师范生技能大赛材料、班主任工作日志、研习计划与项目报告、实习工作计划与日志等,即为实践过程中师范生的"作品",以此评价师范生成长的广度与范围;第三部分,也是最为重要的部分,是师范生的反思记录,其内容包括见习报告、研习报告、实习报告,反映相关教育教学实践目标达成情况,生动记录师范生实践发展和个体成长的全过程。由此分别代替原先的《教育见习手册》以及《教育实习手册》,并结合网络见习、网络讨论等交互学习环境建设,共同促进师范生实践能力的全面发展。

第六章　地理科学专业教育实践基地建设

实践教学是地理科学专业师范生培养的重要组成部分。中国高等师范院校或者综合性大学的面向中学师资的师范类专业学生教育实践，主要采用“各学科混合编队集中定点实习、单个学科集中定点实习、免费师范生顶岗支教实习、学生分散式回原籍实习、学生分散自主式教育实习”等模式。显然，教育实习基地是高校师范类专业实践教学的重要依托。为此，本章简要回顾与评析宁波大学地理科学师范专业教育实习基地建设的问题，识别改进方向，提出行动策略。

第一节　地方综合性大学师范专业教育实践基地建设

一、地方综合性大学师范专业教育实践基地面临问题

中国高等教育快速变革，教师教育由封闭型向开放型转变，各类综合性院校都参与教师教育的培养，这既是中国教师教育的一大质变，但同时也带来一些具体问题。首先是师范生招生数量增大，但是占综合性大学全部本科招生人数的比例逐年下降。与此相应，各高校对师范生教育实践无论在是实习基地数量，还是在实习质量管控上都有较大的不足。从实习基地数量看，原来各高等师范院校一般有附中、附小、附属幼儿园，实习基地非常稳定且有机，而综合性大学缺乏类似的稳定实习基地，且在实习过程中采用相对分散方式进行。

（一）相关法律与规范性政策缺失

教育行政部门是规范教育实践基地实施的推动力，但是《中华人民共和国教师法》《中华人民共和国高等教育法》等法规对于教育实践基地建设的法律规定模糊，实践基地管理与评价体系在教育部相关政策中伴随高等教育战略变化而宽泛化，很难把握教育实践基地建设的基准与责任[①]。（1）高校、地方教育行政主管、教育实践基地所在学校的责、权、利缺乏有具体操作性的规范和财政持续投入，造成行政主管、高校、中小学及幼儿园职责不明。（2）教育实践基地未能在法律、财政投入、责任主体等层面得到规范化，因而高校所在省市的中小学教育实践基地在建设

---

① 李琳琳. 教师教育实习基地建设存在的问题与对策[J]. 文史资料，2017(8)：100-101.

过程中缺乏中小学及幼儿园的热忱与持续投入保障。(3)教育实践基地经费投入过低,导致建设过程处于断粮状态。

(二)建设教育实践基地的高校、中小学观念偏离

高校、中小学存在教育观念的偏离,高校师范生培养缺乏创新,更缺乏实践者的教育严谨态度,导致师范生缺乏实践操作能力和不同环境实践基地实习经历。中小学及幼儿园对大学所建的教育实践基地功效存在认识偏差,如认为高校是教育实践基地建设主力军,这就说明中小学及幼儿园及其地方主管部门未能充分认识到教师实践对中小学及幼儿园教育带来的促进。当然,由于高校师范专业班级规模太大,严重超出实践基地承受能力,导致实践基地供不应求。此外,实践基地的实践形式不能快速创新,不能满足实习生实际需求和丰富实习生的教育实践体验形式。

(三)师范生实习过程态度与观念的偏离

教育实践是主观活动,需要教育实践基地的老师、大学任课教师和实习生的全面互动。然而,实习生的理论功底、技能素养和教学经验储备并未到"厚积薄发"状态,如果缺乏实践基地指导教师的高效帮助又怎会让实习生快速进入实习状态?当前公共基础课程和通识课程学分增加,高校给予师范生的教育实践学时逐渐缩短,直到2016年教育部发文《教育部关于加强师范生的教育实践的意见》强调"在师范生培养方案中设置足量的教育实践课程,以教育见习、实习和研习为主要模块,构建包括师德体验、教学实践、班级管理实践、教研实践等全方位的教育实践内容体系,切实落实师范生教育实践累计不少于1个学期制度"。此外,部分实习生存在唯我独尊、唯我至上的错误观念,不服从安排,缺乏谦虚求知的态度,导致实习效果不佳。

二、地方综合性大学师范专业教育实践基地的再认识

教育实践基地是全面提升我国中小学师资培养质量的不可或缺的条件,地方综合性大学在面临师范生招生占比下降情景下更应科学统筹人才培养方案,提升教师教育实习基地的管理、投入与维护质量。

(一)实现教育实践基地由封闭型单一转向多功能、多效益

1980—2000年,中国高等师范教育是以专科性师范院校为主体,少有综合性大学举办高等师范教育;2000年之后,伴随着原地方专科性院校合并潮、升大潮结束,中国高等师范教育的主体转换为地方综合性大学。为此,高等师范教育的教学见习、实习、研习等实践课时、经费、师资等被其他应用型专业挤压,教师教育实践基地处于多年不投入、多年不评估、一年就2～3个月散养一批多专业师范生的使用状态。师范教育实践基地,被中小学认为是包袱,被实习生当作第二考研自修室,被大学主管机构束之高阁。直到2007年5月,国务院决定在教育部直属师范大学实行师范生免费教育,教育实践基地建设的投入和运营,才得以被重视。此

外，近年上海、浙江试点的高考制度改革激化了中学学生选科的冷热不均，导致地理、生物、化学、历史等科目在编教师短缺，借用高年级师范生暂时顶岗代课也加大了中学与大学各师范专业合作的意愿。可见，教师教育实践基地的功能必将转向以师范生教育实践活动为主，大学教师与中小学一线科目教师互相观摩、领会学科教育学理论、实践，甚至科研合作的重要平台。

（二）推动三方联动建立健全基地学校的实习投入与管理制度

中国政府对大学实施生均拨款补贴制度，保障高等学校正常运转。地方高校囿于基础建设、实验室场馆与图书等各类投入，不得不全面压缩师范生教育实习经费，宁波大学师范生教育实习经费制度始于1996年三校合并之初沿袭宁波师范学院的教育实习规矩，一直未优化调整，对实习基地中学指导教师10周教学实践指导生均劳务费260元，物质上无法激起其中学教师在繁忙之余兼顾对实习生的备课、写教案、试讲聆听与指导、班级管理、基础教育调查和教材教法的熟悉等方面进行指导的兴趣。直到2016—2017年学校本科教学合格评估，学校在停招部分师范专业后开始考虑提高教学投入。此外，当前大学主管领导和部门，对设立在中小学的教育实践基地除挂牌、上级教育行政主管机构检查之外，一年之内仅有1～2次的互动，缺乏积极的沟通与互信。以至于部分师范专业实习基地建设仰仗于毕业的任教校友及其在中学的行政话语权，显然这既不是长久之计，又缺乏规矩可循。为此，首先必须有高校联系地方教育行政部门、中小学形成三方良性互动，着眼于地方教师队伍培养、基础教育科研申报、大学师范生培养环节形成全面的、定期的、多种形式的互惠合作，才能有助于教育实践基地的持续投入、功能的优化与丰富、制度的完善。2015年以来浙江省教育主管部门联合地方教育行政部门、高等学校在师范生教育实习期间不定期地抽取教育实习基地进行教育实习检查，了解实习生在校外的实习情况，专业指导教师听课情况、实习中学的管理状态等，对检查发现的问题及时反馈，对教育实习的监督评价由结果监督向过程监督转变。高校与地方政府、中小学的良好互动开始形成，有助于培养满足地方需要的中小学教师。反之，地方的需要也会促进师范高校师范生培养模式的转变与发展。此外，高校每年同地方各级教育主管部门召开产学研合作论坛、座谈会等，相互交流教育实习、产学研合作等情况，将除附属学校（附中、附小、附幼、附艺）之外的地方优质中小学幼儿园作为学校师范生的定点教育实习基地，互派教师开展合作交流、培训等活动，及时制定、优化和实施相应的师范生见习、实习、研习方案。

（三）建立相对稳定双聘指导教师队伍

有无专业的教师指导决定着教育实习质量的高低，学校实施由二级学院/系抽选教师作为专业指导教师，在校内、校外实习期间进行专业指导的办法，针对指导教师随堂听课出台相关制度规定。同时，积极推行双导师制，选聘优秀的中学名师作为实习基地依托学校的指导教师，每年在大学教师教育课程中安排一系列的讲座交流，校外实习期间外聘中学指导教师对实习生进行校外实习指导，大学教师按比例抽查与互联网视频讨论等。双导师制的实行，提高教师对教育实习重视程度的同时也为实习生在校外实习的质量保障奠定了基石。一般，大学教育实习指导教师由学科教学法和专业课程教师组成，外聘兼任实践指导教师队伍一般在每所实践基地每学科 3 人，并形成老中青的合理结构。地理科学专业每学期参与到校外集中实习学生约 40 人，集中在两所实习学校进行教育实习，每个学期安排实习指导教师共 5 人/实习基地，另有专职辅导员老师指导学生实践过程中的学习和生活，学生与指导老师比例约为 4∶1，完全能满足师范生的实践教学要求。

三、地方综合性大学师范专业教育实践基地亟待拓展的合作领域

(一)共享各专业实习资源提升大学—实习基地互动

当前，大学教务主管部门虽然遴选了一批中小学及幼儿园作为本校的教育教学实践基地，但是不同实习学校的各科目师资、特色、声誉在本地区有着一定的差异。大学相关师范专业，在与实习学校接洽过程存在选择性，尤其是如语文、数学、英语等所对应的大学师范专业，这些科目是中国基础教育考试选拔制度中的重点科目，相关中小学的师资存在相对较大的差异，因而大学师范生实习基地建设和大学各专业师范生在选择实习学校时候，存在倾向性，即去师资条件相对较好的实习学校，长此以往大学所有师范专业对应的实习学校也就存在比较固定的相关协助；各师范专业在实习过程中建立的此种隐形联系和实习指导教师队伍累积，成为高校各师范专业实习基地建设的独家资源。为此，大学有必要推动校内各师范专业共享优质实习资源，充分利用大学各师范专业多年精心打造的特色实习基地，开拓学生视野，提高学生进入实习基地训练水平，服务中小学学科教育的后备人才培养。

(二)集中优秀师资参与实习指导提升学生教学素养

大学师范专业所在院系和实习基地科目指导教师，应该积极参与师范生教育实践指导活动。这不仅有利于学生教育实习的指导质量提升，而且有助于大学专业教师与中小学教师能够面对面的交谈真实的基础教育需求、观摩实习生实习过程、调研实习基地的日常教学管理和班级管理等。由此，集中共享优秀实习指导师资，短时间集中最优秀师资参与实习指导，可有效提升实习的质量，尤其是能够针对性地提升师范生实习过程中面临的心理、班级突发事件处置、校园文化等方面的科学处置精神与人文素养。

(三)基于实习基地衍生大学—中小学教师互动渠道与内容

互联网时代是一个全新的时代，互联网时代为教育活动的开展以及教育质量的提升提供了新的契机和环境。重塑互联网时代的师范生实习过程的大学指导教师—中小学指导教师关系，对于培养互联网时代所需的创新型中小学师资具有极为重要的意义。应以此为契机，借助互联网技术，打破单一的中小学教师兼职指导

和大学任课教师不定期抽查为主要形式的师范生教育实习平台的局面，拓展和打造多维的大学—中小学指导教师交流互动平台，创新校内校外实习指导教师交流互动的形式，如进一步探索实习基地的实习导师制度、设立面向中学实习指导教师的师生教育实习科研项目、鼓励实习生与大学任课教师开展各种形式的小型研讨会、建立各种网络师生交流互动平台等。通过多维多样的校内校外指导教师交流互动，可以帮助师范实习生选择并充分利用校内外各种资源和人才培养平台，帮助学生培育个性化的知识结构、能力结构与综合素养，有助于通过实习增进大学教师与中学的交流，大大提高了学生对学科教学的兴趣。

第二节　宁波大学地理科学专业教育实践基地建设与改进

一、宁波大学师范专业教育实践基地概况

(一)基础与现状

1996 年 3 月，原宁波师范学院、宁波大学、浙江水产学院宁波分院三校合并重组新的宁波大学，宁波大学便开始了高等师范教育。在合并重组之初，主要延续使用原宁波师范学院的相关教师教育培养方案和教育实践基地；至 2006 年宁波大学发布了《宁波大学教育实习工作管理办法》(宁大政〔2006〕115 号)文件，对师范生教育实习领导组织与过程监督做出了详细安排。但是，教育实践基地尚未被重点关注。宁波大学教务处发布的 2012—2014 年签订相关合作协议的教育实习学校名单如表 6-2-1-1，总数保持在 75～90 家中小学、幼儿园及职业学校。

表 6-2-1-1　宁波大学 2012—2014 年教育实习合作学校名单

年份	高级中学	初级中学	小学	幼儿园	职业学校
2012 年	14 家： 效实中学 象山中学 宁波三中 宁波四中 万里中学 宁波外国语学校 鄞州中学 鄞州姜山中学 同济中学 镇海中学 奉化中学 慈溪中学 慈溪杨贤江中学 余姚中学	3 家： 镇海蛟川书院 奉化镜屏中学 李兴贵中学	11 家： 广济中心小学 镇海应行久外语实验学校 市实验小学 海曙中心小学 镇明中心小学 江北实验小学 江北中心小学 李惠利小学 宁波新城第一实验学校 江东实验小学 江东第二实验小学	11 家： 宁波市机关第二幼儿园 宁波市李惠利幼儿园 宁波市镇海区镇海幼儿园 宁波市第一机关幼儿园 宁波市新芝幼儿园 宁波市甬港幼儿园 宁波市江北区实验幼儿园 宁波市外经贸幼儿园 宁波市北仑区中心幼儿园 宁波市江东中心幼儿园(东海) 慈溪市实验幼儿园	32 家： 宁波行知中等专业学校 余姚职成教中心学校 温岭职业技术学校 象山职业高级中学 东钱湖旅游学校 长兴职教中心 鄞州职教中心 桐乡职教中心 甬江职高 萧山二职 北仑职高 德清职业中专 富阳市富春职业高级中学 杭州临安市昌化职业高级中学 嘉兴海盐职成教中心 建德市先锋职业技术学校 新安江职业技术学 鄞州职高

续表

年份	高级中学	初级中学	小学	幼儿园	职业学校
2012 年					平湖市职业中专 嵊州市中等职业技术学校 富阳市城镇职业高级中学 上虞市职业中等专业学校 诸暨实验职中 杭州西湖职业高级中学 富阳市职业高级中学 慈溪职业高级中学 绍兴县财经学校 杭州中策职业高级中学 萧山市第三中等职业学校 玉环县中等职业技术学校 浙江省德清县职业中等专业学校 温岭市太平高级职业中学
2013 年	14 家： 效实中学 象山中学 宁波三中 宁波外国语学校 鄞州区鄞州中学 鄞州姜山中学 鄞州同济中学 镇海中学 鄞州高级中学 北仑中学 慈溪中学 宁波二中 奉化中学 北仑顾国和外语实验学校	4 家： 李兴贵中学 镇海立人中学 奉化锦屏中学 镇海蛟川书院	11 家： 广济中心小学 镇海应行久实验学校 宁波市实验小学 海曙中心小学 镇明中心小学 江北实验小学 江北中心小学 李惠利小学 宁波新城第一实验学校 江东实验小学 江东第二实验小学	11 家： 宁波市机关第二幼儿园 宁波市李惠利幼儿园 宁波市镇海艺术幼儿园 宁波市机关第一幼儿园 宁波市甬港幼儿园 宁波市新芝幼儿园 宁波市中山艺术幼儿园 宁波市江东中心幼儿园(东海) 慈溪市实验幼儿园 宁波市宝韵幼儿园 宁波市镇海区镇海幼儿园	40 家： 安吉上墅私立高中 德清县职业中等专业学校 东钱湖旅游学校 东阳横店工业技术学校 东阳市技术学院 富春职业高级中学 富阳市城镇职业高级中学 海宁市职业高级中学 海盐县理工学校 杭州市余杭区商贸职业高级中学 金华市第一中等职业学校 临安市昌化职业高级中学 临平职业高级中学 龙游县第二高级中学 龙游县职业技术学校 宁波行知中等专业学校 宁波经贸学校 宁波鄞州职业高级中学 庆元职业高级中学 衢州市龙游中学 瑞安市职业中等专业学校 上虞市职业教育中心 上虞市职业中专学校 绍兴县财金学校 绍兴越秀外国语学校 桐乡卫校 桐乡职教中心 温岭市太平高级职业技术学校 温岭职业技术学校 象山职业高级中学 萧山第二中等职业学校 甬江职高 余姚市第三职业中学 余姚市职业技术学校 鄞州职教中心 长兴职教中心 舟山市普陀区职业教育中心 诸暨市工业职业技术学院 诸暨中专 诸暨市实验职业技术学校

续表

年份	高级中学	初级中学	小学	幼儿园	职业学校
2014 年	15 家： 效实中学 象山中学 宁波三中 宁波外国语学校 鄞州区鄞州中学 鄞州姜山中学 鄞州同济中学 镇海中学 鄞州高级中学 北仑中学 慈溪中学 宁波二中 奉化中学 北仑顾国和外语实验学校 镇海龙赛中学	7 家： 宁波市第十五中 奉化锦屏中学 李兴贵中学 镇海蛟川书院 宁波四眼碶中学 镇海立人中学 镇海仁爱中学	9 家： 镇海应行久实验学校 宁波市实验小学 海曙中心小学 江北实验小学 江北中心小学 李惠利小学 江东实验小学 江东第二实验小学 宁波高新区实验学校	12 家： 宁波市机关第三幼儿园 北仑区新蕾幼儿园 宁波市李惠利幼儿园 宁波市镇海艺术幼儿园 宁波市机关第一幼儿园 江北区甬港幼儿园 江北区实验幼儿园 宁波市机关第二幼儿园 宁波市江东中心幼儿园(东海) 慈溪市实验幼儿园 宁波市宝韵幼儿园 宁波市镇海区镇海幼儿园	50 家： 昌化职业高级中学 淳安县职业教育中心 大唐镇中心小学 东钱湖旅游学校 东阳市技术学校 富阳市城镇职业高级中学 富阳市富春职业高级中学 富阳市职业高级中学 海宁职高 海盐理工学校 海盐商贸学校 海盐职成教中心 杭州市江滨职业学校 杭州市临平职业高级中学 杭州市旅游职业学校 杭州市人民职业学校 杭州市余杭区商贸职业高级中学 杭州市余杭区塘栖职业学校 杭州市中策职业学校 湖州市长兴县技师学院 嘉善县中等职业技术学院 金华市武义职业技术学校 龙游县第二高级中学 龙游县职业技术学校 宁波城市职业技术学院 宁波第九中学 宁波行知中等专业学校 宁波经贸学校 宁波市鄞州区高桥镇成人文化技术学校 宁波市鄞州职业高级中学 平湖市职业中专 普陀职教中心 上虞市职业中等专业学校 绍兴市柯桥区财经学校 嵊州市中等职业技术学校 桐乡市卫生学校 桐乡职教中心 温岭职业技术学校 象山职业高级中学 萧山二职 义乌市城镇职业技术学院 鄞州职教中心 甬江职高 余姚职成教中心学校 长兴技师学院 长兴职教中心 浙江省德清县职业中等专业学校 诸暨市实验职业技术学校 诸暨市实验职业中学 诸暨市职业教育中心

根据《浙江省教育厅办公室关于印发〈浙江省教师发展学校建设实施方案（试行）〉的通知》（浙教办师〔2015〕49 号）要求，宁波大学从二级学院师范类专业以往合作实习学校中遴选一部分上报给浙江省教育厅，作为宁波大学的教师发展学校建设需求意向名单，经过相关主管部门认定核实确定了宁波大学拥有宁波市教育局认定首批教师发展学校 54 所、湖州市教育局认定首批教师发展学校 3 所（表 6-2-1-2）。

表 6-2-1-2　宁波大学拥有宁波市首批省级备案教师发展学校（2015 年）

高中	初中	小学	幼儿园	职业中学
8 家： 浙江省象山中学 宁波市第二中学 宁波市第三中学 宁波市第四中学 慈溪中学 奉化中学 镇海龙赛中学 余姚市第四中学	8 家： 奉化锦屏中学 李兴贵中学 镇海蛟川书院 镇海仁爱中学 象山县丹城中学 宁海县桃源初级中学 惠贞书院 宁波新城第一实验学校	18 家： 宁波市实验小学 海曙中心小学 海曙广济中心小学 海曙镇明中心小学 李惠利小学 江东实验小学 江东第二实验小学 宁波高新区实验学校 宁海县实验小学教育集团 奉化实验小学 余姚市第二实验小学 慈溪市实验小学教育集团 鄞州区邱隘实验小学 北仑区蔚斗小学 镇海区艺术实验小学 镇海区中心学校 惠贞书院 宁波新城第一实验学校	16 家： 宁波市实验幼儿园 海曙清林闲庭幼儿园 中原艺术幼儿园 海曙翠柏幼儿园 宁波市外经贸幼儿园 宁波市机关第一幼儿园 宁波市机关第二幼儿园 宁波市机关第三幼儿园 宁波中山艺术幼儿园 宁波高塘幼儿园 北仑区新蕾幼儿园 宁波市李惠利幼儿园 宁波市明楼幼儿园 江东中心幼儿园（东海） 慈溪市实验幼儿园教育集团 北仑区中心幼儿园	4 家： 宁波行知中等专业学校 象山职业高级中学 鄞州职教中心 余姚职成教中心学校

（二）改革动向

随着国家和浙江省教育厅出台系列政策，如《浙江省教育厅关于深化教师教育改革的实施意见》《浙江省教育厅办公室关于印发〈浙江省教师发展学校建设实施方案（试行）〉的通知》《浙江省教师发展学校建设标准（试行）》等等。依据宁波大学第三次党代会和“十三五”发展规划提出的“建设特色鲜明的综合性研究型大学”目标，学校依据《宁波大学本科教学工作审核评估工作方案》（宁大政〔2016〕41 号）和《宁波大学本科专业评估管理办法》（宁大政〔2016〕62 号）文件精神，2016 年对全校 75 个本科专业进行了全面的基础性评估，并接受了教育部审核式评估。根据审核式评估专家组的意见，学校提出对办学资源进一步统筹，优化整合现有本科专业，进一步提升学科专业竞争力。通过优化调整，计划到 2020 年将现有本科专业的招生专业数量控制在 55 个左右。其中对于师范类专业发展，强调根据浙江省师范类专业人才需求的发展趋势和学校办学定位，充分发挥综合性大学优势，将办学资源集中在语数外主干课程和艺体美素质教育师资的培养上，着力培养高素质、高层次的初等教育师资，及时停止职教师资专业招生。对理化生政史地等高中阶段的师资培养主要依托研究生培养，今后将积极探索本硕一贯制等新型人才培养模式。

1. 实习经费逐年增长

学校要求宁波大学各二级学院应确保教育见习实习经费，采用专款专用的形式用于教育见习实习工作，包括实习生交通、伙食补贴、驻校实习的住宿、必要的活动支出以及校内外指导教师的费用。2017年度教育见习实习生均经费不得低于1000元标准，并应逐年增加，2020年达到2000元标准。

2. 构建教师教育协同育人体系

宁波大学各学科性学院和教师教育学院协同开展中学师资培养，共同建设课程教学标准，学科性学院负责依托学科优势与支撑进行思想政治教育、专业能力培养和学生指导管理，教师教育学院负责教师教育类理论课程的教育教学、教学通用技能的过关考核、教学竞赛的统筹组织、资格考核的培训辅导，并由教务处牵头、教师教育学院和各学科性学院协同开展教育实习的组织管理。注重和强化相关学科性学院在教师教育工作中的重要性，注重学生学科专业知识与基础能力培养和素质的全面提升。同时，与中小学与幼儿园共建教师发展学校，构建社会化协同育人体系；建立相对稳定的教育教学见习、实习基地，组建由高校教师、中小学名师和地方教育行政人员组成的教学团队；建立特级教师工作流动站，聘请中小学特级教师、名师定期授课、讲座，合作开展教学研究、课程教材建设。计划到2020年，初步形成校内、校外多方协同的育人体系，统一组织实习比例达到90%、发展学校毕业实习比例达到80%、驻点实习比例达到40%。

3. 改革教师发展学校建设模式

学校连续三年开展示范性教师发展学校建设，遴选有一定基础的教师发展学校由相应的学科性学院结对建设，开展远程互动直播教室、教育教学实践基地、课程教学标准的建设和教育改革合作、优秀师资互派等工作，学校每年考核、认定一批示范性教师发展学校，给予后期资助用于示范性教师发展学校的共建共享。在此基础上，遴选具有一定优势和实力的发展学校开展教育硕士联合培养实践基地的建设。

根据浙江省和宁波市的教师教育需求，结合教师发展学校的建设，与基础教育学校共同制定宁波大学教师教育专业质量标准。在全校各专业基础性评估和本科教学工作审核式评估的基础上，对教师教育类专业（含方向）进行专项评估和跟踪评价，并在此基础上统筹组织开展教师教育专业认证。

二、宁波大学地理科学专业教育实习基地建设现状

根据《浙江省教师发展学校建设实施方案（试行）》（浙教办师〔2015〕49号）的要求，宁波大学严格按照属地为主、就近安排，数量充足、合理安排，结构优化、形式多样的原则，在高校所在地设区市及所辖县区范围内的中小学建设一批数量充足、

结构合理，由教育行政部门统筹协调，宁波大学与中小学协同培养培训的教师发展学校，为宁波大学师范生教育实践、中小学教师专业发展培训教育实践等提供场所，为宁波大学师范生教师教育课程提供应用型师资，为宁波大学教师指导参与基础教育改革提供平台，进而有效促进教师专业发展，提高教师教育教学水平。其中，地理科学（师范）专业教育实习基地在宁波下辖江北区、鄞州区、象山县均有分布，从中心城区的四明中学、宁波三中、宁波四中到郊区的鄞州区同济中学、浙江省象山中学。

宁波大学地理科学（师范）专业教育实习基地，一直沿袭原宁波师范学院地理教育专业合作实习学校。1996 年至 2015 年间，先后与宁波市鄞州区同济中学、宁波市四明中学、宁波市第三中学、宁波市第四中学、浙江省象山中学等宁波市重点高级中学合作推进地理科学师范生教育见习、实习与研习。2016 年以来，主要在宁波三中开展教育见习，在宁波四中、浙江省象山中学开展教育实习与教育研习。

（一）浙江省象山中学及其地理教研组特色

浙江省象山中学创建于 1942 年，地处东海之滨，位于东谷湖畔、塔山脚下。学校办学历史悠久，文化底蕴深厚，校园环境古朴幽雅，管理理念科学先进，办学质量享誉省内外，是浙江省一级特色示范学校（图 6-2-2-1）。学校占地 130 余亩，环境优美，交通便捷。现代教育设施一应俱全，实现办公信息化、教学网络化。学校现有班级 32 个，学生 1700 人。学校聘请我国著名心理学家林崇德教授为教育顾问。

学校秉承“崇正敬业，严谨求实”的优良传统，着力构建以质量为顶尖，“人本化”“精致化”“现代化”三位一体的管理模式，始终把“创一流育人质量，办人民满意教育”作为办学的总目标，狠抓内涵发展，全面整合教育资源，充分挖掘一切潜力，不断强化“以德立校、依法治校、科研兴校、质量强校”的工作理念，深入有效地开展各项工作。几年来，学校先后被评为宁波市卫生先进单位、宁波市绿化先进单位、宁波市校园文化建设示范点、宁波市科普示范学校、宁波市先进党组织、浙江省会考先进单位、浙江省绿色环保模范学校、浙江省文明单位、全国群体工作先进单位、全国先进工会小家等。

为了促进学校持续发展，学校一直把锤炼一流的教师队伍放在首位，现已打造出一支师德高尚，具有深厚学术功底、精湛教育教学能力和科研能力，高效精干的教师队伍。中高级以上教师占 72%，有省特级教师 4 人，市名教师 5 人，市学科骨干 7 人，县名师 9 人，县学科骨干 30 人，先后有 35 位教师被评为国家级、省级先进。

学校坚持全面贯彻党的教育方针，全面实施素质教育，提高学生综合素质，培养学生创新精神和实践能力，关注人才，育人成才。高考重点率已达 60%以上，最高年份超过 70%，近 60 名学生被清华大学、北京大学、香港大学、复旦大学等著名高校录取，且诞生了 2002 年省高考状元、2004 年市高考状元。

象山中学愿以高度的责任感和时代使命感，立足高起点，瞄准高目标，达到高标准，励精图治，努力奋斗，勇于创新工作思路，不断突破高原现象，为象山提供具有象中特色的优质服务，为党和国家的教育事业做出贡献。

图 6-2-2-1 象山中学

浙江省象山中学地理学科教师归属学校史地教研组，地理学科现有教师张杏芬、马谷峰、俞炯志、周宏、黄灵敏、虞建华、蒋佩衎、朱炳丞、徐玲光等，学科组现有以浙江省特级教师为引领、中学高级教师为主体的人才结构。其中：(1)俞炯志是浙江省特级教师，先后被评为宁波市学科骨干教师、市名教师、市优秀教师；浙江省春蚕奖、省教育系统"事业家庭兼顾型"先进个人、省优秀教师、省特级教师；全国优秀地理科技工作者、全国优秀中学地理教学工作者、第四届"地球小博士"全国地理科技大赛百名先进校长和全国模范教师等荣誉。被聘为浙江省青少年科技创新大赛评委，被聘为宁波大学校外兼职硕士研究生指导教师，应邀参加高考地理审题工作和高考考试说明修订工作。(2)张杏芬是中学高级教师，1988 年毕业于宁波师范学院地理系。同年分配至西周中学任教，1997 年调至象山中学任教高中地理。作为一名地理教师，她平时积极参与教学研究和教学改革实践活动，重视学科的特色教学，充分开发利用地理课程资源，多年来一直鼓励和指导学生开展地理学具制作，寓教于乐，给学生留下充分的思维空间。多次组织和引导学生走进社会，开展参观和调查等社会实践活动，注重知识产生、发展过程及其应用与评价，感受对生活有用的地理，增强地理教学活力。(3)马谷峰是中学高级教师，1987 年参加工作，史地教研组组长；曾获得市、县教坛新秀，县学科带头人，县骨干教师，市、县优秀教研组长，县优秀教师，象山县名师，宁波市骨干教师、全国优秀科技辅导员和"感动象中"人物等荣誉称号。象山中学地理学科教师注重实践的理论总结与应用，相关教师在《地理教学》(华东师范大学)、《中学地理教学参考》(陕西师范大学)、《地理教育》(重庆师范大学)等重要刊物发表论文百余篇，参与的教学科研成果"基于学生成长需要的初高中衔接教育研究"荣获浙江省 2016 年省基础教育教学成果二等奖。该课题由该校金依平、王增良、郭志纯(执笔)、俞炯志、徐敏钧、张宗余等教师共同完成,针对初高中衔接阶段学生成长的独特性,力图明晰衔接阶段学生的成长需要,创建衔接教育实践运作体系。该课题有助于培养学生发展的核心素养,进而为学生终身发展奠定良好基础。

(二)宁波市第三中学及其地理教研组特色

宁波市第三中学始建于1868年,学校跨越了清朝、民国、中华人民共和国三个不同历史阶段,经历了七易校名、九迁校址,是宁波市历史最悠久、影响最悠远的老校之一。宁波三中现今坐落于宁波市鄞州区,是浙江省一级重点中学、浙江省普通高中一级特色示范学校、全国最具特色学校。校区以白墙黛瓦的古代书院风格为基调,融入现代元素作点缀,是宁波市区设施最先进、环境最优美的学校之一(图6-2-2-2)。

(a)

(b)

图 6-2-2-2 宁波三中

据1948年校史载,1848年(清道光二十年),英国圣公会派戈柏、禄赐二教士抵鄞。1868年(清同治七年),该会将民房改建为三层高楼,设立义塾。次年,英岳教士及其夫人来华管理义塾，聘鄞郡牧师王有光为教习。这是三一书院的始基(图6-2-2-3)。而后书院不断扩充，辛亥革命后，三一书院也随着中国国体、政体之蜕变而蜕变，1916 年，学校名称由三一书院改为三一中学，1932 年 6 月合并仁德女子中学，分设男女两部，改称鄞县私立三一中学，并附设三一小学。1945 年日本投降，校舍被鄞县县立临时联合中学所接收。1946 年春，始由校董会决定复校。随着人民教育事业新局面的展开，私立三一中学经过解放初期一系列重大政治运动的锻炼、改造，1952 年 12 月 9 日原青年中学并入后，学校改名为“浙江省宁波市第三中学”，性质由私立变为公立，受省教育厅和市教育局的双重领导。1994 年 11 月被浙江省教委命名为首批综合高中，学校的社会信誉日益提高，相继被评为首批“宁波市行为规范达标学校”“宁波市文明学校”“宁波市文明单位”。2007 年，学校被评为省一级重点中学，2016 年，学校又被评为浙江省普通高中一级特色示范学校。

图 6-2-2-3　宁波三中前身

在悠长的办学历史中，宁波三中师生艰苦创业，勇于开拓，形成了海纳百川的博大胸怀，铸就了追求卓越的进取精神，积淀了深厚的办学底蕴，取得了丰硕的教学成果。149 年来，学校为国家为社会培养了万千优秀人才，每个年代均有杰出代表：既有像两院院士路甬祥、陈亚珠、陈中伟、孙儒泳这样的学术泰斗，也有以励永庆将军为代表的军中豪杰，还有如中国奥运之父王正廷、中国奥运军团第一团长沈嗣良、全国人大常委会副委员长沈跃跃、国务院侨务办公室副主任何亚非等一大批精英名人，更有数以万计的在各行各业为社会做出贡献的社会主义建设者。

学校秉承“勤朴忠”办学传统，积极探索新课程改革(图 6-2-2-4)。在注重学生全面发展的基础上，学校构建了多元化有特色的“和美”育人模式，培养了一批“崇学尚道，智慧阳光”的“和美”人才。近几年，学校高考成绩保持稳定增长，高考本科率保持 96%以上，更有数名学生被清华大学、复旦大学、浙江大学等国内知名综合院校录取。校园活动丰富多彩，学生社团群星荟萃。学校也是宁波市国际教育交流的示范窗口，目前已与境外 15 所学校结为友好姐妹学校。这就是三中文化——勤奋中孕育和美，特色中创造卓越。

图 6-2-2-4　宁波三中校训

在学校管理实践中，学校秉承学校传统，探索新课程改革，坚持“和美教育”的办学理念，坚持“和而不同，美美与共”的办学特色，坚持“勤奋立校、和美兴校、卓越强校”的办学策略，以立德树人、全面发展为育人根本，实现优质、多样、创新和特色发展。学校拥有一大批师德高尚、业务精湛、深受学生和家长欢迎、在市内外有较大影响的省特级教师、市名师、学科骨干和教坛新秀。现有省特级教师 2 名，市名师 3 名，市、城区骨干教师 9 名，高级教师 58 名。学校有一整套严格的管理制度，校风朴实严谨；教师敬业爱岗，乐于奉献；学生朝气蓬勃，积极向上；优良的校风和优异的教学质量赢得了良好的社会声誉。

“画”出心中的梦想——宁波三中美术课程班。 宁波市第三中学是浙江省美术特色学校，宁波市普通高中学科美术基地培育学校，中国美院授予首批“生源基地实验学校”。学校于 1989 年创办了高中美术特色教育，经过二十多年的实践，已成为全省美术教学的佼佼者。曾有多人次获得过省美术高考联考状元，近三分之一学生考入中国美院，近半数进入中国九大美院，更有数名学生被清华大学、复旦大学、浙江大学等国内知名综合院校录取，高考本科率接近100%。美术特色教育的创建也活跃了学校整体的艺术氛围，提升了学生的全面素质。学校利用现有的画室、陶艺教室、沙画教室等美术专业教室，进行美术教学研究，开发了一系列如“创意线描”“现代景泰蓝工艺画”“陶艺创作”“瓷板工笔画”等校本课程，开创了陶艺创新工作室、景泰蓝工艺创客空间。将“尚美”理念付诸具体教学活动中，提升校园艺术气息，提高学生艺术修养，让每一位学生沐浴在艺术的阳光下。

牵手德国——宁波三中德语课程实验班。宁波市第三中学是德意志联邦政府DSD项目在宁波地区唯一指定合作学校，同时也是国家级中德塑造未来示范项目学校，是浙江省德语会考标准制定学校，浙江省德语会考命题学校，已形成三中特色的德语班办学模式与课程体系。自2009年创办以来，德语班至今举办7届，已有五届毕业生逾百人。大多数学生被慕尼黑工业大学、卡尔斯鲁厄大学、亚琛工业大学、海德堡大学等德国名校录取。其中，2014届16位学生收到42份德国顶尖大学录取通知书，成为三中“最牛班级”。

让“运动”伴随一生——宁波三中小球基地。2013年，宁波市第三中学被命名为宁波市体育传统特色项目(小球)学校。后经学校和市体育局、教育局多次的沟通和商议，最终确定学校为宁波市小球训练中心训练基地。该基地由学校和市小球训练中心共同组建，学校将羽毛球、网球等小球项目作为办学特色之一，积极开展小球项目的推广普及工作。学校培养和选拔有运动特长的优秀学生进入训练基地，通过与宁波市小球训练中心的联合培训，为各级各类大学输送高水平运动员。学校依托必修课程校本化和特色选修课开设羽毛球、乒乓球、网球课程，让每一位同学有一门小球技能，让有兴趣的同学进一步发展，使有潜质和特长的学生有了展示的舞台。在近四年的省级网球比赛中，学校学子斩获了7金2银3铜的优异成绩。

灵动创意——宁波三中机器人创新教育。宁波三中开设机器人创新教育已有十多年历史，曾先后在省级以上的青少年科技创新大赛、电脑机器人竞赛中获得大奖，还多次代表中国参加了在国外举行的国际机器人奥林匹克竞赛(IRO)、世界机器人奥林匹克竞赛(WRO)。截至2017年年底，共获30个一等奖，78个二等奖。学校自主编写了“机器人制作”“机器人程序设计”“机器人结构与搭建”等校本课程，其中“机器人制作”入选为浙江省首批一百门普通高中精品选修课程。深化课改以来，学校依托机器人创新教育平台，整合了信息技术与通用技术课程，确定了基于机器人创新平台的STEARM教育体系，升级改造和创建了机器人创客空间，曾荣获“浙江省中小学优秀创新实验室”称号。

宁波三中地理教研组(图6-2-2-5)现有地理教师9人，各有三人毕业于宁波大学和浙江师范大学，1人毕业于华东师范大学，1人毕业于河南大学，1人毕业于原杭州大学。高级教师职称4人，中级教师职称4人，拥有研究生学历教师2人。

(a)

(b)

图 6-2-2-5　宁波三中地理教研组

学科荣誉方面，1 人为宁波市名教师兼全国“国培专家”，1 人为城区学科骨干教师，另有 3 人获得过区市级教坛新秀称号，参加国家和省市级各类学科基本功和教学比武有多人次获得一、二等奖，1 人多次获得国家和省优秀地理工作者称号。综合荣誉方面，6 人获得过市局级优秀教师称号。集体荣誉方面，宁波三中地理教研组曾多次被中国地理学会授予“全国地理科普教育基地”称号，是“浙江省数字教育资源应用实践基地”、宁波市教育局“共产党员示范岗”先进单位。

学科研究方面，由全组老师共同参与的国家级子课题“紧密结合生活的地理课

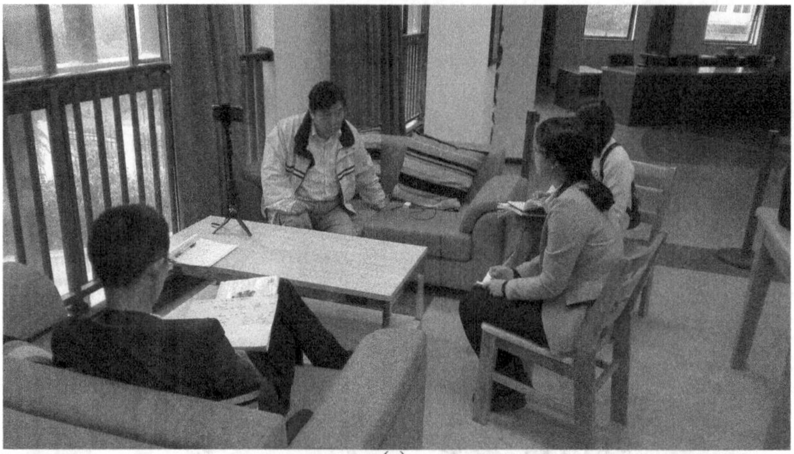

(a)

(b)

图 6-2-2-6 宁波三中地理科教研

堂教学改革实验研究”获中国教育基金会成果奖一等奖，并有“生活中地理”“地理图表研究”等多个省市课题获成果二、三等奖。组内老师近些年在省市论文评比中获一、二等奖的有 4 篇，发表在核心期刊《中学地理教学参考》上的文章有 3 篇，其他杂志上有 20 多篇。

在学校“和美教育”办学目标引领下，地理教研组(图 6-2-2-6)结合自身实际情况，将“教学生活中的地理，学习对生活有用的地理”作为学科建设基本理念，以教研组和学校和学生的“多角度可持续发展”为建设目标，积极响应国家和省市深化高中课改的号召，群策群力，近些年在学科建设上取得了长足的发展。

在学校的总体安排下，从 2014 年 9 月起，历经一年半，地理教研组通过与华东师范大学夏志芳教授为首的华大研究所合作，利用每月一次，每次两天的课堂教学实践活动，将"以课堂教学行为改进为重点的地理学科教学研究"活动落到实处，教研组老师全员参与，以备课组建设为抓手，进一步完善和优化教研组的常规建设。从2016年6月开始，与华大研究所钟启泉教授为首的"读懂课堂"合作活动立足于有效课堂教学的深入研究，将更好地推进学科组建设。

作为省一级特色示范学校，宁波三中地理组建有详尽且富有特色的地理学科课程群。在校本课程开发上，坚持宁波市地方和学校特色，开发的"江南风物"和"生活中的地理"为宁波市精品课程。在必修教材的校本化处理上、作业校本化设计上，各备课组通力合作，都建有各自的资源库。

地理组老师指导下的学生社团活动开展得丰富多彩。学校地理社的学生代表学校参加的活动有宁波市"模拟联合国"比赛，全国天文日活动，绿色酷派气候活动等，都获得了不俗的成绩。2016届李舒霓同学还代表学校参加了中央电视台展演比赛，获得"优秀主持人"称号。从2014年开始，每年都有将近400名同学参加中国地理学会组织的"地球小博士"活动，获得优异成绩。近些年学校的高考成绩在直属学校中一直名列前茅且稳步向前。

(三)宁波市第四中学及其地理教研组特色

宁波市第四中学位于浙江省宁波市江北区风景秀丽的姚江之畔，是宁波市教育局直属普通高中，学校成立于1845年，是一所历史悠久的百年老校(图6-2-2-7)。

一个半多世纪以来，宁波四中为社会培养出许多人才，其中不乏饱学之士、社

图6-2-2-7　宁波四中

会名流、科技精英、教坛名师、高级将领……有中科院院士谈家桢、孙儒泳，青岛大学原校长、航天轨道专家竺苗龙、著名数学家郇似珏等。

学校有着深厚的文化积淀和优良传统，一贯重视传统美德教育，重视校风建设，注重学生德智体美劳全面发展，形成了“百年崇信、多元毓才”的办学理念。近几年，学校秉承“诚、朴、爱”校训，形成了优良的校风、学风。宁波四中是浙江省一级特色示范高中、国家教育部基础教育课程改革示范实验学校、国家青少年足球特色学校、浙江省新课程改革样板学校、浙江省深化课程改革基地学校、浙江省绿色(模范)学校，全国青少年科技创新教育示范基地等等(图 6-2-2-8)。

图 6-2-2-8 宁波四中校园风光

学校环境优雅，现代教育设施完善。截至 2016 年，学校在职在编教职工 162 人，共 36 个班级，近 1300 名学生。学校拥有雄厚的师资队伍。其中高级教师 72 人，中级教师 62 人，中高级教师合计 134 人，占专任教师的 94%，在同类学校名列前茅。名师荟萃，实力强劲：拥有特级教师 3 人，宁波市名师 1 人，宁波市骨干教师 3 人，城区骨干教师 7 人。

宁波四中是宁波市课程改革的样板学校。学校依托课程改革，改变教学模式，提高课堂效率，并根据高考模式的变化，及时调整各学段的教学重心，让教育更加适合学生的发展。通过不懈的努力，实现了教育教学质量的大提升，形成了良性循环的良好态势：重点人数成倍增长，本科率屡创新高。

2011 年，学校与北京师范大学合作，创办了北师大人文方向创新教育实验班，成了拔尖文科生成才的摇篮。改革育人模式，量身定制基础课程和选修课程体系，进行教学方法的改革和学习方法的指导。在完成国家课程的基础上,增设特选课程,突出人文学科的“宽、实、厚”特色。近年来,为满足部分学生个性发展的需要,学校在体育、艺术教育上下功夫,有力地促进学生的多元发展,造就学生的健康体魄。特别是2014年新高考改革以来,学校在宁波市率先实现取消班主任制度,建立全员成长导师制,广泛深入推进人文行走课堂,在省内外具有较强的影响力。

学校还加强了国际交流,拓宽了办学思路,已与韩国、德国、澳大利亚、西班牙等国及香港等地的一流中学结为姐妹学校,开展深层次教育交流。

近年来,学校坚持“依法治校、以德立校、以质量强校”的办学宗旨,紧紧依靠广大教职员工奋发图强,百年老校焕发着勃勃生机,得到社会广泛认可。

宁波四中地理教研组是校优秀教研组。现有专任教师10人,其中高级教师4人,中级教师4人。具有研究生学历的教师2人。教研组教师年龄结构合理,专业发展出色。现有城区教坛新秀4人,大市教坛新秀1人,市优秀教师1人,市卓越工程培养对象1人。近五年来,在城区和省市各级各类专业竞赛中获奖近20人次。

积极投身课程改革,不断提升角色意识。近些年来,地理教研组着力开发选修课,建立特色课程和精品课程。组内教师主持和参与多个市级课题,教学论文高产,参编多本教学复习资料。开发了“走遍中国”“走遍世界”“仰望星空”“软笔书法”等特色选修课程。同时,地理教研组力推学科校本课程,自行编制学案、试题,建立了教研组资源库。通过加强备课组建设,理顺组内管理机制,激发组内成员创造力,确保学校地理教育教学水平始终保持高位状态。

拓展地理学科视野,丰富校园课程文化。地理教研组根据学科特点,开发了行走课堂,已成为学校发展一大品牌,校园文化的一大支撑。行走课堂是教育教学方式的重大变革,是一种在实践中有组织地异地开展探究性学习的复合课堂。行走课堂打破了定点教学的藩篱,是多样化组织教学的重要支撑,亦是德育的重要阵地。近年来,行走课堂不断深入,受到了中央和省市媒体的普遍关注,亦是当前教育部重点推行的课堂学习模式。

指导学生参加学科竞赛频获佳绩。近些年来,地理教研组通过成立学科社团,开展第二课堂。学生在地理学科业务竞赛中取得了优异的成绩。在国际天文年系列活动、国际气候酷派——绿色校园行动、高校科学营、全国青少年气候变化夏令营、地球小博士全国地理科技大赛等比赛中成绩突出,获得全国及省市级奖励50余项,教师队伍中有7人次获得国际气候酷派——绿色校园行动优秀指导教师、科学诠释者、全国优秀科技辅导员称号。

重视课堂教学,提升专业水准,教学能手频现。通过集体备课,精心研究教学内容、重难点、教法与学法、学生能力培养,研究新课导入,“活动”处理,知识落实,能力培养,课标实现,精心进行教学设计,备出更多更好的精品课。发挥集体智慧,齐心协力，并和教学反思活动紧密结合，切实提高教师了的业务素质，促进了课堂教学改革，提高教学效果。教师课堂教学业务能力突出，产生了多名教学能手，在市相关业务能力评比中取得众多佳绩(图 6-2-2-9 至图 6-2-2-12)。

地理教研组全体教师团结向上，进取心强，教研氛围浓郁。乘新高考改革的东风，继续发扬锐意进取、奋发向上的团队精神，不断超越自我，再创辉煌！

图 6-2-2-9 地理课堂观摩教学活动

图 6-2-2-10 精品课程录播

图 6-2-2-11　宁波四中地理行走课堂

图 6-2-2-12　宁波四中地理教研组

三、提升宁波大学地理与空间信息技术系和相关教育实践基地互动策略

(一)总体导向

教育实践基地的建设属于综合性的实践工程,只有注入新的力量才能保证它长期稳定地实施。随着新课改的深入推进,必须高度重视教育实践基地的建设,通过"案例研究"对教育实践基地出现的问题进行分析研究,实现教育实践基地的良性发展。根据《宁波大学教师教育综合改革方案》相关指导意见,学校"遵循重点建设、滚动管理、逐年提高"与实习基地之间加强联系,并就基础教育研究和地理学科教学论教学进行密切合作,以提高教师教育专业的人才培养质量,确保教学实习计划的顺利完成,保证实习质量。

宁波大学地理科学(师范)专业与宁波三中、宁波四中、象山中学等实习基地在地理科学教育实践基地建设过程中,根据中学地理师资的培养目标,将建立多形式、多模块、多层次的实践教学体系。宁波大学地理与空间信息技术系组织地理科学师范生以观摩学习、校内实训、校外实习等形式具体参与地理教育实践。

1. 推进教育实践教学体系的多形式化

宁波大学地理与空间信息技术系将根据应用型、复合型中学地理师资人才的培养目标,以地理科学师范生实践能力、创新能力与教育科学研究能力的培养为核心,结合专业特色,结合地理学科发展和教师教育素质前沿、结合有关实习基地地理教学环境条件,对课堂教学与专业见习、实习、研习等进行整体设计,力争构建体现教学与科研相结合、理论与实践结合、基础与前沿结合、经典与现代结合的多形式的实践教学体系。

2. 拓展学生参与教育实践的具体形式

实践基地针对不同层次的学生,安排学生以多种形式参与实践。对于大一和大二的低年级本科生,主要通过教师教育模块课程教学的实地课程见习方式进行实践,增进学生对心理学、教育学、教师仪态与教学语言等课程的感性认识。对于大三、大四的高年级本科生,实践方式则主要为参加实践基地提供的地理学科教育学见习、班级管理见习、综合性见习和教学技能竞赛观摩等校内实训、案例录像评析、微格教学观摩课程和到相关实践基地学的地理教研组进行一学期(12 周)时间的专业实习、专业研习、毕业论文调查研究等。

3. 扩充和衍生实践基地的功能

实践基地除了承担实践教学任务之外,还将在推动双方在其他领域的合作中发挥重要功能。首先,合作双方将定期互相派出人员到对方单位挂职或兼职,经常性地开设地理学科教师教育实务课程(慕课、远程案例)和讲座。其次,双方将建立地理学基础教育科研的合作关系,联合申请和承办一些与基础教育实践密切相关

的科研项目;共同组队参加中国教育学会地理教育专业委员会和中国地理学会举办相关学术会议;双方相互提供中学教学和高(学)考信息,实现包括研究出版物以及资料等学术资源互换。

4. 整合与优化地理学科实践教学内容

进一步加强实践教学内容的整合与建设,包括见习实习研习的内容、课程实践内容和毕业论文(设计)内容。教师教育模块课程见习实习进一步与实习学校的高级教师共同确定,使学生能直接接触到地理学科教育实务的前沿信息,确保见习、实习、研习的内容不断更新,形成一批精品和特色的见习、实习模块和内容。配合见习、实习内容建设相关学习资源。除了包括常规的见习、实习教材,实习指导书外,还应建设学生实习实践学习的资源网站,提供实习指南、实习实践项目简介、相关学科和地理教学工具制作公司网站链接功能等,通过展示地理学科教育的实务动态与前沿信息来形成学科专业的研究性学习氛围,丰富学生学习、科学研究资源。

5. 教学文件和管理制度建设

强化执行学校相关本科生实践教学的教学文件和管理制度,切实保证所设计的见习、实习、研习实践体系和教学内容的有效实施,完善基本教学文件。基本教学文件主要包括课程见习、综合见习、教学技能竞赛、专业实习、课程群实践、毕业论文等环节的实习实践大纲和详细的实习指导计划。据此,明确实习实践目的、基本要求、实践内容、实践考核评价标准等,确保实习实践质量。

进一步完善赴中学实践基地的实习实践规章制度,据此对见习、实习、研习教学计划的制订、实习的形式、实习的组织、指导教师的资格(“双导师制”)、实习实践安全与操作流程、实习的考核等进行规范,进一步明确达到实习要求的措施和整体安排,确保实习效果。

(二)利用本硕一体化探索大学—中学互动的教育实践新内容与新模式

以《宁波大学教师教育综合改革方案》为契机推进宁波大学学科教学(地理)教育专业硕士(045110)(全日制、在职)列入学校正常研究生招生计划,同时结合宁波大学昂热大学联合学院的中法合作办学,推进地理科学(师范)、学科教学(地理)教育硕士的国际化培养。当前要务在于:一是重视全日制教育硕士成长中的实践行动,突破真实情境问题的教学实践,使全日制教育硕士获得学、教、研的协调发展;二是以“教师发展学校”为中心搭建教育硕士理论与实践相结合的平台,为有效提升职前教师的从教素养创造了良好的环境,又增强了中小学校培养教师的职能,探索教育硕士和指导教师、大学和中学的共同发展。

1. 探索实现教育实践课程时间上的贯通途径。构建见习、实习活动连续安排于第一至四学年的学习过程,以浸入式的实践课程学习,以见习、实习、研习的记录、整理听课笔记,进行教学反思,双导师及时进行反馈评价。

2. 探索实现教育实践课程的课程空间贯通途径。积极利用学校建设的教师发展学校，构筑覆盖宁波市城区、郊区、县域中心镇与乡村的教学见习与研习点位，促成每一位教育硕士的集中见习和实习进入不同类型的学校，感受丰富的教育现实，全面了解学校教育的现实，更好地理解中学地理科教师的专业生活；在学、教、研的协调统一中实现贯通。

总体而言，积极创新实习场域和情景，努力创造教育硕士在真实的教育情境中理解教育理论，用理论分析教育现象，从实践场域中提炼教育问题，以学习者、实践者、研究者的身份进行深入的思考的途径。

(三)地理科学师范生本硕一体化的国际化实践路径

积极利用浙江省教育厅、宁波大学的本科生出国访学、交换相关政策，鼓励本专业学生进入法国昂热大学地理学系访学，参加当地中学教育研习与实习环节。此外，学校正在积极探索利用远程教学、野外实习慕课课程、搭建远程教学见习平台，以及结合当前在职中小学教师培训项目开展“教研培一体化”案例库积累，拓展宁波大学地理科学师范生本硕一体化的国际化实践路径。

野外实习慕课重点围绕项目教学目标、活动设计、作业评估、管理团队等方面进行教学实习建设，甚至预计在 2020 年左右建设海外(法国或法属领地)实习基地，进一步提升海外实习对于师范生培养具有全球视野、本土思维和全球胜任力的行业精英的独特价值。

搭建远程教学见习平台，主要利用现代信息技术手段构建远程教学见习系统，在大学校园里即可观摩中小学课堂教学，通过网上教育教学实践资源库，让师范生随时可以获取教学视频资源，开展教育见习；利用教育实习管理系统，可将分散在不同实践基地的实习生、实习指导教师等紧密地联系起来，使师范生在更大范围内获取见习资源，得到更多的实践知识，获得更好的职业指导。

第七章　地理科学专业师范生创新创业竞赛引导

创新创业竞赛是指本科生个人或团队，在大学教师指导下，自主完成创新性研究项目设计、研究条件准备和项目实施、研究报告撰写、成果（学术）交流等工作，并以此参与评比的过程。2005 年以来，中国自上而下地组织了多个类别的国家级创新创业竞赛项目，如“挑战杯”全国大学生课外学术科技作品竞赛、“挑战杯”中国大学生创业计划竞赛、中国“互联网＋”大学生创新创业大赛、全国师范院校师范生教学技能竞赛、国家级大学生创新创业训练计划等。

第一节　国家、省、市、学校开展的相关创新创业活动与师范生参与性

随着经济的发展和时代的进步，社会对高校培养的人才提出了更高的要求。《国务院办公厅关于深化高等学校创新创业教育改革的实施意见》（国办发〔2015〕36 号）指出，深化高等学校创新创业教育改革，是国家实施创新驱动发展战略、促进经济提质增效升级的迫切需要，是推进高等教育综合改革、促进高校毕业生更高质量创业就业的重要举措。由此可见，创新创业教育对整个国家和社会都具有重要意义，在高校广泛开展创新创业教育已经成为一种不可逆转的趋势。

鉴于创新创业教育是国家立足长远发展、主动参与国际竞争、提高人才培养质量的重大战略部署，是当前高等教育推进综合改革的一项紧迫任务①，国家、各省市和各大高校都相继开展了相关的创新创业活动，旨在提升大学生自身的竞争力、高校的竞争力以及国家的竞争力。

一、国家级创新创业活动与师范生参与性

教育部、中国科协、共青团中央等单位主办的国家级大学生创新创业相关竞赛见表 7-1-1-1，此类竞赛如雨后春笋般涌现，吸引了广大高校学生共同参与，展示了全体中华学子的创新风采，促进了一大批优秀青年人才脱颖而出。这些国家级大

① 余昌海. 深化高等学校创新创业教育改革的思考[J]. 教育教学论坛，2017(20)：125-126.

学生创新创业竞赛主要分为学科竞赛类、科技创新类、创业商业类等竞赛类别，一般采取高校、省（自治区、直辖市）和全国三级赛制，分预赛、复赛、决赛三个赛段进行，少数竞赛只设初赛和决赛两个赛段。国家级大学生创新创业竞赛部分面向全体大学生，部分只针对相应专业的大学生，其中全国师范院校师范生教学技能竞赛是专门为高校师范专业学生设置的竞赛，具有师范专业的特殊性和针对性，师范生参与度非常高。此外，各行业协会或学科性学会也组织了相关竞赛，如中国高校地理学科展示大赛、高校地理师范生教学技能大赛等。

表 7-1-1-1　国家级大学生创新创业相关竞赛

竞赛名称	主办单位
“挑战杯”全国大学生课外学术科技作品竞赛	共青团中央、中国科协、教育部、全国学联等
“挑战杯”中国大学生创业计划竞赛	共青团中央、中国科协、教育部、全国学联等
中国“互联网＋”大学生创新创业大赛	教育部、中央网络安全和信息化领导小组办公室等
全国师范院校师范生教学技能竞赛	全国地方高等师范院校教务处长联席会议
国家级大学生创新创业训练计划	教育部高等教育司
全国大学生智能汽车竞赛	高等学校自动化类专业教育指导委员会
全国大学生信息安全竞赛	教育部高等学校信息安全专业教学指导委员会
全国大学生电子设计竞赛	教育部高等教育司
全国大学生生命科学联赛	高等学校生物科学类专业教学指导委员会、高等学校国家级实验教学示范中心联席会
全国大学生英语竞赛	教育部高等学校大学外语教学指导委员会、高等学校大学外语教学研究会
中国大学生物理学术竞赛	中国大学生物理学术竞赛组委会
全国大学生化学实验邀请赛	教育部高等学校化学教育研究中心
全国大学生高分子材料创新创业大赛	中国石油和化学工业联合会、中国化工教育协会
全国大学生数学竞赛	中国数学会
中国大学生计算机设计大赛	教育部高等学校计算机科学与技术教学指导委员会、教育部高等学校计算机基础课程教学指导委员会等
全国大学生数学建模大赛	教育部高等教育司、中国工业与应用数学学会
全国大学生结构设计大赛	高等学校土木工程学科专业指导委员会、中国土木工程学会
全国大学生力学竞赛	教育部高等学校力学教学指导委员会力学基础课程教学指导分委员会、中国力学学会、周培源基金会
全国大学生广告艺术大赛	教育部高等教育司、教育部高等学校新闻传播学类专业教学指导委员会等
全国大学生建筑设计方案竞赛	中国建筑学会
中国 MEMS 传感器应用大赛	全球华人微纳米分子系统学会
全国大学生软件创新大赛	中国科协、教育部、全国学联等
全国大学生物流设计大赛	教育部高等学校物流类专业教学指导委员会

续表

竞赛名称	主办单位
全国大学生交通科技大赛	教育部高等学校交通运输与工程学科教学指导委员会交通工程教学指导分委员会
全国大学生机械创新设计大赛	教育部高等学校机械学科教学指导委员会
中国大学生机器人电视大赛	中央电视台
全国大学生电子商务“创新、创意及创业”挑战赛	教育部高等学校电子商务专业教学指导委员会
……	……

二、浙江省创新创业活动与师范生参与性

浙江省每年举办丰富的大学生创新创业活动(http://www.zjcontest.net/),并通过活动切实提高学生的创新精神、创业意识和创新创业能力,促进省内高校大学生相互交流与学习。浙江省开展的大学生创新创业活动,除了国家级大学生创新创业相关竞赛的国赛选拔赛即三级赛制中的省市复赛外,还包括以下由浙江省教育厅、浙江省大学生科技竞赛委员会等单位创办并主办的省级大学生创新创业相关竞赛(见表 7-1-2-1)。以上竞赛一般采用校级选拔赛和全省决赛两个阶段进行。其中,浙江省高等学校师范生教学技能竞赛是专为师范生举办的以更好地交流各校师范生培养经验,促进师范生教学能力的提升,培养一批具有高尚师德、先进教学理念、扎实教学技能的优秀教师后备力量为目的的竞赛,各高校师范生都相当重视教学技能竞赛,并能积极参与,认真对待。

表 7-1-2-1 浙江省大学生创新创业相关竞赛

竞赛名称	主办单位
浙江省大学生程序设计竞赛	浙江省大学生科技竞赛委员会
浙江省大学生化工设计竞赛	浙江省大学生科技竞赛委员会
浙江省大学生工程综合能力竞赛	浙江省大学生科技竞赛委员会
浙江省大学生机器人竞赛	浙江省大学生科技竞赛委员会
浙江省大学生机械设计竞赛	浙江省教育厅
浙江省大学生服务外包创新应用竞赛	浙江省教育厅
浙江省大学生化学竞赛	浙江省高校化学类及化工制药类专业教学指导委员会、浙江省化学会
浙江省大学生物理科技创新竞赛	浙江省大学生科技创新竞赛委员会、浙江省高等学校物理学类专业教学指导委员会、浙江省物理学会
浙江省大学生多媒体作品设计竞赛	浙江省教育厅
浙江省高等学校师范生教学技能竞赛	浙江省大学生科技竞赛委员会
浙江省大学生经济管理案例竞赛	浙江省教育厅
浙江省大学生统计调查方案设计竞赛	浙江省教育厅

续表

竞赛名称	主办单位
浙江省大学生法律职业能力竞赛	浙江省教育厅、浙江省大学生科技竞赛委员会
浙江省大学生工业设计竞赛	浙江省教育厅、浙江省经济和信息化委员会
浙江省大学生护理竞赛	浙江省教育厅
浙江省大学生财会信息化竞赛	浙江省大学生科技竞赛委员会
浙江省大学生医学竞赛	浙江省教育厅
浙江省大学生力学竞赛	浙江省教育厅
浙江省大学生职业生涯规划与创业大赛	浙江省教育厅
浙江省大学生摄影竞赛	浙江省大学生科技竞赛委员会
浙江省大学生汉语口语竞赛	浙江省大学生科技竞赛委员会、省语委办
浙江省大学生证券投资竞赛	浙江省教育厅、浙江省大学生科技竞赛委员会
浙江省大学生企业经营沙盘模拟竞赛	浙江省大学生科技竞赛委员会
浙江省大学生科技创新活动计划(新苗人才计划)	浙江省教育厅、浙江省科技厅、共青团浙江省委等

资料来源:浙江省大学生科技竞赛网 http://www.zjcontest.net。

三、宁波大学创新创业活动与师范生参与性

宁波大学为落实《国务院办公厅关于深化高等学校创新创业教育改革的实施意见》(国办发〔2015〕36 号)文件的精神,采取了一系列有力措施,组织了数十项大学生创新创业活动见表 7-1-3-1。这些活动不仅包括国家级、省级大学生创新创业相关竞赛的高校预赛,还有宁波大学自主创办的校级大学生创新创业活动。可以看出:(1)宁波大学的大学生创新创业相关活动与国家级、省级大学生创新创业相关竞赛相衔接,为国赛和省赛选拔并输送了一大批优秀人才。(2)宁波大学的大学生创新创业相关活动彰显了学科特色、地域特色。例如大学生机械设计竞赛、大学生结构设计竞赛、德语专业大学生辩论赛就专门有机械专业、土木工程专业、德语专业的学生踊跃参加;而宁波大学地处宁波这个港口城市,海运学院与海洋学院中的相关专业都是宁波大学的特色专业,因此,海员技能大比武、海洋航行器设计与制作大赛更是同时彰显了宁波大学的学科特色和地域特色;大学生科技创新(SRIP)新疆生专项项目则是针对宁波大学的生源构成,为学校的新疆生特地设置的 SRIP 项目。(3)宁波大学自主创办的校级大学生创新创业活动中针对师范生的比赛占了较大比例,在宁波大学师范生教学技能竞赛暨浙江省高等学校范生教学技能竞赛选拔赛之外,还举办了宁波大学师范生经典诗文诵读大赛和师范生三笔字大赛,可见宁波大学对师范专业的重视以及对师范生基本素质和专业能力的培养。其中,师范生教学技能竞赛要求所有师范专业的大三学生必须参加,并且做到人人过关;师范生经典诗文诵读大赛也要求所有师范专业的大三学生必须参加,

其他师范生自愿报名参加；而师范生三笔字大赛则要求所有师范类专业的大二学生必须参加，师范类专业的大三、大四学生自愿报名参加。

表 7-1-3-1 宁波大学大学生创新创业相关活动

活动名称	活动性质
宁波大学大学生数学建模竞赛	国赛选拔赛
宁波大学大学生结构设计竞赛	国赛选拔赛
宁波大学大学生电子商务竞赛	国赛选拔赛
宁波大学大学生英语演讲竞赛	国赛选拔赛
宁波大学大学生英语写作竞赛	国赛选拔赛
宁波大学大学生计算机设计大赛	国赛选拔赛
宁波大学大学生基础力学实验竞赛	国赛选拔赛
宁波大学大学生物流设计大赛	国赛选拔赛
宁波大学海员技能大比武	国赛选拔赛
宁波大学德语专业大学生辩论赛	国赛选拔赛
宁波大学海洋航行器设计与制作大赛	国赛选拔赛
宁波大学大学生程序设计竞赛	省赛选拔赛
宁波大学大学生机械设计竞赛	省赛选拔赛
宁波大学大学生财会信息化竞赛	省赛选拔赛
宁波大学大学生医学竞赛	省赛选拔赛
宁波大学大学生汉语口语竞赛	省赛选拔赛
宁波大学大学生工业设计竞赛	省赛选拔赛
宁波大学大学生化工设计竞赛	省赛选拔赛
宁波大学大学生服务外包创新应用竞赛	省赛选拔赛
宁波大学大学生企业经营沙盘模拟竞赛	省赛选拔赛
宁波大学大学生证券投资竞赛	省赛选拔赛
宁波大学大学生化学竞赛	省赛选拔赛
宁波大学师范生教学技能竞赛	省赛选拔赛
宁波大学大学生科技创新(SRIP)项目	校级项目
宁波大学大学生科技创新(SRIP)新疆生专项项目	校级项目
宁波大学科技创新类(SRIP)发展性资助项目	校级项目
宁波大学师范生经典诗文诵读大赛	校级决赛
宁波大学师范生三笔字大赛	校级决赛

四、地方综合性大学适宜师范类学生的创新创业竞赛领域

地方综合性大学师范类学生在参与国家、省级各类创新创业竞赛活动中，主要选题领域应包括但不限于：

(1)国际教师教育研究：主要包括英国、俄罗斯、日本等国及港澳台地区的教师

教育改革研究。

(2)免费师范生综合素养提升的理论与实践研究:主要包括免费师范生创新实验能力研究、创新能力培养研究、人文素养提升与研究、演讲能力提升与研究、三笔字能力提升与研究、领导力培养提升与研究、师范生职业理想信念研究及免费师范生教师资格证问题研究。

(3)基础教育学校校长管理素质培养与提升研究:主要包括幼儿园园长及中小学校长的管理素质培养与提升问题研究。

(4)教师教育机制体制改革研究及其他教师教育相关领域的重点及热点问题。

(5)教师教育教材建设。

(6)中华传统文化教育研究。

(7)海洋教育研究。

五、学生创新创业竞赛过程教师指导与学生的角色

根据《教育部财政部关于“十二五”期间实施“高等学校本科教学质量与教学改革工程”的意见》(教高〔2011〕6 号)精神,以及《教育部关于批准实施“十二五”期间“高等学校本科教学质量与教学改革工程”2012 年建设项目的通知》(教高函〔2012〕2 号)和《教育部关于做好“本科教学工程”国家级大学生创新创业训练计划实施工作的通知》(教高函〔2012〕5 号)要求,国家大学生创新创业训练计划(以下简称“计划”)是高等学校本科教学质量与教学改革工程的重要组成部分,旨在通过实施计划,促进高等学校转变教育思想观念,改革人才培养模式,强化创新创业能力训练,增强大学生的创新能力和在创新基础上的创业能力,培养适应创新型国家建设需要的高水平创新人才。计划内容包括创新训练项目、创业训练项目和创业实践项目三类。

在该类创新创业竞赛项目的申报与实施过程中,学生与教师的角色如下:(1)创新训练项目是本科生个人或团队,在大学教师指导下,自主完成创新性研究项目设计、研究条件准备和项目实施、研究报告撰写、成果(学术)交流等工作。(2)创业训练项目是本科生团队,在导师指导下,团队中每个学生在项目实施过程中扮演一个或多个具体的角色,完成编制商业计划书、开展可行性研究、模拟企业运行、参加企业实践、撰写创业报告等工作。(3)创业实践项目是学生团队,在学校导师和企业导师共同指导下,采用前期创新训练项目(或创新性实验)的成果,提出一项具有市场前景的创新性产品或者服务,以此为基础开展创业实践活动。

第二节　宁波大学地理科学专业师范生的创新创业竞赛成果与反思

一、宁波大学地理科学师范生近年参与的创新创业竞赛成果

在学院领导下地理与空间信息技术系积极组织学生报名参加学校SRIP、浙江省新苗计划、浙江省挑战杯选拔赛、浙江省师范生技能大赛及其选拔赛等相关学科竞赛。

（一）第十二届“挑战杯”大学生课外科技作品竞赛

2011年11月，由共青团中央、中国科协、教育部、全国学联和辽宁省政府共同主办第十二届“挑战杯”大学生课外科技作品竞赛中，宁波大学建筑工程与环境学院城市科学系教授张殿发老师指导林雄斌、王建庆、徐谅慧、徐丽丽、颜子斌、邵晓婷同学完成的作品《农家乐休闲旅游业健康发展的思路和对策——以宁波市为例》获得“世园会”参加“挑战杯”西安“世园会”专项竞赛项目，获得专项竞赛三等奖。

据悉，本届“挑战杯”共有1935所高校在网站报备作品，共报备作品16976件。其中入围国赛的作品近1400件，获奖作品1115件，比赛设特等奖、一等奖、二等奖、三等奖等奖项。各等次奖分别约占进入终审决赛各类作品总数的3%、8%、24%和65%。

（二）浙江省高校学校第十届、十一届师范生教学技能竞赛

地理科学专业学生积极参加浙江省师范生教学技能大赛、大学生汉语口语大赛等。2016—2017年度，王梦梦同学获得浙江省第十届师范生教学技能大赛优胜奖（图7-2-1-1）；胡迪、徐晨基两名同学获得浙江省大学生汉语口语大赛三等奖；胡迪、齐秀堃两名同学分获宁波大学师范生技能大赛一等奖和二等奖，胡迪同学在2017年11月26日代表宁波大学参加浙江省第十一届师范生技能大赛获得综合一组二等奖，指导教师为宁波大学地理与空间信息技术系外聘兼职教授，工作于宁波第四中学的骆海军高级教师（图7-2-1-2）。

（三）中国地理学会大学生主题辩论赛

2017年10月22日，第十六次全国青年地理工作者学术研讨会地理类专业学生主题辩论赛在安徽师范大学隆重举行，本次辩论赛的主题为“回归地理学”。来自北京师范大学、华东师范大学、西北大学、中山大学、安徽师范大学、宁波大学等高校的22支队伍参加了本次比赛。由宁波大学昂热大学联合学院暨中欧旅游与文化学院地理与空间信息技术系地理科学（师范）专业2015级朱琪钰、2016级陆心怡和2017级张柯琴三位同学组成的宁波大学代表队获得本次辩论赛的自然地理学组季军（图7-2-1-3）。

图 7-2-1-1 王梦梦同学在浙江师范大学参加浙江省高等学校第十届师范生教学技能竞赛(2016 年 12 月 23 日于金华)

图 7-2-1-2 胡迪同学在浙江师范大学参加浙江省高等学校第十一届师范生教学技能竞赛

中国地理学会

奖励证书

宁波大学辩论队：

在第十六次全国青年地理工作者学术会议主题辩论赛中，表现优秀，荣获

自然地理组 季军

特颁此证。

中国地理学会

2017年10月

图 7-2-1-3 2017 年全国地理学专业学生主题辩论赛(安徽芜湖)

宁波大学地理与空间信息技术系高度重视本次比赛，于 2017 年 7 月底专门组建由地理与空间信息技术系徐皓副主任、高超教授、孙艳伟博士等专业教师组成的指导团队，积极组织地理类专业学生的参赛选拔工作。参赛选手通过查阅文献与教师辅导相结合的方式，强化对学科前沿问题的认识。学院还专门邀请专家对辩论技巧进行了辅导。

比赛中，宁波大学代表队击败华南师范大学代表队闯入半决赛，以微弱劣势惜败北京师范大学代表队。获得自然地理学组冠亚军的分别是北京师范大学代表队和华东师范大学代表队。本次比赛既体现了宁波大学地理科学（师范）专业学生扎实雄厚的专业知识与理论功底，良好的语言逻辑表达与思辨能力，同时也展现了宁大学学子自信、激昂、勇敢的精神风貌。据悉，除代表宁波大学参赛的3位选手外，宁波大学还专门在2017级人文地理与城乡规划（中法合作）专业和地理科学（师范）专业中选派8名优秀新生赴比赛现场观摩学习，备战下一届辩论赛。

二、宁波大学地理科学师范生近年参与创新创业的科研与论文

在学院领导下地理与空间信息技术系积极组织学生报名参加学校各类创新创业选拔赛和学科竞赛，地理科学专业师范生的兴趣和班级参加专业学科竞赛的氛围日益趋好。地理科学专业学生主持宁波大学SRIP项目，年均5项左右，近年发表科研论文年均3篇左右。

地理科学专业2010级学生汪玉君、吴燕妮主持SRIP项目一项，发表科研论文2篇：《全域规划视角城市轨道交通与其他交通方式衔接研究进展》（《云南地理环境研究》2013年第4期）；《轨道交通与其他交通衔接方式优化研究》（《测绘与空间地理信息》2014年第12期）。

地理科学专业2011级学生朱利国主持SRIP项目一项，发表科研论文《中国沿海省份海洋产业集聚态势演进研究》（《浙江农业科学》2015年第2期）。

地理科学专业2012级学生蔡克伦主持SRIP项目一项，发表科研论文《中国沿海省市海洋科技水平差异演化研究》（《港口经济》2015年第5期）。

地理科学专业2013级王盛曌同学持宁波大学SRIP重点项目“永久基本农田划定社会稳定风险研究——以象山县为例”；2013级王梦梦同学主持宁波大学SRIP一般项目“浙江海洋人文景观保护性利用模式及其对地方性影响——基于宁波、舟山的调查”等。

地理科学专业2014级王佳同学主持宁波大学SRIP重点项目“长江冲淡水对宁波近海近百年富营养化的影响”。2014级张晓微同学主持宁波大学SRIP一般项目“宁波遗址时空分布规律与古地理环境演变探讨”，2014级齐秀堃同学主持宁波大学SRIP一般项目“宁绍平原早—中全新世的海平面变化研究——基于沉积物硅藻记录”。

地理科学专业2015级蔡晨辰同学主持浙江省大学生科研创新重点项目“硅藻群落对宁波市近岸海域水体富营养化的响应机制研究”；2015级严敏志同学主持宁波大学SRIP一般项目“东南亚热带雨林植物植硅体形态分析及其在古地理研究中的应用”，2015级田一均同学主持宁波大学SRIP一般项目“海岸带土地资源发展潜力评价——以宁波象山港区域为例”，2015级朱琪钰同学主持宁波大学

SRIP 一般项目“面向全国的高校学生学号编码创新研究”。

2016—2017 年度，地理科学专业学生在老师指导下发表科研论文 5 篇：

王梦梦，《港湾利用与象山开洋节文化变迁》，《改革与开放》2016 年第 19 期；

杜珍珍，《浙江洞头海洋地貌特征及其旅游利用优化研究》，《改革与开放》2016 年第 23 期；

朱宇婕，《宁波市海岸带景观格局变化研究》，《上海国土资源》2017 年第 2 期；

冯陈晨，《甬台温地区城镇用地扩展时空分布研究》，《上海国土资源》2017 年第 3 期；

齐秀堃，《近几十年来中国北方极端气候对比研究》，《自然科学》2017 年第 1 期。

三、提高地理科学师范生参与创新创业竞赛的积极性与策略

重视师范生专业素质与教学技能训练，课堂教学与实践教学并重，加强教育实习，组织教学比赛，提升人才培养质量。通过参赛，增强了兄弟院校之间的交流和沟通，对提升师范生教学技能和专业素养及不同地区高校交流师范生培养经验等都有着重要意义。宁波大学地理与空间信息技术系围绕师范生教学技能竞赛，先后邀请中学一线高级教师张红、柳共和、郑宇醒、骆海军、康同杰等指导相关年级的学生如何备好课、如何说课、如何讲好课等。为适应新形势下的教学改革，加强地理科学专业师范生的基本功训练，提升教学技能，展示教师风采，每级地理科学专业师范生都会结合校级选拔赛，开展地理师范生教学技能大赛，一般历时 45 天至 2 个月，并邀请校内外评审专家从教学目标、教学内容、教学方法、教学技能、教学课件、板书板画、教学仪态、教学效果共八个方面对选手进行了综合考核。各参赛选手讲课材料准备充分，课堂教学目的明确，教学思路清晰，教学过程设计合理，语言表达准确精练，教学方法独特新颖。选手流畅的讲解，简洁精致的课件，优美的板书，端庄大方、挥洒自如的仪态，展现了较强的教学技能和教师风采。

但是，除师范生教学技能竞赛外，大学师范专业学生应积极参与其他类型创新创业竞赛活动，以提升自己的综合素质和能力。为此，可从学生创业意愿、课程与教学体系、培训师资、多样化专业综合实践等方面着手。

(一)营造氛围以培养师范生创新创业意识

将学校相关政策落实到课程教学、师资队伍完善、教材开发或平台建设等基础工作中去，激发学生的创新创业意识。首先，鼓励师范生认识到在终身教育的框架下，创新创业教育有助于推动学生深入社会及生活实践，培育其创新精神、创业意识、职业技能和匠心精神；其次，立足于校园文化和专业综合实习，营造创新创业教育氛围。既可以利用“互联网＋”平台、媒体等形式，加大宣传力度，传播创新创业资讯；也可以多举办相关竞赛、论坛、讲座活动，普及知识，提升学生对这种教育的

育人特征及功能的认知。

(二)完善课程与教学体系奠定创新创业基础

课程类型上，开展“实践导向”课程，同时要促进创新创业教育与专业教育的融合，在专业课程中融入创新创业理论。例如自然地理要素观测实验、城乡规划设计类课程，既可以专门开设，也可以在专业课教学中利用一部分课时或者课外作业，结合本专业对学生进行创意设计锻炼。课程形式上，以专业选修课撬动3S技术、大数据、“互联网＋”背景和地理科学的野外立体观测特点，激发学生创新创业的专业兴趣。教学方法上，变传统教学方法为体验式教学法，同时结合相关案例和讨论，开展合作式学习，提高学生课程学习的积极性与参与度。

(三)组建专业与学工相结合的师资提高指导效率

创新创业竞赛需要“双师型”教师，当前高校师资队伍中，学工队伍熟悉竞赛规则缺乏学科创意，学科教师缺乏竞赛研判与充裕监督时间，为此，可以将两者有机结合，为学生做专题讲座或授课，指导大学生参与创新创业项目，打造专兼结合的教师队伍。

(四)开展多种活动以丰富创新创业实践

创新创业教育不能仅限于课堂，应开展丰富多彩的实践活动，一方面可以结合学生创业意愿的需求，为其提供大显身手、施展才华的舞台，另一方面也可以以专业教学与专业野外实习为平台，鼓励其他学生积极参与创新创业实践。(1)地理学野外实习和教育见习实习研习中，组织学生进行创新创业调研；(2)以观摩学校组织的各类竞赛营造氛围，鼓励学生积极投身于创新创业活动；(3)通过邀请校内外知名学者、专家、校友、成功的创业人士开办讲座及论坛，深化学生对创新创业的认识。

第八章　浙江高考地理科改革的地理科学师范生教育实践响应

高考改革是教育体制改革中的重点领域和关键环节，全社会极其关注。党的十八届三中全会通过了《中共中央关于全面深化改革若干重大问题的决定》，对这项改革做出了全面、系统、明确的部署。浙江和上海市在全国率先推出高考改革方案，浙江省在课程深化改革和高考制度改革方面走在全国教育改革前沿。浙江省实行统一高考和高中学业水平考试相结合，考生自主确定选考科目，高校确定专业选考科目及其他选拔条件要求，综合评价，择优录取。试点方案规定的各项改革内容和要求，将从 2014 年秋季入学的高中学生开始，分年逐步实施。2014 年启动职业技能考试，先实施 9 类，再在 3 年内展开至 17 类。2015 年 10 月开始实施选考科目多次考试。2016 年 10 月开始实施外语科目多次考试。2017 年开始全面实施高校考试招生制度综合改革。本章围绕浙江省高考文综试卷地理试题和浙江省学考地理科试题的统计、抽样，分析高考与学考对地理知识、地理技能、地理思维的相关要求，进而针对性剖析当前大学地理科学专业师范生培养过程的改进着力点。

第一节　浙江省 2012—2016 年高考地理试题综合分析

一、绪论

高考作为教育评价的重要手段之一，除了可以选拔出综合素质较好的学生继续进入大学深造之外，其对中学基础知识的教学也有比较强的指导作用。而地理学科作为跨越“人文与社会”“科学”两个领域的综合学科而深受学生们的欢迎，特别是现在随着浙江“7 选 3”新高考模式的推行，选报地理的学生人数相较于以往文理分科时多了许多。分析地理高考试题对中学地理学科的教学有重要意义，也会影响学生对于地理学科的学习。

本节运用图表统计等方法分析 2012—2016 年浙江高考文综卷地理部分试题，围绕它们的题型和分值、地理知识点、地理要素知识的综合运用能力、图表数量等方面分析，总结出近 5 年来浙江省地理高考卷的特点，继而提出中学地理教学方式改革，地理技能培养和地理主干知识的掌握运用等方面的教学参考。本节一方面有利于教师更好地完善中学地理教学，从而有利于学生在学习时可以更加明确地把握重点，有目的地加强自身的地理思维能力，从而可以使自己逐步积累起来的地理知识在生活和高考中充分体现出来；另一方面也是对老高考模式的地理试题特点的总结，希望能够为新高考研究者和大学地理科学专业师范生培养提供可参考对比的资料。

文献梳理发现我国对论述高考地理试题研究的硕博论文相对较多，国外对我国地理高考试题研究很少。根据研究主题大致分为：(1)针对某地某年高考试题综合分析；(2)某几年高考试题纵向对比分析；(3)对地理试题中某一个专题进行分析，如对地理试题中地理图表的统计；(4)分析比较高考试题和课程标准是否一致等。但是这些研究中以浙江地理高考卷为例的较少，尤其是对近几年试题综合分析比较的十分鲜见。

二、浙江 2012—2016 年高考地理试题分析统计

(一)地理试题题型与分值统计

浙江省地理高考试题与历史、政治两门学科的高考试题一起组成浙江高考文综卷。2012—2016 年高考文综试题和往常一样都由客观题和主观题两大类组成，试题的题型和分值也延续往年的试题形式和分值分配。地理学科部分选择题部分为 11 小题(1—11 题)，总计 44 分；主观题部分有两大题(36、37 题)共计 56 分，地理部分，总分为 100 分。

地理试题中，选择题一般多以题组的形式出现，2012 年 5 组，2013 年较少为 3 组，2014 年、2015 年都为 5 组，2016 年 4 组。主观题部分两个大题一般都为 6 个小题，2014 年有 7 个小题。由此可看出 5 年来浙江省高考文综卷中地理试题的题号、题型以及赋分情况都基本上处于稳定状态，变化幅度较小(见表 8-1-2-1)。

表 8-1-2-1 浙江省 2012—2016 年地理高考试题题号、题型及分值统计表

年份	选择题			主观题		
	题目数	题组数	对应分值	题目数(小题)	题号	对应分值
2012 年	11	5	44	2(6)	36/37	30/26
2013 年	11	3	44	2(6)	36/37	30/26
2014 年	11	5	44	2(7)	36/37	26/30
2015 年	11	5	44	2(6)	36/37	30/26
2016 年	11	4	44	2(6)	36/37	30/26

(二)地理试题考查知识点统计

依据《普通高中地理课程标准(实验)》以及浙江省《考试说明》，为充分体现高校选拔人才的功能，也顺应中学地理新课改的方向，符合国家考试的要求，浙江高

考地理试题考查知识包括必修部分和选修部分，必修模块教材为《必修Ⅰ》(自然地理)、《必修Ⅱ》(人文地理)和《必修Ⅲ》(区域地理)三部分，选修模块有《旅游地理》等教材。因为地理学科的综合性特征，要将考核知识划分出具体范畴存在一定的困难，甚至是不现实的。根据涉及的知识范围将考核的内容划分为自然地理知识和人文地理知识两类。

以下5个表格是对这五年浙江高考地理试题的知识考核内容的统计(表8-1-2-2、表8-1-2-3、表8-1-2-4、表8-1-2-5、表8-1-2-6)。

浙江2012年高考地理试题知识考核内容统计如表8-1-2-2。

表8-1-2-2 浙江2012年高考地理试题知识考核内容统计

<table>
<tr><th>分类</th><th>题型</th><th>题号</th><th colspan="2">分值</th><th>知识点</th><th>教材位置</th></tr>
<tr><td rowspan="9">自然地理</td><td rowspan="6">选择题</td><td>2</td><td>4</td><td rowspan="9">48</td><td>经纬度位置以及气候类型的判断</td><td>《必修Ⅰ》第一、二章</td></tr>
<tr><td>3</td><td>4</td><td>地表形态</td><td>《必修Ⅰ》第二章</td></tr>
<tr><td>4</td><td>4</td><td>地壳物质循环，岩石类型的特征</td><td>《必修Ⅰ》第二章</td></tr>
<tr><td>5</td><td>4</td><td>洪涝灾害的成因分析</td><td>《必修Ⅰ》第四章</td></tr>
<tr><td>7</td><td>4</td><td>自然环境的分异规律</td><td>《必修Ⅰ》第三章</td></tr>
<tr><td>11</td><td>4</td><td>地球运动，正午太阳高度的计算</td><td>《必修Ⅰ》第一章</td></tr>
<tr><td rowspan="3">非选择题</td><td>36(1)</td><td>4</td><td>澳大利亚自然资源的分布</td><td>《必修Ⅲ》</td></tr>
<tr><td>36(2)</td><td>10</td><td>气候类型的判读、描述以及成因分析</td><td>《必修Ⅰ》第二章</td></tr>
<tr><td>36(3)</td><td>10</td><td>比较两地水资源的异同点</td><td>《必修Ⅰ》第二章</td></tr>
<tr><td rowspan="9">人文地理</td><td rowspan="5">选择题</td><td>1</td><td>4</td><td rowspan="9">52</td><td>生态环境保护</td><td>《必修Ⅱ》第四章</td></tr>
<tr><td>6</td><td>4</td><td>产业区位条件分析</td><td>《必修Ⅱ》第三章</td></tr>
<tr><td>8</td><td>4</td><td>区域能源的开发</td><td>《必修Ⅲ》</td></tr>
<tr><td>9</td><td>4</td><td>城市化过程与特点</td><td>《必修Ⅱ》第二章</td></tr>
<tr><td>10</td><td>4</td><td>人口迁移的原因</td><td>《必修Ⅱ》第一章</td></tr>
<tr><td rowspan="4">非选择题</td><td>36(1)</td><td>6</td><td>区位条件分析</td><td>《必修Ⅱ》第三章</td></tr>
<tr><td>37(1)</td><td>6</td><td>胜利油田在渤海的开采</td><td>《必修Ⅲ》第二章</td></tr>
<tr><td>37(2)</td><td>10</td><td>产业转移的原因分析</td><td>《必修Ⅱ》第三章</td></tr>
<tr><td>37(3)</td><td>10</td><td>农业区位因素和可持续发展</td><td>《必修Ⅱ》第三章、《必修Ⅲ》第二章</td></tr>
</table>

浙江2013年高考地理试题知识考核内容统计如表8-1-2-3。

表 8-1-2-3 浙江 2013 年高考地理试题知识考核内容统计

分类	题型	题号	分值		知识点	教材位置
自然地理	选择题	1	4	50	对流层大气的受热过程	《必修Ⅰ》第二章
		4	4		洋流(意义)	《必修Ⅰ》第二章
		5	4		外力作用与地貌类型	《必修Ⅰ》第二章
		7	4		热力环流,影响降水的主要因素	《必修Ⅰ》第二章
		11	4		地球运动(晨昏线的判读)	《必修Ⅰ》第一章
		36(1)	4		农业的自然区位	《必修Ⅱ》第三章
	非选择题	36(2)	10		美国西部降水量空间分布特点、成因	《必修Ⅲ》第一章第 3 节 认识国家(美国)
		36(3)	10		气候(气温)存在差异的原因	《必修Ⅰ》第二章
		37(1)	4		影响大气质量的主要因素	《必修Ⅰ》第二章
人文地理	选择题	2	4	50	工业区位、人口流动	《必修Ⅱ》
		3	4			
		6	4		城市的土地利用	《必修Ⅱ》第二章
		8	4		文化的传承与生态的保护	《旅游地理》
		9	4		人口的自然增长	《必修Ⅱ》第一章
		10	4		人口增长模式	《必修Ⅱ》第一章
		36(1)	4		农业经济区位	《必修Ⅱ》第三章
	非选择题	37(1)	6		产业区位因素	《必修Ⅱ》第三章
		37(2)	8		舟山港口的区位因素	《必修Ⅱ》第三章
		37(3)	8		城市化	《必修Ⅱ》第二章

浙江 2014 年高考地理试题知识考核内容统计如表 8-1-2-4。

表 8-1-2-4 浙江 2014 年高考地理试题知识考核内容统计

分类	题型	题号	分值		知识点	教材位置
自然地理	选择题	4	4	42	自然带、自然景观的变化	《必修Ⅰ》第三章
		7	4		内外力作用	《必修Ⅰ》第二章
		9	4		气候类型的综合运用	《必修Ⅰ》第二章
		10	4		气候类型的判断	《必修Ⅰ》第二章
		11	4		地球运动	《必修Ⅰ》第一章
	非选择题	36(2)	4		洋流的分布及其对海洋污染的影响	《必修Ⅰ》第二章
		36(3)	6		围海造田有利的自然条件	《必修Ⅲ》第二章
		37(3)	12		准静止锋、两地气候差异比较	《必修Ⅰ》第二章

续表

分类	题型	题号	分值		知识点	教材位置
人文地理	选择题	3	4	58	铁路的优势	《必修Ⅱ》第三章
		5	4		人口	《必修Ⅱ》第一章
		6	4		区位因素分析	《必修Ⅱ》第三章
		8	4		土地利用	《必修Ⅱ》第二章
		1	4		资源跨区域调动带来的影响	《必修Ⅲ》第二章
		2	4			
		36(1)	10		区位条件分析	《必修Ⅱ》第三章
		36(2)	2		产业部门	《必修Ⅱ》第三章
	非选择题	36(4)	4		退耕还海的生态意义	《必修Ⅲ》第二章
		37(1)	6		旅游资源、丽江建筑保护面临的主要问题	《旅游地理》
		37(2)	12		支柱产业、区位条件	《必修Ⅱ》第三章

浙江2015年高考地理试题知识考核内容统计如表8-1-2-5。

表8-1-2-5 2015年浙江高考地理试题知识考核内容统计

分类	题型	题号	分值		知识点	教材位置
自然地理	选择题	2	4	48	地球运动、大气运动、河流水文、植被景观	《必修Ⅰ》第一章、第二章、第三章
		3	4		气候类型	《必修Ⅰ》第三章
		4	4		影响陆地景观的主要因素	《必修Ⅰ》第三章
		5	4		地质构造	《必修Ⅰ》第二章
		6	4		岩石特征和地貌之间的关系	《必修Ⅰ》第二章
		9	4		对流层大气的受热过程	《必修Ⅰ》第二章
	非选择题	10	4		对流层大气的受热过程	《必修Ⅰ》第二章
		11	4		地球运动	《必修Ⅰ》第一章
		36(1)	12		河流水位特征及成因	《必修Ⅲ(Ⅰ)》第二章
		37(1)	4		流域治理措施	《必修Ⅲ(Ⅰ)》第二章

续表

分类	题型	题号	分值		知识点	教材位置
人文地理	选择题	1	4	52	交通运输方式特点	《必修Ⅱ》第三章
		7	4		农业土地利用条件分析	《必修Ⅱ》第三章、《必修Ⅲ》第一章第3节认识国家(美国)
		8	4		农业规模经营	《必修Ⅱ》第三章、《必修Ⅲ》第一章第3节认识国家(美国)
	非选择题	36(2)	8		农业生产区位因素	《必修Ⅱ》第三章
		36(3)	10		林业和工业生产区位因素	《必修Ⅱ》第三章
		37(1)	4		流域治理措施	《必修Ⅲ》第二章
		37(2)	8		工业生产区位因素	《必修Ⅱ》第三章
		37(3)	10		工业转移与集聚	《必修Ⅱ》第三章

浙江2016年高考地理试题知识考核内容统计如表8-1-2-6。

表8-1-2-6　2016年浙江高考地理试题知识考核内容统计

分类	题型	题号	分值		知识点	教材位置
自然地理	选择题	1	4	60	全球气候变化、太阳辐射、洋流、植被	《必修Ⅰ》第四章、第二章
		2	4		地理信息技术	《必修Ⅲ》第三章
		5	4		地质构造	《必修Ⅰ》第二章
		6	4		外力作用	《必修Ⅰ》第二章
		9	4		水平气压梯度力	《必修Ⅰ》第二章
		10	4		锋面系统、半球判断	《必修Ⅰ》第二章、地图知识(经纬网)
		11	4		地球运动(区时计算)	《必修Ⅰ》第一章
	非选择题	36(1)	8		农业的自然区位	《必修Ⅱ》第三章
		36(2)	8		地理环境的差异性	《必修Ⅰ》第三章
		36(3)	8		河流水位特征的成因、季风	《必修Ⅰ》第二章
		37(1)	8		自然地理环境整体性、水能开发、自然灾害	《必修Ⅰ》第三章、第四章

续表

分类	题型	题号	分值		知识点	教材位置
人文地理	选择题	3	4	40	城市化过程与特点	《必修Ⅱ》
		4	4		城市化过程对地理环境的影响	《必修Ⅱ》第二章
		7	4		经济发展状况比较	《必修Ⅱ》第三章
		8	4		工业结构、工业转移、工业类型	《必修Ⅱ》第三章
	非选择题	36(1)	4		主要农作物的分布	《必修Ⅱ》第三章
		36(3)	2		水土流失	《必修Ⅲ》第二章
		37(1)	2		水利工程移民	《必修Ⅲ》第一章
		37(2)	8		工业生产区位因素	《必修Ⅱ》第三章
		37(3)	8		产业活动的地域联系	《必修Ⅱ》第三章

(三)对知识点统计的分析

进一步纵向对比分析，在表 8-1-2-2 至表 8-1-2-6 基础上整理出三方面特征。

(1)自然地理与人文地理所占比重。自然地理重在“理”，属于文科中的理科，对学生的逻辑思维、空间思维、计算能力和表达能力都提出了较高的要求。而人文地理知识对于学生而言，与自然地理相比，理解起来难度不大，它关注人类的一些活动，知识点覆盖比较全面，反映在试题上，试题变得比较灵活，对学生的知识迁移能力要求较高。由表 8-1-2-7 和图 8-1-2-1 可知，五年来浙江高考地理卷中在自然地理和人文地理知识点的分配上，人文地理知识要比自然地理知识比重稍大一些，但基本上差距不大，处于相对均衡的状态，其中 2016 年变化稍大，自然地理部分所占比重超过了人文地理，为 60%。此外也可以发现 11 道选择题中两者所占比例也非常相近，只 2015 年和 2016 年两年中主要以自然地理为主。而且进一步观察可以发现，人文地理知识的分值在主观题里的比重比在选择题里分值的比重大。

表 8-1-2-7　自然地理和人文地理分值统计

试卷年份	自然地理(选择题题数)	人文地理(选择题题数)
2012 年	48(6)	52(5)
2013 年	50(5)	50(6)
2014 年	42(5)	58(6)
2015 年	48(8)	52(3)
2016 年	60(7)	40(4)

(2)考核的知识点在教材中的分布。如表 8-1-2-8 和图 8-1-2-2 所示，地理试题的知识点基本上都分布在《必修Ⅰ》《必修Ⅱ》《必修Ⅲ》三本教材中，个别年份的卷子中也会有少量的选修模块中的知识点出现，但所占分值很小，如 2014 年高考卷

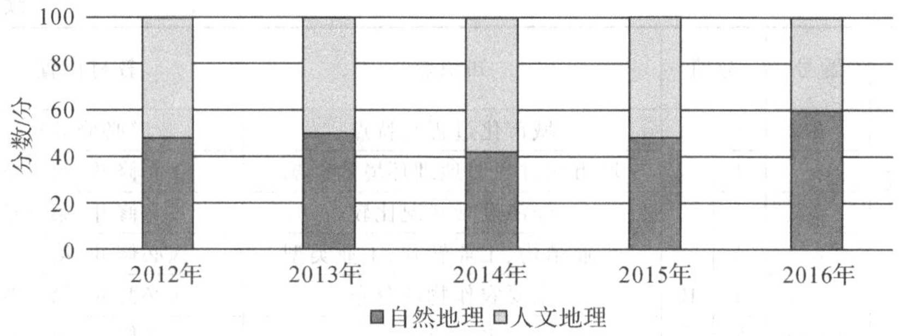

图 8-1-2-1 自然地理和人文地理分值统计

中 37 题的第一小题有关于丽江古城旅游业发展的分析，该知识点就来自选修教材《旅游地理》。而且考核的知识点在三本必修教材中的分布五年来基本上呈现出一个比较稳定的状态，变化不大。其中《必修Ⅰ》和《必修Ⅱ》的比重相近，《必修Ⅲ》中知识点所占比重相较于《必修Ⅰ》《必修Ⅱ》要小很多。

表 8-1-2-8 考核知识点在必修教材中的分布

试卷年份	必修Ⅰ	必修Ⅱ	必修Ⅲ	总计
2012 年	44	37	19	100
2013 年	34	52	10	96
2014 年	36	40	18	94
2015 年	32	44	24	100
2016 年	48	44	8	100

近五年地理考点分值统计如图 8-1-2-3，可以看出 5 年来浙江高考地理试题的考点分布覆盖范围较广，几乎是涉及了必修教材中的每一章节。同时也可以很明显地看到“生产活动与地域联系”是高考考点的热中之热，尤其是区位因素的分析，几乎在每一套试题中都可以看到它的身影，并且一般以综合题的形式出现，所以分值最高。由此可见，地理高考更加注重的是对学生地理综合分析能力的考查。此外，高考热点还有大气运动、区域可持续发展、认识地区、水循环和洋流、自然环境中的物质运动和能量传递、自然环境的整体性和差异性等。而对于这些知识的考查一般都不仅仅局限于识记知识点的水平，而都以理解运用为主。

表 8-1-2-9 是对这五份试卷中所涉及的具体知识点出现次数的统计，图 8-1-2-4 是对表 8-1-2-9 的图示。可知：(1)每份试卷的第十一题都是对地球运动的考查，比如正午太阳高度、区时的计算，晨昏线的判读等。地球运动这一知识点学生理解起来有一定难度，却是每年必考题，所以需要给予重视。(2)教材《必修Ⅱ》中的产业活动在试卷中出现的频率最高，主要考查的是根据某一具体区域分析其农业、工业

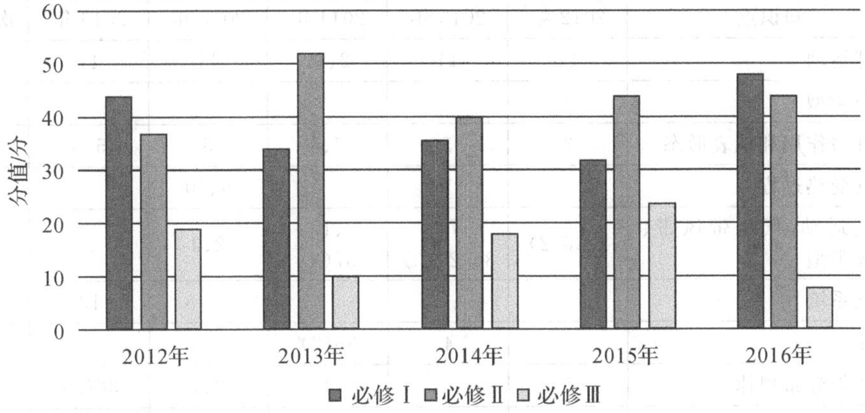

图 8-1-2-2 考核知识点在必修教材中的分布

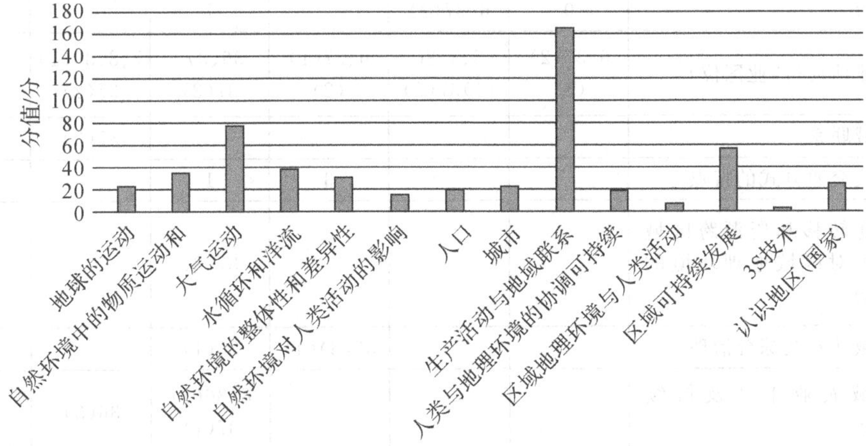

图 8-1-2-3 五年中考查的知识点分值统计

或者第三产业的区位条件，每份试卷中都多次涉及，并且由表 8-1-2-9 可以看到，产业区位分析是主观题的“宠儿”。(3)大气运动、气候类型这一知识点也是浙江卷的高频考点，尤其是对于气候类型的判断以及特点成因等分析。(4)其他考点，比如自然带的分布、人口增长、城市化、城市土地利用、区域农业以及区域资源开发等相关内容在浙江高考卷中出现得也比较频繁。当然其他知识点在这五份高考卷中虽然没有涉及，但并不是意味着以后不会考，表 8-1-2-9 和图 8-1-2-4 的分析只是统计出了相对来说比较频繁的考点。它的意义在于，考生在最后复习时间有限的情况下，可以根据自身情况，借助以上分析进行更加有针对性的复习，提高学习效率。

表 8-1-2-9　五年中考查的具体知识点统计

知识点	2012 年	2013 年	2014 年	2015 年	2016 年	次数
地球运动	11	11	2、11	11	11	6
岩石类型	4			6		2
内外力作用和地表形态	3	5	7、8	5	5、6	7
大气受热过程		1		9、10		3
大气运动、气压带风带、气候类型	2、36(2)	7、36(2)(3)	9、10、37(3)	2、3	9	11
天气系统					10	1
洋流		4	36(2)			2
自然带分布规律	7		4	2、4	36(2)	5
全球气候变化	1				1	2
自然灾害	5					1
人口	10	9、10	5		3、4	6
城市	9	6、37(3)		7		4
产业活动(产业区位)	6、37(2)(3)	2、3、36(1)37(2)	6、37(1)(2)	36(3)、37(2)	7、8、36(1)37(2)	16
地域联系					37(3)	1
现代交通方式的特点			3	1		2
产业转移和资源跨区域调配对区域地理环境的影响			1、2	37(3)		3
流域开发及综合治理			36(3)(4)	36(1)		3
区域农业生产及持续发展				8、36(2)37(1)	36(3)	4
区域能源、矿产资源的开发与区域可持续发展的关系	8、36(1)(3)、37(1)		36(1)		37(1)	6
地理信息技术的应用					2	1

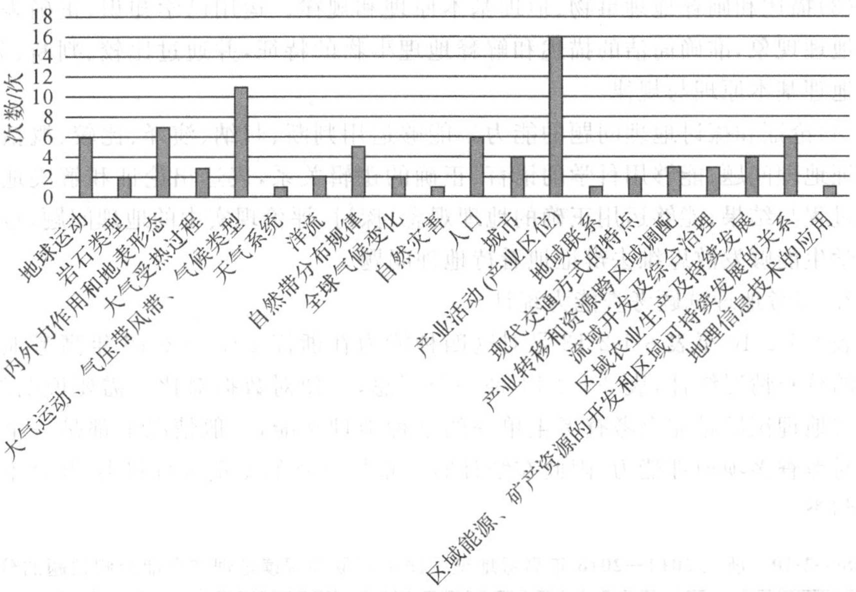

图 8-1-2-4　五年中知识点考查的次数统计

(四)浙江高考地理试题考查能力的统计

浙江 2016 年高考地理考试说明中明确指出，地理学科命题注重考查考生的地理学习能力和学科素养，即考生对所学相关课程基础知识、基础技能的掌握程度和综合运用所学知识分析、解决问题的能力。

1. 地理高考试题考查能力，聚焦在考生地理学习能力的考核内容

(1)获取和解读地理信息的能力。地理信息可分为文字资料和图表信息两大类。其中，文字资料是地理试题中最基本的呈现信息的方式，而图表信息则是最能反映地理学科特色的一种信息，图表中有着丰富的信息等着考生去挖掘，而它也是考生在获取信息中的重点和难点。

高考地理试题中的地理信息又可分为显性信息和隐性信息。显性信息就是题目中表明的明确的解题条件，比如像文字信息和图表材料等。而有些信息则在试题中不会直接给出，需要考生根据某些显性信息经过推理获得，这类信息就是隐形信息。高考地理试题常包含许多的隐性信息，增加了试题的难度和区分度，但任何隐性信息都有一定的信息载体。隐形信息的挖掘就是对考生获取和解读地理信息能力的有效考查手段。

(2)调动和运用地理知识、基本技能。要求考生在获取试题中的地理信息之后能够调动并运用与之相对应相联系的、学过的地理知识和技能来解决地理问题，并按照题目要求作答。

(3)描述和阐释地理事物、地理基本原理和规律。运用已学知识,正确表达事物的地理现象,准确简洁的描述和解释地理事物的特征,并通过比较、判断、分析、阐述地理基本原理与规律。

(4)论证和探讨地理问题的能力。能够运用判断、归纳、演绎、比较、概括等方法论证地理问题;能够用科学的语言、正确的逻辑关系,表达出论证和解决地理问题的过程与结果;能够运用正确的地理观念,探讨、评价现实中的地理问题,也就是要求学生能够发散思维去辩证地看待地理问题。

2. 高考地理试题考查能力统计

表 8-1-2-10 至表 8-1-2-13 是对这四种能力在浙江 2012—2016 年高考地理试题中的分布情况统计,表 8-1-2-14 是一个汇总,方便对数据对比。需要说明的是,很少有地理试题是完全考查考生单一的某种地理技能,一般情况下都是一个地理试同时考查多项地理能力,因此在统计时是根据试题的侧重进行归类,并且不进行重复归类。

表 8-1-2-10 浙江 2012—2016 年高考地理试题中获取和解读地理信息能力测试题的分布

年份	题号	分值
2012	2、5、9、36(1)(2)、37(1)	28
2013	2、5、6、7、9、10、36(3)	34
2014	5、6、7、8、9、10、11、37(2)	40
2015	3、5、7、9、11、36(1)(2)、37(2)	48
2016	1、5、6、7、8、9、10、36(2)、37(1)(2)	54
平均分值		41.6

表 8-1-2-11 浙江 2012—2016 年高考地理试题中调动和运用地理知识、基本技能测试题分布

年份	题号	分值
2012	1、3、4、6、7、8、10、11、36(2)、37(2)	47
2013	1、3、4、8、11、36(1)、37(1)	40
2014	1、2、3、4、36(2)	22
2015	1、2、4、6、10、37(1)	28
2016	2、3、4、11、36(1)	28
平均分值		33

表 8-1-2-12 浙江 2012—2016 年高考地理试题中描述和阐释地理事物、地理基本原理与规律测试题分布

年份	题号	分值
2012	36(1)(3)	15
2013	36(2)、37(2)	18
2014	36(1)(3)(4)、37(1)	26

续表

年份	题号	分值
2015	36(3)	10
2016	36(3)	10
平均分值		15.8

表 8-1-2-13　浙江 2012—2016 年高考地理试题中论证与探讨地理问题测试题分布

年份	题号	分值
2012	37(2)	10
2013	37(3)	8
2014	37(3)	12
2015	8、37(3)	14
2016	37(3)	8
平均分值		10.4

表 8-1-2-14　浙江 2012—2016 年高考地理试题考查的四种地理基本能力分值分布

年份	获取和解读地理信息的能力	调动和运用地理知识、基本技能的能力	描述和阐释地理事物、地理基本原理与规律的能力	论证与探讨地理问题的能力	总计
2012	28	47	15	10	100
2013	34	40	18	8	100
2014	40	22	26	12	100
2015	48	28	10	14	100
2016	54	28	10	8	100
平均	41.6	33	15.8	10.4	100

图 8-1-2-5 可以看出：(1)五套浙江高考地理试题中，对获取和解读信息的能力的考查所占比重最大，占了 41.6%，而且从 2012 年到 2016 年该能力所占的分值越来越多，呈逐年递增的趋势，也就是说浙江高考地理越来越看重对获取和解读信息能力的考核；(2)所占比重第二大的是调动和运用地理知识的能力，不过其所占分值的比重在减少，近两年趋于稳定，而减少的分值大部分是检测考生获取和解读地理信息能力部分；(3)描述和阐释地理事物、地理基本原理与规律的能力以及论证和探讨地理问题的能力几年来都比较稳定，变化趋势不明显，其所占比重相对来说也比较小，分别为 15.8%和 10.4%，而且这两种能力一般在综合题里边出现的比较多。试卷中单纯考查知识点识记的试题已经不存在了，每一道试题都是对学生综合运用地理知识能力的考查。这也说明当下地理高考的趋势是越来越看重“能力立意”。

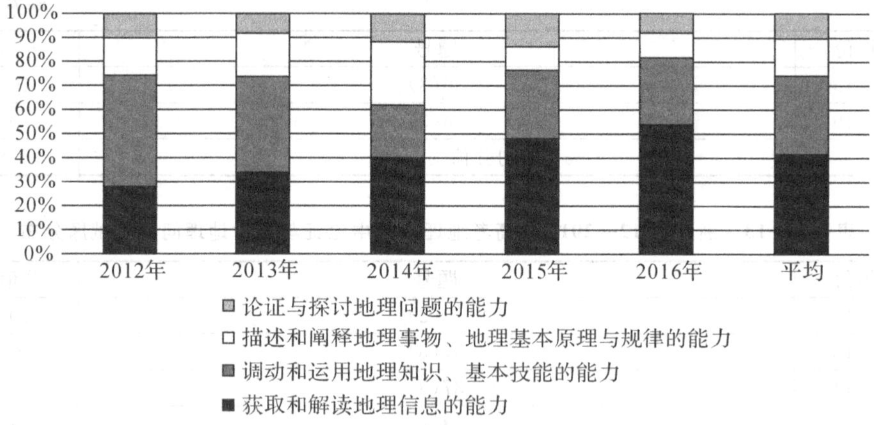

图 8-1-2-5　浙江 2012—2016 年高考地理试题考查的四种地理基本能力分值比重

三、浙江 2012—2016 年高考地理试题特点分析

(一)试卷结构风格稳定

浙江省文综卷地理部分由浙江省自主命题已有比较久的历史,因此高考命题经验已经比较丰富,风格也比较稳定。

考核能力中,大纲中要求的四种能力都有涉及。浙江高考文综卷地理部分,满分 100 分。试题结构:

选择题为 1—11 题,每题 4 分;综合题为 36、37 两题,分值 56 分。选择题一般多以题组的形式出现,2012 年 5 组,2013 年较少为 3 组,2014 年、2015 年都为 5 组,2016 年 4 组。这样的命题方式可以从多个角度来考查考生对问题的理解、分析能力,可以更好地考查考生的地理素养。并且 11 题一般都是对地球运动的考查。主观题部分有两个大题,一般都为 6 个小题,2014 年有 7 个小题。由此可看出近 5 年来浙江省高考文综卷中地理试题的题号、题型以及赋分情况都基本上处于稳定状态,变化幅度较小。

近年高考试题命题延续了普通高等学校对学生文化素质和能力的要求,依据《普通高中地理课程标准(实验)》以及浙江省《考试说明》,充分体现高校选拔人才的功能,也顺应中学地理新课改的方向,符合国家考试的要求,使得高考试题有研究的价值。

(二)地理主干知识突出,基础知识覆盖面广

近五年的浙江高考地理试题尽管试题载体不同,背景资料各式各样,但其所考查的内容均以考试大纲中的核心主干知识为主,强调对中学地理基础知识、基本概念和原理的考查,这也是对高考命题者的基本要求。因为知识与能力是课程目标

的基础，也是过程与方法、情感态度与价值观的载体，离开了前者谈后者就是“空谈”。因此高考命题必须注重地理学科基础知识、基本能力的考查。考查内容主要在《必修Ⅰ》《必修Ⅱ》《必修Ⅲ》三本教材内，也包含了一点点选修教材中的知识点。其中主要内容有地球运动、地壳运动、内外力作用、地形地貌、气候、河流、自然带、自然灾害、自然资源开发与利用等自然地理，以及人口、城市化、城市土地利用、产业活动、交通、能源、产业区位分析、“3S”技术应用等人文地理内容。

(三)以图表呈现信息为重点，图文结合紧密贴切

图表类型有区域图、统计图、地质剖面示意图、景观图等等，可以生动地反映出地理科学显明的特色，统计如表 8-1-3-1 和图 8-1-3-1，可知近五年浙江地理高考试题中图像的数量很大，内容新颖，种类丰富，平均一题有 1.3 幅图表，图文结合很紧密。而且也可以看到图表数量与题目数量的比值基本上趋于平稳、变化不大，这和地理学科本身的特点是密切相关的。图表可以作为地理学科的基本语言，也是学习地理必不可少的主要工具。一方面地理试题以图表为载体和平台可以覆盖较多的知识点，同时高考试题中大量运用图表也可以改变学生死记硬背地理知识的学习方式，并且可以更好地考查学生对地理基础知识、基本方法、思维方式、问题解决能力的不同层次水平，也对考生的读图能力、调动、运用地理知识和基本技能等地理能力提出了较高的要求。

表 8-1-3-1　浙江 2012—2016 年高考地理试题图表统计

年份	图表数量	题目数量（选择题以题组算）	图表数量与题目数量之比
2012 年	11	8	1.4
2013 年	14	10	1.4
2014 年	9	8	1.1
2015 年	12	8	1.5
2016 年	8	8	1.0
平均	10.8	8.4	1.3

(四)地理学科特点突出

全卷以区域作为载体的试题分值统计见表 8-1-3-2：区域性和综合性是地理学科的两大特性，强调地理学科性质的考查是高考地理试题的命题基本思想之一。近 5 年来的高考地理试题多以某一区域为背景呈现，强调区域认知能力。两道综合大题一般都以某一区域作为背景资料，并且选择题中特别是以题组形式出现的选择题也采用区域作为背景为主，因此以区域作为载体的试题在试卷中所占的分值比重很大，这也充分体现了地理学科区域性的特点。

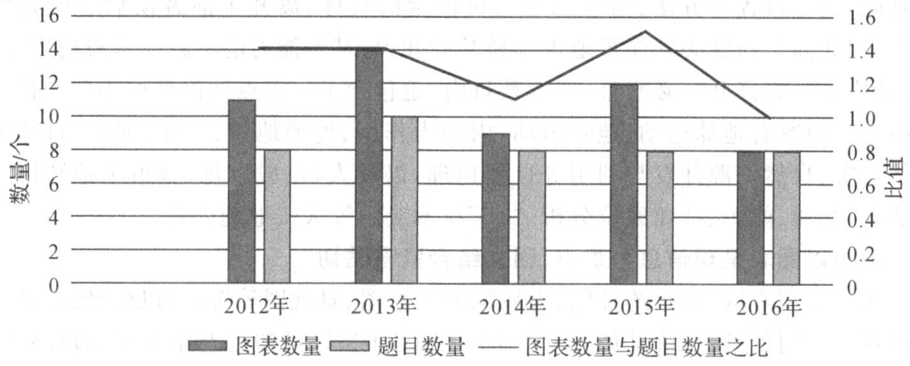

图 8-1-3-1 浙江 2012—2016 年高考地理试题图表统计

表 8-1-3-2 浙江 2012—2016 年高考地理试题中以区域为载体的试题分值统计

年份	2012	2013	2014	2015	2016
分值	84	72	88	72	88

(五)关注社会热点,联系生活

课程标准提出要“学习对生活有用的地理”,所以浙江高考地理试题在命题时严格按照要求,试题在选材上、立意上、情境设置上依托学科知识,体现学科前沿知识、贴近生活、贴近实际,引导学生关注社会。同时也因为地理学科的综合性使其有充分反映当下经济、社会、人文发展的天然优势,因而试题背景资料中经常出现社会热点。如 2016 年试题中的全球气候变化问题;2015 年试卷中的“浙江越瓷外销西南航线”“海外甜瓜生产基地”“农业大规模经营”“建设众多引排工程”“组装制造企业搬迁问题”等热点;2013 年试题中的环境污染问题、雾霾问题等等。

四、教学启示

高考作为中国规模最大,影响最广的考试,它不仅对学生有选拔的功能,同时对高考试题进行分析研究对教师的教学工作也有重要的促进作用。通过对照 2012—2016 年这五年浙江省地理高考试题特点的研究得到以下启示。

(一)转变教学方式

随着新课改的推进,高考也已经从考查知识转变成了考查能力。因此以教师为中心,填鸭式的传统教学模式早已不适应如今的高考。教师最好能根据每块知识点的特点,能动地选择合适的教学方式。比如说像三圈环流这样以理解为主的知识,就比较需要教师仔细的讲解,应该以教师讲述为主,适当给学生一些思考理解的时间;一些理解起来比较简单的常识性的知识,比如《必修Ⅱ》中人类面临的主要环境问题这一课,教师可以尝试设置几个关键问题或者设计一份学案,由学生自主学习完成，课堂中教师就只需为学生们补充一些课外知识和帮助学生总结就可以了。不管怎么说，学习方式的转变最主要的是要时刻记得课堂应该以学生为中心，在掌握知识点的同时应该要注重培养学生的地理思维和地理能力。

（二）重视对地理课程标准的研读，夯实基础

教师在新课备课过程中除了备教材内容和备学生学习情况之外，还要认真研读课程标准。因为《基础教育课程改革纲要（试行）》（2001）中指出，国家课程标准是教材编写、教学、评估和考试命制的依据，是国家管理和评价课程的基础。《考试大纲》（地理·课程标准实验版）规定的考试内容与考试范围是依据地理课程标准制定的。因此地理教师必须要重视对地理课程标准的研究和学习。

虽然高考试题每年都在变化，每年都会引用丰富的社会素材，但是无论它怎么变，本质上都没有脱离课本，没有超出课程标准的基本要求、没有超出《考试大纲》的主干知识的范围，解高考题的关键就是要掌握并且能够灵活运用主干知识。这就要求教学注重教材知识，准确地把握主干知识。在上新课时，就应该慢慢地讲透知识点，在高三复习时，教师就可以将学生已经掌握的知识点快速带过，重点讲解主干知识中的难点、重点，如此有利于学生集中时间和精力，提高学习效率。

（三）构建知识体系，注重区域与综合分析

分析高考试题可以深刻地体会到，不管是选择题或是综合题，每道试题所考核的知识点都不是单一的而是由多个知识点组成的，也就是说解答试题时考生必须综合调动多个知识点，这也体现了地理知识的综合性的特点。但是现在很多学生对于地理知识都是以片段的形式进行了解的，很少理解知识之间的有机联系，也一般不会对知识点进行一个全局宏观的把握，因此学生的地理知识就没有形成一个结构，这也导致了学生的地理思维能力不足，从而在知识应用过程中就会遇到障碍。

教师在进行地理学科教学时必须要建立起完整的知识体系，对地理知识体系有整体把握的前提下想办法帮助学生搭建起基本的知识框架，使得学生能够全面认识和理解地理学科的知识，形成知识点间的联系从而能够将地理各块知识之间实现融会贯通，做到知识迁移。在新课学习时，教师就可以有意识的引导学生去发现各知识点之间的联系；到高三进行专题复习时，落实好地理基础知识掌握的基础，将相关知识点落到具体区域内进行综合的理解，通过区域的具体地理问题，培养、提升学生运用地理学基本原理与规律分析、解决、论证、探讨区域地理问题的能力。

（四）注重培养学生读图能力

对于多数学生来说“文综的瓶颈是地理”，因为地理试题中有很多地理图表需要分析，对考生的读图能力要求很高。由地理试题特点分析数据可知，地理图表一直都是地理高考重要的考查点，几乎每题都有一张地理图表，而且地图种类非常多，因此培养学生从地图中获取有用信息的读图能力就显得很重要。因此教师在日常教学中要非常重视对学生读图能力的培养。首先要在日常教学中就逐渐引起学生对地图的重视，即要让学生明白读地图对于地理学习的关键性。其次，要把读图的一般方法和步骤逐步落实下去，使其养成优良的读图习惯。比如对于区域地图的判读基本分两步走：第一步，结合区域图中的信息判断区域位置；第二步，结合区域位置判断试题中所求地的地形分布。看似简单的步骤，却需要教师在教学过程中强化区域地图的读图训练和空间定位，注意区域图的类比，对不同区域进行比较。

（五）理论联系实际，关注社会热点

浙江高考卷中很多试题的背景都是从生活实际出发，贴近生活，并且都有用到当时的社会热点问题作为试题命制的素材，所以在地理教学中教师永远要重视理论联系实际，关注社会热点信息。比如教师可以指导学生关注现实生活中常被我们忽略的地理现象，并鼓励他们运用地理原理解释该种现象；再比如教师积极关注时政，将世界和中国重大的地理热点带进课堂，结合理论和实际，增强学生对理论的理解，锻炼学生的解题思维。

（六）有意识地规范学生的答题习惯

高考对于很多考生的重要意义不言而喻，所以如何在高考中取得高分是大家都比较关注的事情，所以此处是专门针对学生避免低级错误的丢分，提高高考成绩的建议。

一线教师在高考阅卷结束后，通过对学生丢分试题的分析，发现考生存在三方面问题，即“看不清”“答不准”和“答不全”。究其原因：一是学生审题析题能力不足，不能很好地理解题目提供的信息和提问的要求，导致答题方向出错或回答不全；二是学生学科基础不扎实，基本的地理空间位置、基本概念、地理基本原理不清，并且不能熟练掌握运用；三是答题过程中的表达和叙述能力不足，从而导致答题思路不够清晰、逻辑上解释不通，表述不完整等。提高分数除了掌握扎实的基础知识和地理能力之外，教师在日常教学中也可以温馨提示一下学生注意仔细审题、练习表述能力，规范答题。

第二节　浙江高考文综卷地理试题地理图表图像题分析

一、背景与意义

地理学兼有社会科学和自然科学的性质，具有两个突出的特点：区域性和综合性。地理学研究对象是对于某一地理区域范围内发生的地理现象、地理过程而言，离开了特定区域,这些地理现象、地理过程将发生改变。而地图是地理学最基本的表现方式,地理学通过地图来揭示地理事物的位置、形状、范围大小、规律及之间的相互作用等。地图也是地理科学表现其科学性的重要支撑点,与其他学科相比较,地理学科最显著的特征是运用大量的图表表达空间的概念和地理事物之间的空间联系及其演变过程。

《全日制普通高中地理新课程标准》对地理学科教学做出了总体性指导意见。其中第二部分课程目标、第三部分内容标准以及第四部分的实施建议中都明确指出了充分利用各种素材,开展各种观察、实践探究和研究活动等,这些活动都离不开地理的图表图像。在课堂资源的利用和开发建议中明确指出要多利用挂图、模型、实验器材等,说明了图表图像在地理教学中的重要作用和地位。正是在这样学科特点和学科指导意见下,为在高考中有效地考查学生对地理学科知识和能力的掌握情况,在地理学科的高考试卷中图表图像题就占了很重要的地位。试卷分析发现,一些综合性的图表图像题,尤其是把地理知识放到一个具体区域中的区域地理题的解答,对学生来说还是存在一定的难度。

《全日制普通高中地理新课程标准》中也可以看出,新课标越来越注重地理学科的实用性。因此作为筛选人才的重要"关卡"——高考,也越来越注重学生灵活运用知识和将知识与实际相结合的能力,表现在地理学科试题上就是几乎"无图不成题"的现象。然而在文献梳理中,发现已有文献对地理图表图像题的研究多是针对读图解图能力的培养、对某一类题型的解读或是针对某一年高考试题中图表图像题的分析,较少有综合性对比分析。因此,本节以 2010—2016 年浙江省高考文综地理卷中的图表、图像题为研究对象,力求归纳出 2010—2016 年浙江省高考地理学科图表图像题的分值比重变化、特点等问题,并简单提出一些对实际教学过程的建议。希望能够对提高广大学生对地理图表、图像题的认知程度,提高地理学科教学质量有所帮助。

二、高考地理试题图表图像题的数量、特点分析

(一)近年高考地理试题图表图像题的数量分析

表 8-2-2-1 是对浙江省 2010—2016 年的高考文综地理卷中的图表图像题的数量分值做出的简单统计。

表 8-2-2-1 浙江省 2010—2016 年高考文综地理图表图像题分析

试卷名称	图表图像数量	地理试题分值	图表图像题分值	分值比重
2010 年浙江卷	17	100	100	100%
2011 年浙江卷	16	100	100	100%
2012 年浙江卷	11	100	84	84%
2013 年浙江卷	14	100	92	92%
2014 年浙江卷	9	100	96	96%
2015 年浙江卷	19	100	100	100%
2016 年浙江卷	11	100	88	88%

表 8-2-2-1 可以看出，这 7 年高考卷中图表图像题一直以压倒性的优势地位占据卷面大部分分值。这个现象不是这几年才出现的，据《新中国成立后我国地理高考改革与命题变化述评》研究得出，1980 年代以前我国高考地理试卷的图表数量较少，而且基本上是直接引用书本上的原图；1980 年代以后，地理高考图表使用量增多，尤其是 1985 年以后，地理高考试卷中出现的图表数量明显增多，1990 年达到 18 幅。近年地理高考试卷不仅图表数量多，而且图表形式也很多样，很少直接引用书本上的现成图表，大部分是出题者经过加工或者创新而成，这一点在近年浙江省地理试题中体现得非常明显，具体如下表分析。

表 8-2-2-2 至表 8-2-2-4 是对 2014 年、2015 年、2016 年浙江省高考文综地理试题中图表图像题的详细分析。

表 8-2-2-2 浙江省 2014 年文综地理试题图表图像题分析

题号与分值	图表图像	具体考察内容	涉及教材内容	能力要求
1、2(8 分)	南水北调东线工程调水路线图	资源跨区域调配对自然地理环境及经济状况可能造成的影响	区域地理：区域经济联系	综合分析能力、理论联系实际能力
3、4(8 分)	我国与中亚部分地区略图	不同的交通运输方式的优势和特点(铁路运输)、具体情景下自然地理环境的差异性表现	人文地理：交通运输布局及其对区域发展的影响； 自然地理：自然地理环境的差异性	理解记忆能力、读图联系教材和实际能力
5、6(8 分)	我国四省(青海、河南、黑龙江、浙江)人均 GDP、城市化水平、人口对水资源和耕地资源指数统计表格	对表格信息的解读、不同地区的工业区位条件和产业集聚	人文地理：工业区为因素与工业地域联系； 中国地理：我国四省比较	信息获取和解读能力、综合分析能力、联系实际能力

续表

题号与分值	图表图像	具体考察内容	涉及教材内容	能力要求
7、8(8分)	我国某地北纬38.5°地质构造、地貌剖面图	地质构造的成因和外力作用的作用方式、地貌、地质构造和岩石特征的现实意义	自然地理：地球的表面形态	读图并获取信息能力、综合分析能力
9、10(8分)	我国北纬29.7°和北纬39°两地年内平均水分亏盈和温度曲线图	农业区位因素、某气候类型的特点(在水热方面的具体表现)	人文地理：农业区位因素与农业地域类型；自然地理：大气环境	读图分析获取信息能力、对比分析能力、理解记忆能力
36(26分)	北海附近区域略图、荷兰略图	工业区位因素(石油开采产业)、世界洋流的分布及其意义、湿地的开发与保护	人文地理：工业区为因素与工业地域联系；自然地理：水循环和洋流；区域地理：湿地资源的开发与保护——以洞庭湖为例；世界地理：北欧荷兰区域略图	读图联系教材和实际能力、记忆能力、知识迁移能力、语言表达能力
37(30分)	云贵两省部分区域及相邻地区略图、安顺和昆明的气候统计表	旅游业发展的区位因素、产业发展的区位条件、锋面系统及区域气候特点和原因	人文地理：区域产业活动；自然地理：大气环境；中国地理：云贵地区略图	读图联系教材和实际能力、对比分析能力、语言表达能力

表 8-2-2-3　浙江省2015年文综地理试题图表图像题分析

题号与分值	图表图像	具体考察内容	涉及教材内容	能力要求
1、2(8分)	越瓷外销西南航线示意图	陆运和海运交通运输方式的特点和各自的优点、地球运动、大气运动(季风、盛行风)、河流水文、自然带(植被景观)	人文地理：交通运输方式及其对区域发展的影响；自然地理：地球的运动、大气环境、自然地理环境的差异性；世界地理：东亚、东南亚、南亚、西亚、非洲东部略图	记忆能力、空间定位能力、灵活运用地理知识能力
3、4(8分)	北纬30°附近甲、乙两地的自然景观图及北纬30°附近①②③④四地的气候统计图	从景观图中得出当地景观特点并能与其气候特点对应起来、能判断造成同纬度自然景观不同的原因	自然地理：自然地理环境的差异性	读图并联系教材和实际生活的能力、理解判断能力、比较分析能力

续表

题号与分值	图表图像	具体考察内容	涉及教材内容	能力要求
5、6(8分)	某地地质剖面图(标有由老到新的岩层编号)	从图中读出地貌类型并能分析其地质构造类型和该地貌的行程原因、理解岩石特征和地貌之间的关系	自然地理:地壳的物质和物质循环、地球表面形态	读图并获取信息能力、综合分析能力、记忆能力
7、8(8分)	三江平原部分地区土地利用变化示意图(有半世纪前和现在两张图)	农业土地利用条件分析、结合美国实例分析促进农业大规模经营的措施	人文地理:农业区位因素及农业地域类型、区域农业的可持续发展——以美国为例	综合分析能力、对比分析能力、知识迁移能力
9、10(8分)	十月下旬晴朗夜晚我国南部山区谷地逆温层时空变化统计图	对流层大气受热过程特征以及其作用机理分析	自然地理:大气环境	获取信息能力、读图分析能力
11(4分)	某地地方时12时太阳周年位置轨迹示意图	通过太阳周年运动轨迹来推断地球运动	自然地理:地球运动	读图分析能力、转换能力、计算能力
36(30分)	南美洲部分区域图、图中甲地的气候资料统计图和河流水位年变化图、乙地气候资料统计图	河流水文特征及其原因、农业生产的区位因素、林业和工业的区位因素	自然地理:地球的表面形态; 人文地理:农业区位因素与农业地域类型、工业区位因素与工业地域联系; 世界地理:南美洲部分区域略图	读图文获取有效信息能力、读图并联系教材和实际能力、综合分析能力、语言表达能力
37(26分)	长江中下游部分区域略图、长江江苏段岸线资源结构图	结合实例说明流域的治理措施、工业生产的区位因素、工业的转移与集聚条件	区域地理:流域综合治理与开发——以田纳西河为例 人文地理:工业区位因素与工业地域类型	读图并联系教材和实际能力、综合分析能力、对比分析能力、语言表达能力

表 8-2-2-4 浙江省 2016 年文综地理试题图表图像题分析

题号与分值	图表图像	具体考察内容	涉及教材内容	能力要求
1、2(8分)	北美洲不同历史时期(距今2.1万年、距今5000年、距今500年)云杉分布区图	全球气候变化、太阳辐射、洋流等对自然地理环境的影响、对各类地理信息技术的理解	自然地理:全球气候变化对人类活动的影响、大气环境、水循环和洋流、地理信息技术应用; 世界地理:北美地区	比较分析能力、综合分析能力、记忆能力
5、6(8分)	某河谷地址、地貌剖面图	通过岩层的新老关系和形态判断其地质构造类型、根据题目信息判断金属矿产存在的地点	自然地理:地球的表面形态	读图并获取信息能力、理解能力、综合分析能力

续表

题号与分值	图表图像	具体考察内容	涉及教材内容	能力要求
7、8(8分)	近年来五省市(上海、江苏、湖北、山西、广西)人均GDP和人均GDP增长率与全国平均值之比的统计图	不同地区经济发展水平的比较、从万元能耗值判断某地区的工业结构、工业转移和优化方向	人文地理:工业区为因素与工业地域联系; 中国地理:中国五省市经济发展状况	直角坐标系的判读、理解能力、比较分析能力
9、10(8分)	探空气球10天中随气流漂移路线图	水平气压梯度力的影响、气旋运动方向、锋面的判断方法	自然地理:地球的运动、大气环境; 地图知识:经纬网	理解能力、读图并获取信息能力
36(30分)	南亚地区略图及图中甲地、丁地的气候统计图	农业地域类型的判读及原因分析、由自然地理环境的垂直分异规律判断某地生长的农作物类型、恒河三角洲区域泥沙含量高的原因分析	自然地理:农业区位因素与农业地域类型、自然地理环境的差异性(自然带)、地球的表面形态、大气环境; 世界地理:南亚略图、恒河三角洲	空间定位能力、读图并获取信息能力、综合分析能力、语言表达能力
37(26分)	我国西南部分地区略图及2014年重庆工业结构图	从自然地理环境的整体性和自然灾害,移民方面分析甲地区水能开发的有利和不利条件、用工业生产区位因素知识分析重庆建设汽车生产基地的有利条件、用产业活动的地域联系知识分析重庆和成都汽车产业的协作生产思路	自然地理:自然地理环境的整体性、自然灾害对人类的危害; 人文地理:区域经济联系、工业区位因素与工业地域联系、产业活动的区位因素和地域联系; 中国地理:我国西南部重庆四川区域图	读图并获取信息能力、理解能力、知识迁移能力、综合分析能力、语言表达能力

对浙江省2014—2016年高考文综卷地理部分试题分析可以看出,数量上图表图像题占据了绝对地位,个别年份甚至达到了100%。其中第36、37题综合题则“无图不成题”,通常用一幅区域图配合其他图表的形式出题。

从能力要求看,选择题通常用一幅或几幅图对应两道选择题,且试题层层递进,进而可以更好地考查学生获取有效信息能力、综合分析能力、灵活运用地理知识的能力等。如2014年的第5、6题,给出了中国四省市的人均GDP、城市化水平、人口对水资源和耕地资源指数统计表格,第5题可以直接通过阅读表格获取信息分析数据后得出答案,第6题则需要联系实际情况以及《必修Ⅱ》第三章的知识逐个判断。综合题则多采用一幅区域图配合自然地理图表(如气候统计图、地形图)或人文地理图表(如工农业布局图、产业分布图)的形式,其中两道综合题通常一题是关于中国地理的,另一题是关于世界地理的。这样的试题形式将能有效地检验学生将所学的地理知识与实际情景结合起来的能力、知识迁移能力、综合分析能力等。如2016年的第36题，使用了南亚地区略图及图中甲地、丁地的气候统计图，给出的题目就需要将两图结合来解答。

从知识点分布看（见图8-2-2-1、图8-2-2-2）：（1）2014年卷图表图像题中考察自然地理方面知识的分值为42分，考查人文地理方面知识的分值为54分。其中，选择题中有20分涉及自然地理知识，20分涉及人文地理知识；综合题中有22分涉及自然地理内容，有34分涉及人文地理内容。教材分布看，《必修Ⅰ》和《必修Ⅱ》分别占了32分和46分，必修Ⅲ占了18分。其中，《必修Ⅱ》的第三章涉及的知识考点最多，分值达到了40分。整份试卷中有88分的考题给出了某一具体区域范围，在一个具体区域背景下考查学生的掌握情况。（2）2015年试卷的图表图像题中，考查自然地理方面知识的分值为48分，考查人文地理方面知识的分值为52分，但11道选择题中有8道考查的是自然地理知识，综合题中虽然属人文地理范畴，但实际考核站在自然地理角度设问的比重较大。教材分布看，《必修Ⅰ》和《必修Ⅱ》分别占了32分和48分，《必修Ⅲ》占20分。其中，《必修Ⅰ》中的第二章、《必修Ⅱ》中的第三章所涉及的知识考点最多，分值最大（分别占有17分和48分）。同时，有80分的考题是结合区域图考查的。（3）2016年试卷图表图像题中，考查自然地理的分值为42分，考查人文地理的分值为46分，选择题中有24分涉及自然地理知识，有8分涉及人文地理知识，综合题中则有18分考查自然地理知识、38分考查人文地理知识。教材分布看，2016年考卷《必修Ⅰ》和《必修Ⅱ》分别占了42分、46分，主要涉及必修Ⅰ的第一、二、三、四章，《必修Ⅱ》的第二、三章。其中，也有高达72分值的考题给出了具体的区域图。

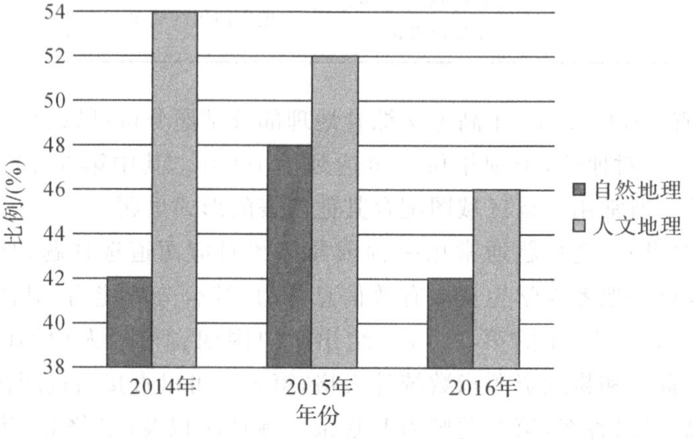

图8-2-2-1 浙江省2014—2016年高考文综地理卷图表图像题知识分布

(二)近年高考地理试题图表图像题的特点

根据对2010—2016年浙江省高考文综卷地理部分统计，以及对2014—2016

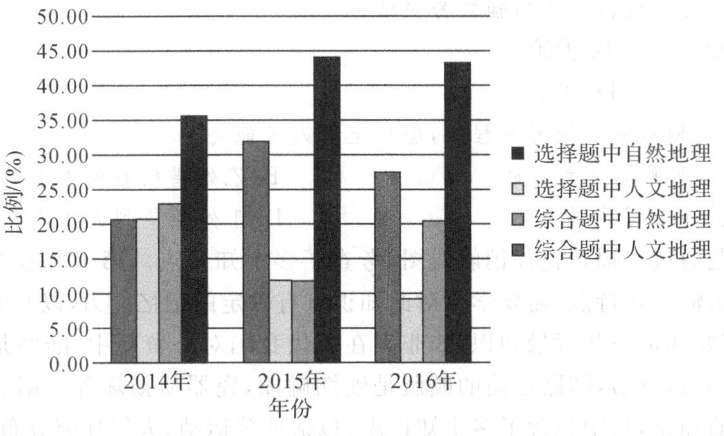

图 8-2-2-2　浙江省 2014—2016 年高考文综地理卷图表图像题选择题和综合题知识分布

年地理部分试题分析，可以得出近年浙江高考地理试题图表图像题的特点有六。

1. 图像图表题所占比重大

从表 8-2-2-1 可以直观地看出在这六年图表图像题所占的比例都非常大，个别年份达到 100%。可见高考题对学生学习情况的考察越来越注重学生的分析解读能力，以及将所学知识与实际相结合的能力，不再停留在死记硬背的低水平。尤其是 2015 年的浙江省文综地理试题，图像运用和图文结合是非常明显的出题特征。全卷 13 道题目，每题都配有图表，包括 5 幅区域图、10 幅统计图、1 幅地质剖面示意图、2 幅景观图、1 幅天文现象轨迹示意图，计 19 幅图像，显示了地理学科的明显特点，即地理学以客观世界地理事象为研究对象，通过地理事象的存在形式(时空存在和属性变化)来揭示反映地理学的基本规律和原理，以此考查学生对地理基础知识、基本方法、思维方式、问题解决能力的不同层次的水平。

2. 一图多问考查学生的多种能力

统计分析可以发现，几乎所有的图表选择题都是一张图或者几张图引出两道题目。一般两个问题为递进关系，一步一步引导学生进行更深入的思考，或者涉及多块知识点，一共有 13 道题，100 分值的高考文综卷地理部分在有限篇幅中可以考查尽量多的知识和能力。

例 1：浙江省 2015 年高考文综卷第 1、2 题

浙江古代盛产青瓷，其中越窑生产的青瓷(越瓷)远销东亚、东南亚、南亚、西亚和非洲东部地区等。古代越瓷贸易主要以风力和洋流为动力，晴夜观星定向，一般出航半年内到达非洲。完成 1、2 题(受国家出版审图要求，该图详见当年试题)。

(1)与陆路运输相比，越瓷西南方向贸易选择海运方式可

①缩短路程　②增加运量

③减少货物破损 ④增强贸易灵活性

A. ①②　　B. ①④

C. ②③　　D. ③④

(2)在运输越瓷的贸易航程中,船厂上的人可能会

A. 甲处夜观北极星定向　　B. 乙处借船右侧方来风作动力

C. 丙处见到河水的暴涨　　D. 丁处眺望到大片茂盛的草地

这组题通过一幅青瓷外销航线图,考查了多个知识点。第1题考查了人文地理中交通运输方式特点,需要学生对此知识点有一定的记忆能力,以及联系实际的能力,还需要知道一些背景知识,如非洲在古代我国对外贸易中,陆路是不能到达的,只存在海路贸易,陆路运输的颠簸是硬性碰撞,瓷器易损坏等。第2题考查了自然地理的知识,其中包含了多个知识点,包括地球运动、大气环流分布规律、洋流分布规律、不同区域自然环境特征差异,可以说是一题中包含多个知识点的典范。

例2:浙江2016年高考文综卷第7、8题

人均GDP和人均GDP增长率分别是衡量区域经济发展水平和发展速度的重要指标。下面为近年来五省市人均GDP和人均GDP增长率与全国平均值之比的统计图,图中X轴表示人均GDP增长率与全国平均值之比,Y轴表示人均GDP与全国平均值之比。各省市括号中的数值为其万元产值能耗,全国平均值为0.74(单位:吨标准煤/万元)。完成7、8题。

浙江2016年高考文综卷第7、8题图

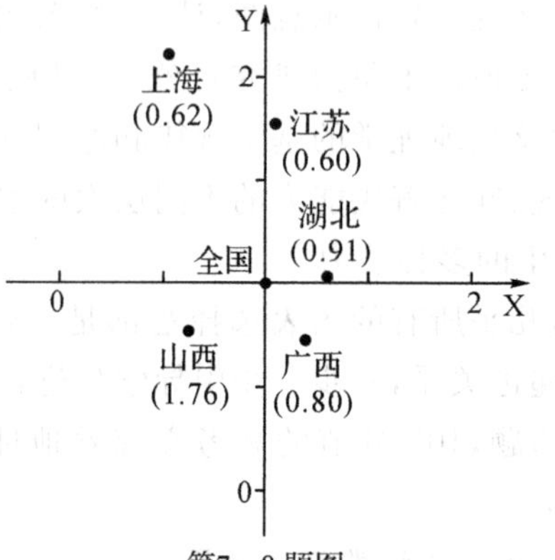

第7、8题图

7. 关于五省市经济发展状况的叙述,正确的是

A. 山西经济发展水平高于湖北

B. 上海经济发展水平低于江苏

C. 湖北经济发展水平高于江苏

D. 广西经济发展水平低于全国

8. 从万元产值能耗看

A. 山西最高，应优化工业结构以降低能耗

B. 广西最低，应承接东部地区高耗能工业

C. 上海和江苏较低，应大力发展重型工业

D. 湖北较高，应发展资源密集型工业以降低能耗

这两题考查的都是人文地理知识。第7题主要考查了学生的读图分析能力，只需要从题干中获取有效信息，然后看懂这个直角坐标图就可以做出来，能力要求较低。第8题则需要在读取图像信息之后再结合《必修Ⅱ》中工业区位因素内容才能解答，对能力的要求就高了许多，这组题就是两题提问层次层层递进的实例。

3. 多图结合，考验知识之间的整合和获取信息能力

由于一张图能包含的信息较少，因此出题者常常会在一题中设置多张图表。这一现象较多地体现在综合题上，当然选择题中也会偶尔出现。多图结合分两种，一是两张同类型图的对比，如例3，另一种是两张或多张不同类型的图，需要将多图相结合来解答。

例3：浙江省2014年高考文综卷9、10题

水分盈亏量是降水量减去蒸发力的差值，反映气候的干湿状况。当水分盈亏量＞0时，表示水分有盈余，气候湿润；当水分盈亏量＜0时，表示水分亏缺，气候干燥。下图为我国两地年内平均水分盈亏和温度曲线图。读图，完成第9、10题。

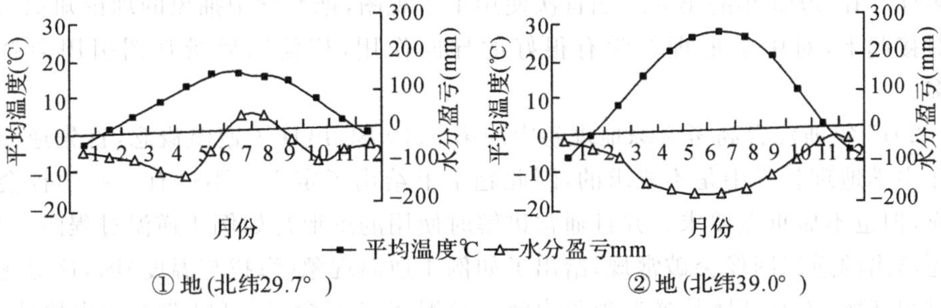

浙江省2014年高考文综卷第9、10题图

9. 某农作物喜温好湿，能够正常生长和安全结实的温度要求是≥20℃，最短生长期为4个月。评价该农作物在两地的生长条件，正确的是

A. ①地温度条件适宜，水分条件不足　B. ②地温度条件适宜，水分条件不足

C. ①地水分条件适宜，温度条件不足　D. ②地水分条件适宜，温度条件不足

10. ①、②两地的气候类型分别是

A. 亚热带季风气候、温带季风气候　B. 温带大陆性气候、高原和高山气候

C. 温带季风气候、亚热带季风气候　D. 高原和高山气候、温带大陆性气候

这组题给出了两张相同类型不同地方的平均水分盈亏和温度曲线图。通过对两幅图的观察解读可以分析出两地的气候信息，最热月的气温未超过 20℃，最冷月气温低于 0℃，降水较少；②地夏季炎热，冬季寒冷；降水量远不足蒸发量，气候干旱。再结合题干信息，将两地气候与该农作物生长条件对比，得出结论。而第 10 题更需要考生充分获取题干中的有效信息，通过前面分析出的两地气候信息，结合①地纬度为 29.7°N，推断该地应为高原和高山气候（题干中又提到是我国某地，因此可以推断该地在青藏高原上）；②地的气候特征为温带大陆性气候又结合图中的纬度为 39°N，推断为我国西北地区。这一题对考生获取信息能力的考查是非常充分的。

几乎每一年的综合题都是通过两张或几张不同类型的图表再结合材料出题的，如 2015 年第 36 题用了四幅图，世界某区域略图（根据图中信息可以看出是南美洲区域略图），其中甲乙两地的气候统计图以及河流年水位变化图。问题（1）要求简述甲地河流水文特征，并分析成因。在解答时就需要将三幅图的信息结合起来才能解答完整，其余两题也至少要结合两张图才能解答。因此近年综合题对于学生知识的整合、综合分析等能力的考查都是比较充分的。

4. 注重创新，考查学生的应变能力

20 世纪 80 年代以前中国高考地理试卷的图表数量较少，而且基本上是直接引用书本上的原图，而现在不仅不再使用原图，而且图片的形式也是不断创新，多种多样。在 2015 年的第 3、4 题首次使用了景观图，把教学中抽象的理论知识与实例对接起来，对中学地理教学有很好的导向作用，相信以后景观图引用会越来越多。

2015 年浙江省高考文综地理卷中的第 9、10 题，出现了逆温概念，首先逆温概念在中学地理教学中是不要求的，因此题干上给出了定义。不过有一些学校会有补充，但也不做重点要求。并且通常讲解时使用的图形是如例 4 逆温过程图，但这道题给出的逆温图像突破常规，给出了如例 4 逆温现象（海拔与温度）图，这道题的素材很新颖，素材新颖给逆温现象内涵解读赋予了新含义，可以考查学生快速、准确获取图形信息能力，以及应变能力。

5. 体现时代特色，贴近现实生活

教育是社会时代反映，地理学科有充分反映当下经济、社会、人文发展的天然优势。试题分析得出，这几年高考卷的图表图像题，结合区域图出题的现象非常明显。而且其中不少的区域图是附上了时代意义的。如本节的例 1，就使用了浙江越瓷外销西南航线图。再如 2015 年卷中的“海外甜瓜生产基地”“农业大规模经营”“建设众多引排工程”“组装制造企业搬迁问题”等。试题所涉及的 18 个知识点，都属于地理学科的骨干知识，特别是气候、地质、水文、地理环境整体性和差异性、工农业区位等知识为地理学的核心知识；同时，非常注重区域背景知识的隐性考核，如第 1、2 题组中非洲在古代我国对外贸易中，陆路是不能到达的，只存在海路贸易，在贸易航程中观察到的各种地理现象也需要扎实的区域背景知识；第 3、4 题组中，北纬 30°沿线的各种气候类型分布是以干旱、半干旱气候为主，季风性气候和高山气候只是地域分异的局部表现，是以热量为基础、各类影响因子综合作用的结果；第 7、8 题组是以东北地形、水文为基础，结合当前农村改革，通过“土地流转”发展现代农业为背景；第 36 题以南美地区位置、地形、气候、河流分布知识为基础，才能分析出当地的“水位特征及成因”“自然条件”和“自然优势”；第 37 题的长江下游部分地区的地形、气候、水系分布、自然灾害、城市，企业生存发展现状等都是解题的必备条件；许多学生无法准确解答和应对，在很大程度上是因为对背景知识的不了解。

例 4：浙江省 2015 年高考文综卷 9、10 题图。

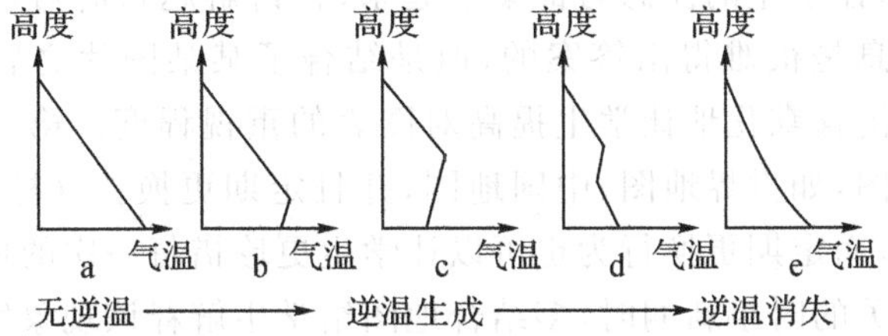

逆温过程

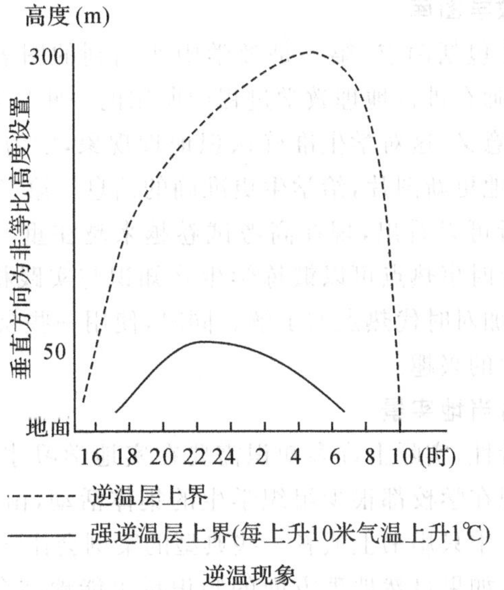

逆温现象

浙江省 2015 年高考文综卷中的第 9、10 题图

6. 人文地理分值略多于自然地理

对2014年、2015年、2016年试卷中图表图像题知识点分布分析可以看出，这三年试卷中的图表图像题都是人文地理所占分值大于自然地理。且在选择题中通常自然地理分值较高，而综合题中人文地理所占分值明显多于自然地理。在具体知识点上，考查内容尤其侧重在《必修Ⅱ》的第三章区域产业活动。

三、教学启示

研究对大学师范生培养和中学地理课堂教学具有如下启示。

(一)引导学生加强对图表的重视

要培养学生分析解读图表的能力，首先要让学生重视地理图表，有关注地理图表的意识。首先，教师可以通过语言传达的方式让学生重视。在上课碰到图表时可以多一些强调，让学生的注意力都集中起来；在讲解题目时可以通过如“这道题我们光靠题干信息是很难得出答案的，但是结合了某某图片之后，答案就很清晰了”之类的话语，潜移默化地让学生提高对图表的重视程度。第二，可以在教室中贴一些重要的地图，如世界地图、中国地图，并且定期更换。这样在课间学生可以有意无意地看看，而定期更换行为也可以让学生更珍惜每一次的地图。第三，当出现一些与地理相关的时事新闻时，多结合地图给学生解释该现象发生的原因，让学生感受到地理图表的作用。

(二)教师需更新教学图库

教师不断更新图库包括两点，第一是教学中所用到的图表图像要不断更新。在教育实习中发现，教师在进行地理教学过程中所用的一些景观图、统计图表年代久远，没有很好的现实意义，这对学生准确认识地理现象，学习地理知识会有一些影响。因此，可以及时地更新图片，给学生更准确的信息。第二是教学中多联系时事热点。通过前文分析可以看出，现在高考试卷越来越注重与时代热点相结合。在平时的教学中多结合时事热点可以锻炼学生将知识与实践相结合的能力，也可以扩大学生的视野、增加对时代热点的了解。同时，使用一些众所周知的热点事物为背景也可以提高学生的兴趣。

(三)教学中多结合当地实景

由于地理学科的特性，实际上许多知识需要在实地学习才能有更好的学习效果，但由于种种原因，现在学校都很少组织学生的集体活动，由教师个人组织的就更少了。但在教学过程中只用书上或者一些典型的案例会让学生没有很直观的感受，因此在教学过程中，如果自然地理方面的知识尽可能地结合当地的一些景点，人文地理的知识比如工农业区位这一块知识结合当地的实际情况，可以让学生更有兴趣，也能更直观地了解。就算不组织集体活动，学生个人也可以去当地了解，对知识的掌握更有帮助。

(四)注重引导学生识图读图

实习过程中发现,个别老师在讲解作业中的图表图像题时更注重讲知识点,一些就算讲解了图表,但不是引导学生来分析,这对学生解图能力的培养是非常不利的。引导学生读图要从最基本的图名、图例、注记这些地图基本要素开始,按照自己读图的顺序,一步一步地引导。其实就是把自己平时看图解图的顺序用语言表达出来,这也就是考试时的思考过程。到了一定阶段,就可以开始让学生自主读图,分析图表,提出自己的困惑和难处,教师再给他解答。通过这样循序渐进的方式对学生读图能力的提高大有帮助。当然,最好可以分专题,指导学生学习不同类型地理图的解读方法,如等值线图、平面图和剖面图等,分类进行专题学习。

(五)培养学生绘图能力

都说好记性不如烂笔头,在读图解图能力方面也是这样,尤其是一些难度较大的图,比如自然地理中的锋面雨带图、气压带风带图等。这些图如果光靠教师上课时候给学生讲解,一个是难度较大,学生很有可能被绕进去,另一个是即使听进去了也不一定真的懂了。这个时候最好的方法就是让学生自己消化,留给学生自己绘图的时间,在绘图时回忆上课的知识点,也进行了自我思考,能把知识消化成自己的。因此,当碰到难度较大但又是重点图表的时候,在课堂上一定要安排学生自己绘图。

(六)注重人文地理

分析浙江高考文综试卷地理试题可以看出,现在浙江省高考试卷中,涉及人文地理知识的试题所占分值较大。但从学生学习热情和学习效果看,学生更偏重自然地理。这跟自然地理和人文地理的特点有关,自然地理在教学内容上更有趣,也更具体,而人文地理则更抽象,更考验教师的知识储备,如果教师储备量很少就容易在讲课时显得很无聊,学生也提不起学习的兴趣。因此,教师应该要增加自己的知识储备,在上人文地理内容的时候结合具体有趣的例子,既可以让学生感兴趣,也可以培养学生将知识和实例结合起来的能力。

第三节　新高考制度下浙江地理科学考试题的地理学能力体现分析

一、绪论

我国在21世纪开始时,根据先前教育改革经验,提出我国课程改革的新教育目标。紧接着,教育部2001年就颁布了《基础教育课程改革纲要(试行)》(简称《纲要》),将全面推进素质教育作为党的教育方针,并对新课程各个实施环节提出建议。

地理课程是课程体系重要构成部分，它也将全面推进素质教育作为高中地理教育的使命，践行这一地理课程使命将给推进新课程的改革提供很大的助力。

如何高效地完成这一使命？这需要地理课程实施者在每一个环节都认真地、求实地践行课程改革的理念。尤其是课程评价环节也需要切实改革，而高考改革更是课程评价改革的重要环节。高考不仅是规模最大的评价高中生学业成绩的考试，更是为高校提供重要招生依据的选拔性考试。因此，要将新课程使命切切实实地践行，高考改革是十分重要的。随着高中地理课程改革的深入，地理高考试题也逐渐改变以"知识立意"为主导的注重识记课本知识的命题思路，渐渐地注重对学生各方面能力的考查。

2014 年前，为了减轻高中学生的学业负担，解决教育中出现的弊端，比如"一考定终身"等，国务院发布了《关于深化考试招生制度改革的实施意见》。作为第一批试点，浙江省首先进行了探索，使高考在制度上以及在命题形式上发生了重大变化。《高中地理学业水平考试暨高考考试选考科目考试标准》使地理高考试题从文综试题中脱离出来，单独命题。试题的分值为 100 分，由占 70 分的必考题目与占 30 分的选考题目组成。另外，试题数量大大增多，由原先的 11 道单选题和 2 道非选题组成的试题变为现在的由 25 道单选题和 4 道非选题组成的试题。不管命题形式发生多大的变化，地理高考试题仍需继续落实国家的教育方针，注重对学生的地理能力及其他与地理相关的素养的考查，从而引导教师更好地、切实地进行教育。

受新课程目标指引，高考试题考查中心由"知识"转向"能力"，将来还要进一步地转向"素质"。本节对地理高考试题能力体现进行研究，希望提出的相关教学建议能够在新一轮课程改革过程中为培养学生地理学科能力，推进素质教育提供一些参考。

以 2015 年 10 月到 2016 年 10 月三份作为选考科目的浙江地理高考试题为研究对象，研究试题所包含的有关地理学科知识、能力、观点和试题情境，并分析地理学科知识、观点、试题情境与地理学科能力之间的关系，从而提出相应的教学建议以及命题建议。

研究采用分析方法有文献阅读、归类分析、综合分析法。(1)文献阅读内容是与地理高考、地理试题分析、地理学科素养、地理学科能力、地理学科知识、地理学科观点、地理学科情景等相关的资料，其中主要内容是与地理高考试题的能力体现分析有关的研究文献、与新课改有关的资料。(2)归类分析是本节研究的主线，首先确定归类体系，然后再对地理试题所考查的地理知识、地理能力、地理观点、地理情景进行归类，从中总结出地理试题的考查特点。(3)综合分析是本节研究的关键性方法，通过综合分析得出地理试题的地理学科能力的体现特点与规律，从而提出相应的教学建议与命题建议。研究流程如图 8-3-1-1 所示。

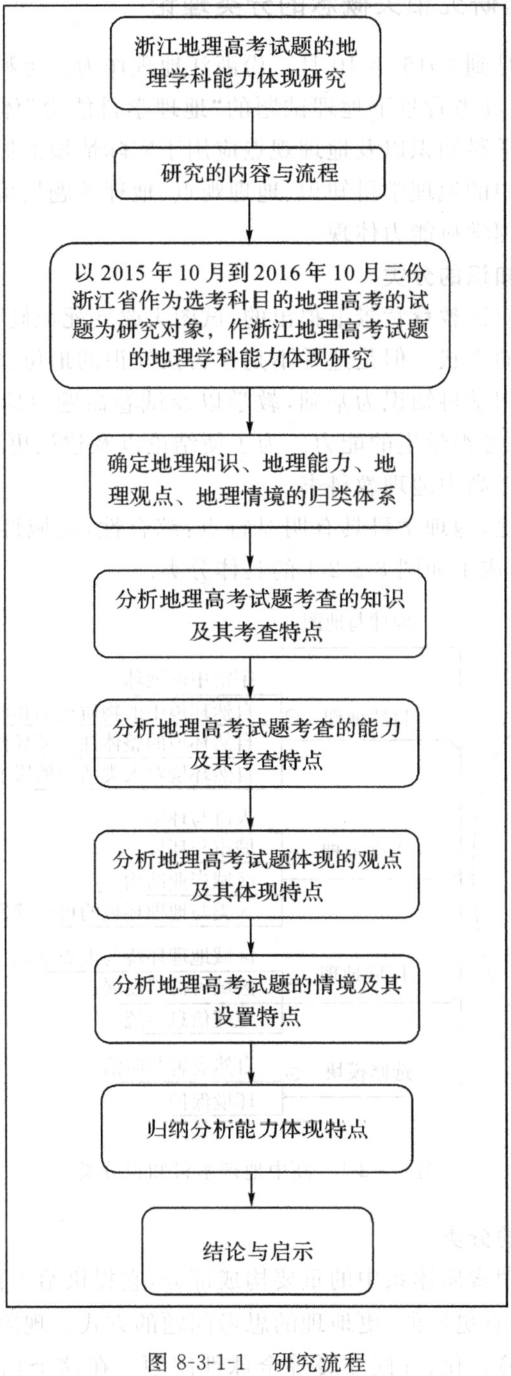
浙江地理高考试题的地理学科能力体现研究
研究的内容与流程
以2015年10月到2016年10月三份浙江省作为选考科目的地理高考的试题为研究对象，作浙江地理高考试题的地理学科能力体现研究
确定地理知识、地理能力、地理观点、地理情境的归类体系
分析地理高考试题考查的知识及其考查特点
分析地理高考试题考查的能力及其考查特点
分析地理高考试题体现的观点及其体现特点
分析地理高考试题的情境及其设置特点
归纳分析能力体现特点
结论与启示

图 8-3-1-1　研究流程

二、地理试题研究相关概念的分类理论

以 2015 年 10 月到 2016 年 10 月三份浙江地理作为选考科目的高考试题为研究对象，对浙江省新高考背景下地理试题的“地理学科能力”体现进行分析。地理学科能力是将地理学科知识以及地理观点应用于实际情境而展现出来的能力。因此从地理高考试题中的地理学科知识、地理观点、地理试题情境角度出发分析研究地理高考试题的地理学科能力体现。

(一)地理学科知识的分类

素质教育是在应试教育背景下提出的，试图去改变死记硬背，注重知识积累但却不注重能力培养的现状。但是这并不是在否认知识的地位、轻视知识，地理学科能力养成需要以地理学科知识为基础，教学以及试卷命题也应以地理学科知识为基础，进而培养以及考查学生的能力。为了使结论以及建议更贴近教学，本节的地理学科知识分类参考高中地理教科书。

与其他学科相比，地理学科具有明显特点：综合性，地域性。本节也考虑到高中地理学科特点，形成了如图 8-3-2-1 的具体分类。

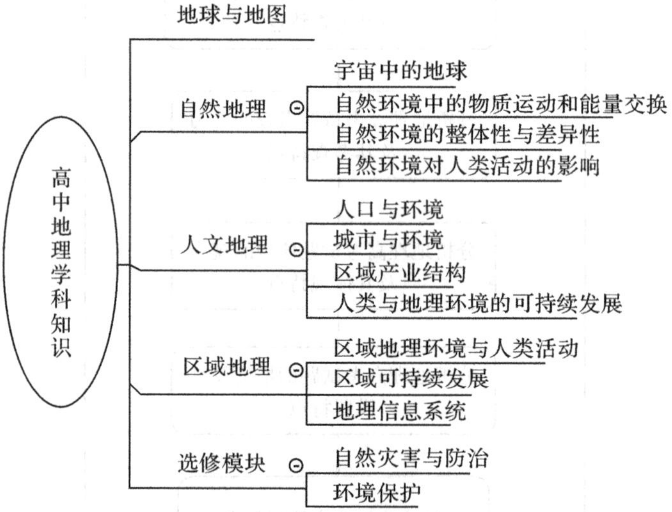

图 8-3-2-1　高中地理学科知识分类

(二)地理观点的分类

地理观点是地理素质体系中的重要构成部分，它提供给人们观察、解决问题的地理视角，让人们拥有更好的、更地理的思考问题的方式。现阶段人类面临着粮食问题、生态破坏、环境恶化、气候变暖等全球性问题。在这个相互联系、相互制约、相互影响的地球环境上，这些问题的解决需要全人类的共同努力，因此需要获得地

理知识，形成适宜的地理观点，从而正确地面对并处理问题。地理基础教育阶段应将人地协调观、可持续发展观、空间观、因地制宜观作为地理教育的重点，本节将依照该分类进行分析。

(三)地理试题情境的分类

情景设置是在讲授地理知识点的时候，通过一些材料、图片、视频甚至将学生带到实地，给学生直观的感受，强化学生对知识点的感受与感悟、深入理解知识点。为提高教学效果，教师需要运用自身的机智，使用各种材料来创设情境。情景设置形式有图片展示情景设置、视频资料展示情景设置、文字材料情景设置。但在高考试题中考查学生的地理学科能力时，受到条件限制，地理学科试题情景设置形式不能通过展示图片资料来实现，而只能通过图片和文字材料的展示来实现。尽管如此，地理试题的试题材料情景设置的形式仍十分多样，根据初步分析整合，地理试题情景设置多体现在文字材料、图表数据、区域地图、等值线图、示意图、景观图等情景中。

(四)地理试题能力的分类

地理学科能力是将地理学科知识以及地理观点应用于实际情境而展现出来的能力。袁孝亭教授为解决地理学科能力结构的理论严谨性问题和实际可操作性问题，通过研究国内外地理课程标准目标构建了地理学科能力结构体系。

根据《地理教育国际宪章》提到的地理学科要解决的“它在哪里？它是什么样子的？它为什么在那里？它是什么时候发生的？它产生了什么作用？怎样使它有利于人类和自然环境?”这六个基本问题，袁孝亭提出了地理学科的特殊能力分类：地理空间定位能力、地理空间分布格局的觉察能力、地理空间特征的综合分析能力、地理过程的描述与简单预测能力、地理因果关系分析与推理的能力。然后，再分析国内外的地理课程标准，指出地理学科能力结构要素还包括下述一般能力：提出地理问题的能力、地理信息加工能力、地理表达与交流能力、地理实践能力等。本节分类主要参照袁孝亭提出的地理学科能力结构，具体分类见本节第三部分的能力体现分析。

三、地理选考科目的高考试题各项分类

(一)地理高考试题考查知识的特点

依据本节分类，将 2015 年 10 月到 2016 年 10 月三份浙江地理作为选考科目的高考试题所考查的知识进行分类，分类结果如表 8-3-3-1。对 2015 年 10 月到 2016 年 10 月三份试题的各内容考查的次数进行统计，结果如图 8-3-3-1。

图 8-3-3-1 可知，地理高考试题考查的地理学科知识点的覆盖面非常广，内容较为全面。三份地理试题中，每一类学科知识都有被涉及过。整体看，对地球与地图的考查特别多，体现了地球与地图这部分内容在地理学科知识中的基础性地位。

分块来看，考查的内容较为均匀，但也有或多或少的区别。这三份试卷，考查内容的次数从多到少排列依次是自然地理的内容、人文地理的内容、地图与地球的内容、区域地理的内容。自然地理内容中，试题比较多地考查自然地理环境的整体性与差异性、大气圈；人文地理内容中，试题比较多地考查城市、工业、农业；区域地理内容中，试题比较多地考查区域环境与人类活动、区域可持续发展。

表 8-3-3-1　浙江 2015 年 10 月到 2016 年 10 月地理作为选考科目的高考地理试题考察知识

学科知识			2015 年 10 月	2016 年 4 月	2016 年 10 月
地球与地图			20、25、27(1)(5)、28(1)(2)(3)、29(2)(3)	18、25、26(1)(2)(3)(4)、27(1)(2)(4)、28(1)(2)(3)、29(1)	6、8、9、10、11、22、26(1)(2)(3)、27(1)(5)、28(4)、29(1)(2)(3)
自然地理	宇宙中的地球		13、14、26(1)、28(2)	5、28(3)	2、28(4)
	自然环境中的物质运动与能量交换	岩石圈	19	12、13、26(1)、29(1)	24
		大气圈	2、3、27(1)	23、24、26(3)、27(4)	13、18、19
		水圈	1、26(2)、26(3)	26(4)、27(4)	8、9、26(3)
	自然地理环境的整体性与差异性		5、10、18、26(4)、26(5)、27(1)、28(2)	4、7、25、26(4)	10、11、25、26(1)、27(3)、28(1)
	自然地理环境对人类的影响		9	1、6、27(1)	12、27(5)、29(2)
人文地理	人口与环境		7、8	16、17	14、15
	城市与环境		3、11、12、27(4)	15、28(1)、29(3)	3、16、27(1)
	区域产业活动	产业活动区位条件	6	3、9、11、29(4)	1
		地域联系	29(2)	8	
		农业	17、29(2)	14、26(3)、28(2)	21、26(2)
		工业	21、22、24、27(5)	10、19、27(2)28(1)	
		交通运输业		28(1)	6
	人类与地理环境的协调发展		4、16		
区域地理	区域地理环境与人类活动		23、25、26(2)、26(3)、27(2)(3)、29(1)	20、27(5)	4、5、17、26(1)、26(4)、27(2)
	区域可持续发展			21、22、26(2)(3)	22、23、27(4)、28(2)、28(3)、29(1)
	地理信息技术应用		6、15	2、3	7
自然灾害与防治			28(1)	29(2)	29(3)
环境保护			29(3)	28(4)	

（二）地理高考试题体现观点的特点

二战后，一些人口问题、资源问题、环境问题等与地理学科息息相关的问题矛盾越来越突出，而且有些问题已经发展到了危害人类自身的程度。因此，人地协调观出现并受到重视。人地协调观点的形成需要以科学地认识人地之间的关系为基

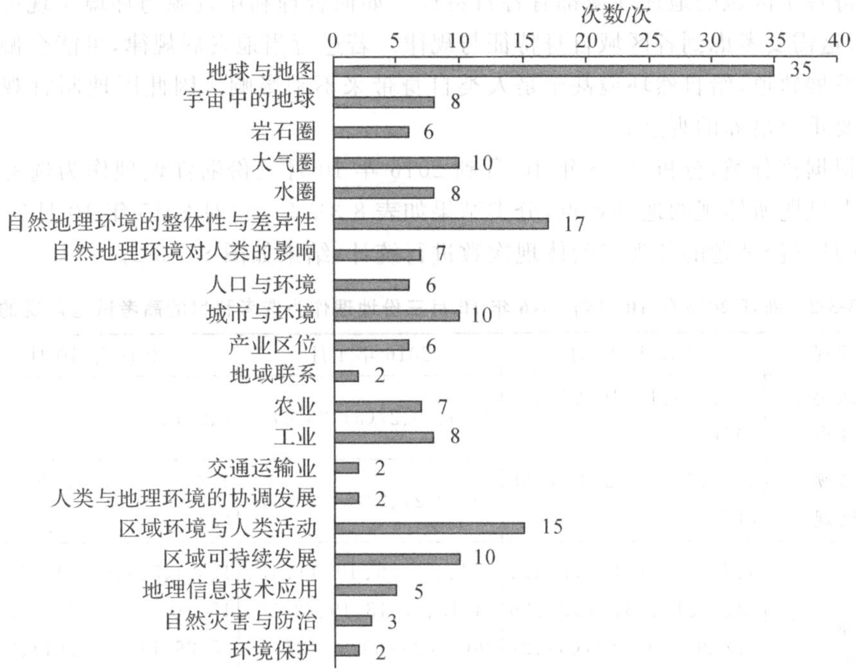

图 8-3-3-1　浙江省 2005 年 10 月到 2016 年 10 月三份试题的各内容考察次数

础。因此归类时将涉及"人对地的影响""地对人的影响"内容的试题也归类到人地协调观。因为人地协调观和可持续发展观是在人地关系思想发展的过程中先后产生的，所以如果学生形成了人地协调的观点，那么这将会有助于可持续发展观的形成。

改革开放以来，中国经济建设取得了历史性进展，国民经济持续、快速增长，人民生活水平显著提高，贫困人口减少。但是与此同时人口多、人均资源有限、经济技术水平较低仍是中国发展的制约因素。发展过程出现的土地退化、水土流失、荒漠化、淡水资源短缺、旱涝灾害频发、环境污染、雾霾等正在威胁着中国社会和经济的发展。国家和社会逐渐发现可持续发展观念的重要性，并且将该观点作为重要的实践指导思想。地理课程将它作为重点培养内容，努力确保每个学生都能形成可持续发展观念。

地理学是以人类的生存空间为研究对象的一门科学，因此，空间观念是地理学核心的、基本的观念。地理空间观念是对地理事物和现象的分布格局及其空间关系的认识。地理空间观念的形成对学生正确认识地理环境的空间关系有帮助。

因地制宜是根据各地自身情况，来制定适宜本地区发展的方法。地理环境是由自然以及人文诸多地理环境要素组成的，并且各要素彼此之间是相互联系的。

这使得各个区域的地理环境都有各自特征。如何合理利用资源与环境实现可持续发展，这需要考虑到各区域自身特征与规律。若违背当地发展规律，可能会偏离可持续发展轨道，给自然环境甚至是人类自身带来不利影响。因此因地制宜观点也是需要重点培养的观点。

根据该分类，分析 2015 年 10 月到 2016 年 10 月三份浙江地理作为选考科目的高考试题所体现的地理观点，分类结果如表 8-3-3-2。再对 2015 年 10 月到 2016 年 10 月三份试题的各观点的体现次数进行统计，结果如图 8-3-3-2。

表 8-3-3-2 浙江 2015 年 10 月到 2016 年 10 月三份地理作为选考科目的高考试题体现的观点

地理观点	2015 年 10 月	2016 年 4 月	2016 年 10 月
人地协调观点	3、4、6、8、14、16、27(4)、29(1)	9、15、19、27(5)、28(4)	8、9、12
可持续发展观	4、15、16、22、27(5)、28(1)、29(3)	19、20、21、27(5)、29(4)	4、8、9、12、14、23、26(4)、29(3)
地理空间观点	3、5、6、8、9、10、11、12、13、14、15、23、24、25、26(1)、26(2)(3)(4)(5)、27(1)(2)(3)(4)(5)、28(1)(2)(3)、29(1)(2)(3)	3、4、7、8、9、10、11、13、14、15、17、18、19、22、25、26(1)(2)(3)(4)、27(1)(2)(3)(4)(5)、28(1)(2)(3)(4)、29(1)(2)(3)(4)	1、3、4、5、6、8、9、10、11、13、15、16、17、19、21、22、23、25、26(1)(2)(3)(4)、27(1)(2)(3)(4)(5)、28(1)(2)(3)(4)、29(1)(2)(3)
因地制宜观点	6、11、24、26(1)、27(5)、28(1)、29(1)	3、10、11、17、27(1)(2)(3)、28(1)、29(4)	1、2、5、6、21、27(2)(4)(5)、28(1)

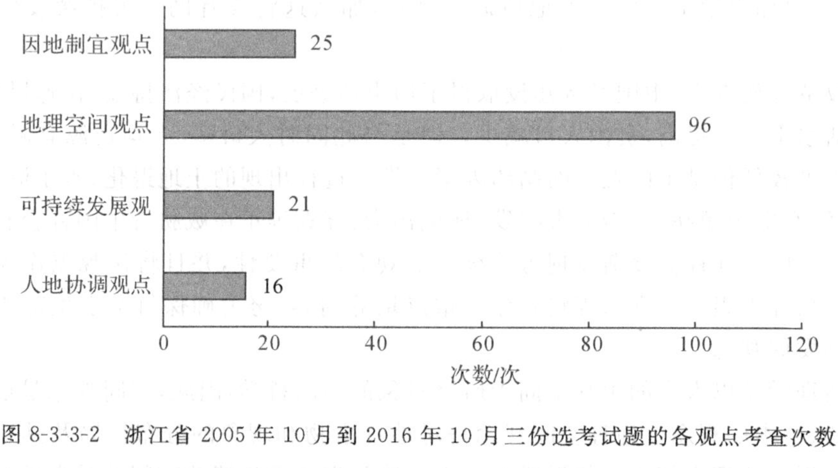

图 8-3-3-2 浙江省 2005 年 10 月到 2016 年 10 月三份选考试题的各观点考查次数

本节所关注的各地理观点中，地理空间观点在试题中的体现较多，这体现了地理学科自身的区域性和综合性特点。

(三)地理高考试题情景设置的特点

受到条件的限制，地理高考试题只能以图文形式设置试题问题情境。不过地理试题的试题材料情景设置形式仍十分多样。根据对试题初步观察以及地理学科特点，地理试题情景设置大体体现在文字材料、图表数据、区域地图、等值线图、示意图、景观图等。依据该分类，将 2015 年 10 月到 2016 年 10 月三份浙江地理作为选考科目的高考试题的情景设置进行归类。由于有些试题未设置情景直接考查学生在学习中识记与理解知识。因此存在一些题目没有设置情景；也有一些题目，尤其是非选择题，同时运用多种形式对题目进行情景设置。因此，有些题目会被归为多类情景而重复出现，归类结果如表 8-3-3-3。再对 2015 年 10 月到 2016 年 10 月三份试题的情景设置次数进行统计，结果如图 8-3-3-3 所示。

表 8-3-3-3　浙江 2015 年 10 月到 2016 年 10 月三份地理作为选考科目的高考试题情景设置

地理试题情景	2015 年 10 月	2016 年 4 月	2016 年 10 月
文字材料	2、3、5、6、8、9、10、11、12、13、15、19、20、21、22、26、27、29	2、3、4、5、8、9、10、11、12、13、14、15、19、20、21、22、27、28、29	2、4、5、10、11、22、23、26、27、28、29
图表数据	16、19、20、23、24、27、28、29	16、17、23、24、26	12、13、14、15、16、17、20、21、29
区域地图	25、26、27、28、29	25、26、27、28、29	6、10、11、22、23、26、27、28、29
等值线图	27		
示意图	4、11、12、17、20	18、19、20、21、22、28	3、7、8、9、18、19、24、25、28
景观图			
无	1、7、18、	1、6、7	1

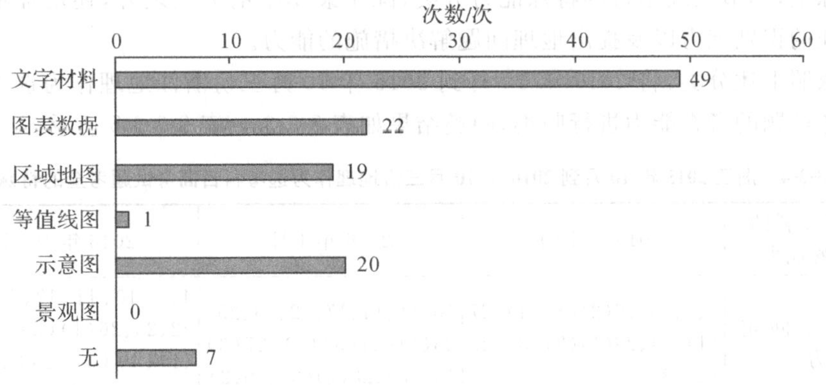

图 8-3-3-3　浙江省 2015 年 10 月到 2016 年 10 月三份地理试题中试题情景设置次数

由图 8-3-3-3 可知，地理高考试题在设置情景时，运用最多的是文字材料，其次是图表数据、区域地图，示意图也运用的比较多，分类预设的景观图未涉及。当然，还有少部分题目没有设置情景。

（四）地理高考试题考查的能力特点

地理空间定位能力是将一定的地理事物定位于一定区域内，并从中得出比较有价值的、能够帮助学生解题的能力。这种能力是通过观察并记忆具有某种特征的地理事物空间位置关系而形成的一种学科能力品质，其主要功能是用来回答“某一地理事物它在哪里”这个问题。这个能力培养与使用还需要个体初步了解到“某一地理事物它是什么样子的”，同时知道“它在哪里”又有助于更多地了解“它是什么样子”。

地理空间格局的觉察能力是发现地理事物和现象独特分布特点的能力，主要是解决“某些地理事物在哪里”“这些地理事物分布之间有什么关系”等这些问题的，并为回答“这些地理事物为什么这样分布”打下基础。

地理特征的综合分析能力不仅仅是一种简单地回答“它是什么样子的”“它由什么要素组成的”等问题的能力，而且它还是能够回答“各要素之间有什么关系”这一问题的能力。本节将它定义为地理事物特征的识别能力。

地理过程的描述与简单预测的能力主要回答“它是什么时候发生的”“它是怎样发展变化的”“它将来会怎样发展”。有时，预测地理事物的变化趋势时，还需要从以往的发生发展过程中总结出规律，甚至分析出因果关系，才能更好地、更确切地预测地理事物发展变化的趋势。

地理因果关系分析与推理能力主要是回答“它为什么会是这个样子的”“它为什么会在那里”等问题。不仅是要知道为什么，还要更进一步地用所学的地理因果关系等分析遇到的地理问题，提出解决地理问题的相关策略，可将这种能力拎出并称之为提出地理问题解决措施的能力。

综上，本节地理学科的特殊能力分类，除了袁孝亭的分类之外，还增加地理事物特征的识别能力以及提出地理问题解决措施的能力。

依照上述分类，将 2015 年 10 月到 2016 年 10 月三份浙江地理作为选考科目的高考试题的考查能力进行归类，归类结果如表 8-3-3-4、表 8-3-3-5 所示。

表 8-3-3-4 浙江 2015 年 10 月到 2016 年 10 月三份地理作为选考科目高考试题考查的特殊能力

地理学科的特殊能力	2015 年 10 月	2016 年 4 月	2016 年 10 月
地理空间定位能力	3、5、25、26(2)(3)(4)、27(1)(5)、28(1)(2)(3)、29(2)(3)	10、11、14、17、22、23、25、26(1)(2)(3)(4)、27(3)(4)(5)、28(2)(3)、29(2)	4、9、10、11、17、19、21、22、25、26(1)(2)(3)、27(1)(4)(5)、28(2)(3)(4)、29(1)(2)(3)

续表

地理学科的特殊能力	2015 年 10 月	2016 年 4 月	2016 年 10 月
地理空间分布格局的观察能力	11、27(5)、28(2)、29(2)	18、26(3)(4)、27(1)(2)、28(1)、29(1)	3、6、11、13、21、22、27(5)、28(1)
地理事物特征的识别能力	1、2、3、4、5、6、7、8、9、10、11、12、13、14、15、16、17、18、19、20、21、22、23、24、25、26(1)(3)(4)(5)、27(1)(2)(3)、(4)(5)、28(1)(2)(3)、29(1)(2)(3)	1、2、3、4、7、8、9、10、11、12、13、14、15、16、17、18、19、20、21、22、23、24、25、26(1)(2)(3)(4)、27(1)(2)(3)(4)(5)、28(1)(2)(3)(4)、29(1)(2)(3)(4)	1、2、3、4、5、6、7、8、9、10、11、12、13、14、15、16、17、18、19、20、21、22、23、24、25、26(1)(2)(3)(4)、27(1)(2)(3)(4)(5)、28(1)(2)(3)(4)、29(1)(2)(3)
地理事物特征的综合分析能力	1、2、3、5、6、8、9、11、16、18、24、26(5)、27(5)、28(1)(2)、29(1)(2)(3)	3、8、9、10、11、13、14、19、21、28(1)(2)(4)、29(2)(3)	1、2、4、5、6、8、13、16、17、21、22、26(2)(4)、27(4)(5)、28(1)(2)(3)、29(1)(2)(3)
地理过程的描述与简单预测能力	1、2、3、8、9、10、12、16、22、24、27(2)、28(1)(2)、29(2)	6、7、8、9、15、17、20、23、24、25、26(2)(3)、27(5)、28(2)(4)、29(2)	5、8、9、12、13、14、15、26(3)、27(1)、28(1)(3)
地理因果关系分析与推理的能力	1、2、3、4、5、8、9、10、11、12、16、22、24、26(1)(5)、27(3)(5)、28(1)(2)、29(1)(2)(3)	5、6、7、8、9、10、11、13、14、15、17、19、20、21、23、24、25、26(2)(3)(4)、27(1)(2)(3)(4)(5)、28(1)(2)(4)、29(2)(3)(4)	1、4、5、6、11、13、16、17、23、26(1)(2)(3)(4)、27(4)(5)、28(1)(2)(3)、29(1)(2)(3)
提出地理问题解决措施的能力	4、28(1)、29(3)	29(4)	23

由表 8-3-3-4 与图 8-3-3-4 所得，所关注的各能力均有被考查，其中提出地理问题解决措施的能力考查较少；值得关注的是，每道题都需要运用地理事物特征的识别能力，验证了地理事物特征的识别能力是解决地理问题的基本能力。因此，地理因果关系分析与推理的能力、地理事物特征的综合分析能力、地理空间定位能力是地理高考试题考查较多的学科特殊能力。

地理高考试题中每道试题都体现了地理信息的加工能力，难度有深有浅。表达交流能力是在后 30 分的选择题中来考查，由于条件的限制，地理实践能力不能在试题中进行考查，因此高考试题中，地理实践能力，提出地理问题的能力也未被考查(表 8-3-3-5)。

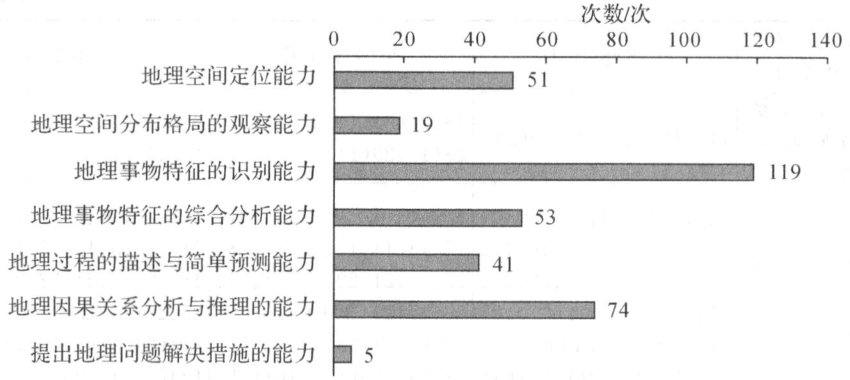

图 8-3-3-4 2015 年 10 月到 2016 年 10 月三份试题的地理学科特殊能力的考查次数

表 8-3-3-5 2015 年 10 月到 2016 年 10 月三份浙江地理作为选考科目的高考试题考查的一般能力

地理学科的一般能力	2015 年 10 月	2016 年 4 月	2016 年 10 月
提出地理问题的能力			
地理信息加工能力	1、2、3、4、5、6、7、8、9、10、11、12、13、14、15、16、17、18、19、20、21、22、23、24、25、26(1)(2)(3)(4)(5)、27(1)(2)(3)(4)(5)、28(1)(2)(3)、29(1)(2)(3)	1、2、3、4、5、6、7、8、9、10、11、12、13、14、15、16、17、18、19、20、21、22、23、24、25、26(1)(2)(3)(4)、27(1)(2)(3)(4)(5)、28(1)(2)(3)(4)、29(1)(2)(3)(4)	1、2、3、4、5、6、7、8、9、10、11、12、13、14、15、16、17、18、19、20、21、22、23、24、25、26(1)(2)(3)(4)、27(1)(2)(3)(4)(5)、28(1)(2)(3)(4)、29(1)(2)(3)
地理表达与交流能力	26(1)(5)、27(5)、28(1)(2)(3)、29(1)(2)(3)	26(4)、27(5)、28(2)(3)(4)、29(1)(2)(3)(4)	26(4)、27(5)、28(1)(2)(3)(4)、29(1)(2)(3)(4)
地理实践能力			

四、地理高考试题的能力体现研究

(一)地理试题考查的知识中特殊能力体现特点分析

(1)地球与地图的能力体现。地球与地图体现的能力非常全面,各类能力均有体现。图 8-3-4-1 反映出"地球与地图"内容试题较多考查地理空间定位能力。对图 8-3-4-1 与表 8-3-3-5 中的数据进行综合分析,发现地理事物特征的识别能力、地理空间定位能力多体现在地球与地图考试内容。

(2)自然地理的能力体现。图 8-3-4-2 体现出"自然地理"较全面地考查地理能

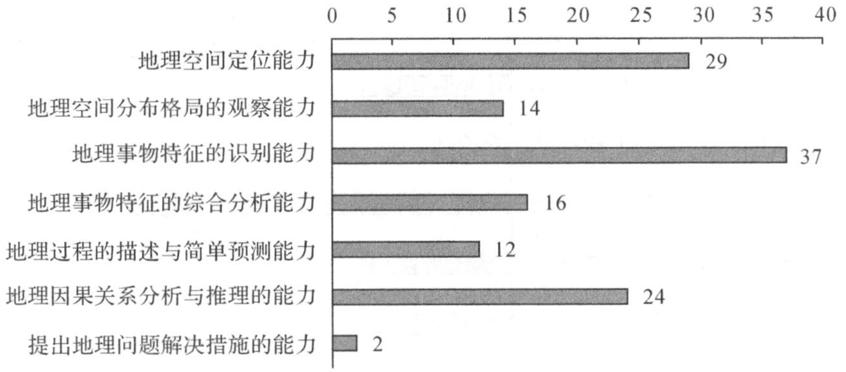

图 8-3-4-1 “地球与地图”试题考查的能力体现特点

力，除了提出地理问题的解决措施能力，其他各能力均有体现。因此，将不再重复自然地理内容没有考查到提出地理问题解决措施的能力。图 8-3-4-2 反映出“自然地理”内容的试题比较少地考查地理学科特殊能力中的地理空间定位能力以及地理因果关系的分析与推理能力。对图 8-3-4-2 和表 8-3-3-5 的数据进行综合分析，发现地理空间分布格局的觉察能力较少地被体现在“自然地理”考题中。

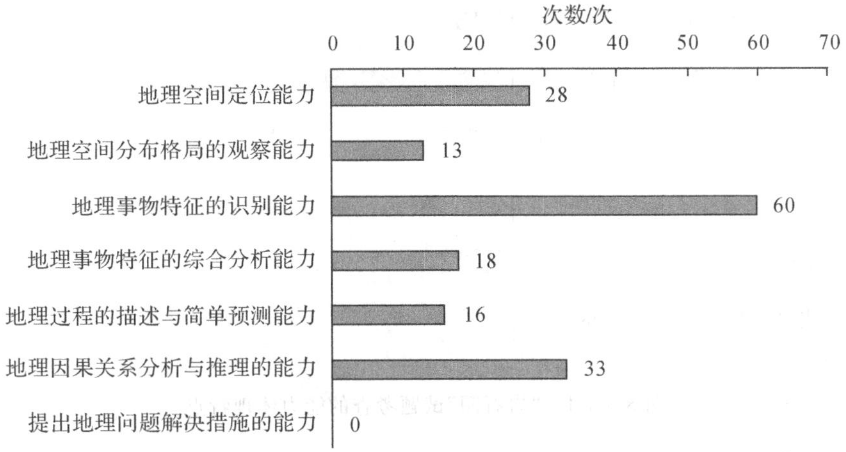

图 8-3-4-2 “自然地理”试题考查的能力体现特点

宇宙中的地球考点统计如图 8-3-4-3 所示，“宇宙中的地球”中能力考查较为全面，但未考查地理问题解决措施能力。

岩石圈能力考查未涉及地理过程的描述与预测能力、提出地理问题解决措施能力，其余五项能力均有被考查，且没有偏重哪一个能力(图 8-3-4-4)。

考查“大气圈”内容的试题较多地侧重对地理事物特征识别能力、地理因果关

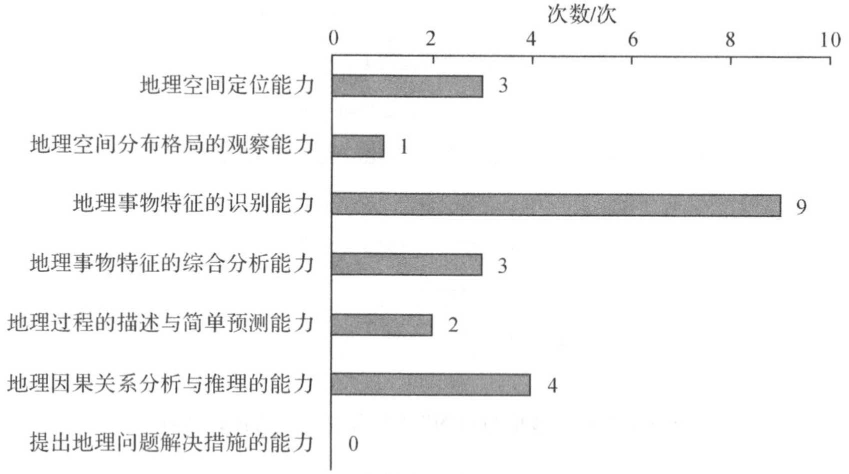

图 8-3-4-3 “宇宙中的地球”试题考查的能力体现特点

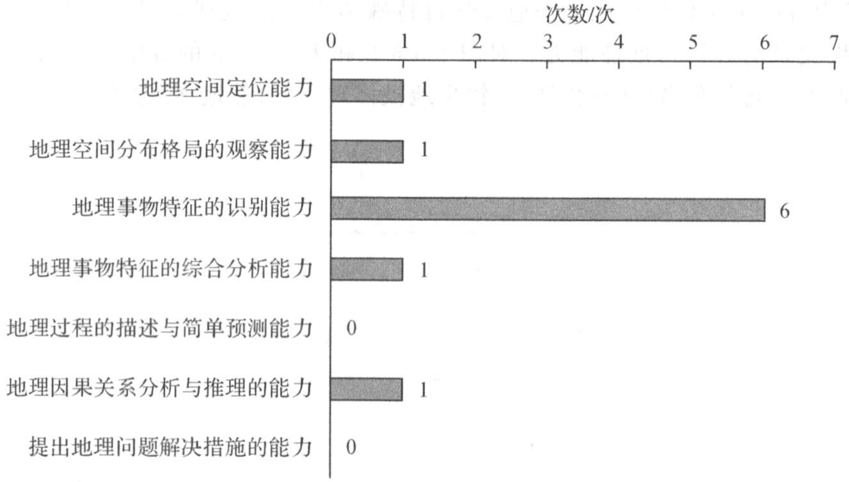

图 8-3-4-4 “岩石圈”试题考查的能力体现特点

系的分析推理能力、地理过程的描述与简单预测能力、地理空间定位能力的考查，而且其两项能力也均有考查(图 8-3-4-5)。

“水圈”试题中的能力体现的特点较为明显，虽五项能力均有被考查，但主要体现出了地理事物特征的识别能力、地理空间定位能力、地理过程的描述与简单预测能力以及地理因果关系分析与推理能力(图 8-3-4-6)。

在“自然地理环境的整体性与差异性”试题中，五项能力均有体现，体现得较多的是地理事物特征识别能力、地理因果关系分析与推理能力与地理空间定位能力(图 8-3-4-7)。

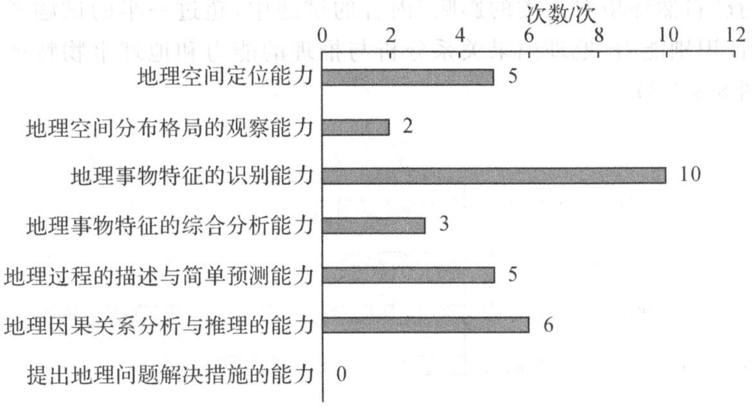

图 8-3-4-5　“大气圈”试题考查的能力体现特点

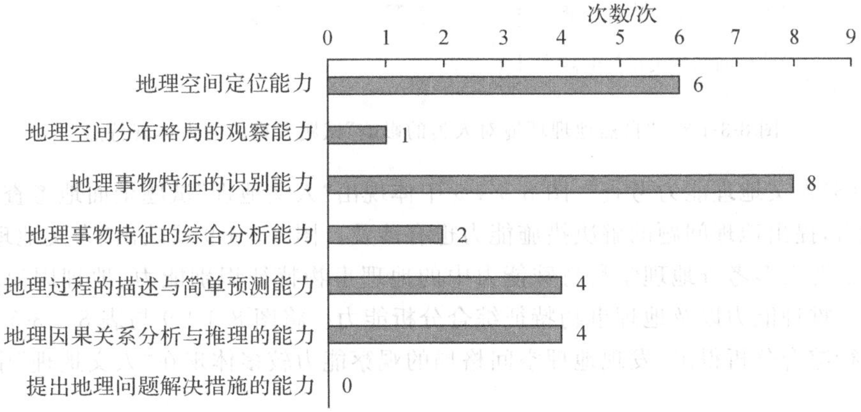

图 8-3-4-6　“水圈”试题考查的能力体现特点

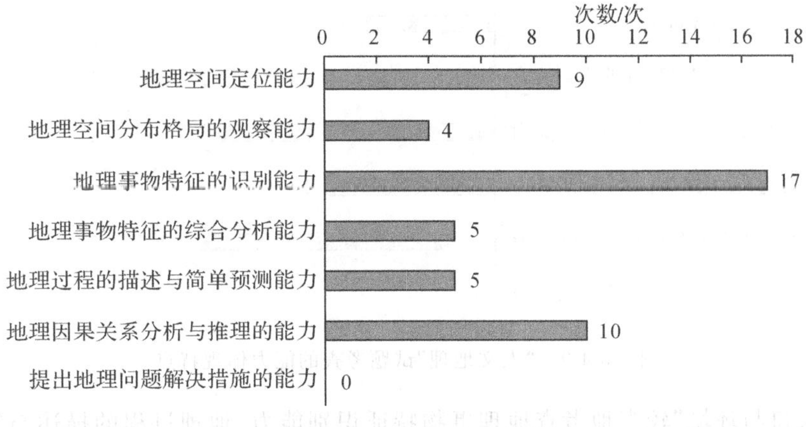

图 8-3-4-7　“自然地理环境的整体性与差异性”试题考查的能力体现特点

在考查“自然环境对人类的影响”内容的试题中，超过一半的试题考查的是地理事物特征识别能力、地理因果关系分析与推理的能力和地理事物特征的综合分析能力（图 8-3-4-8）。

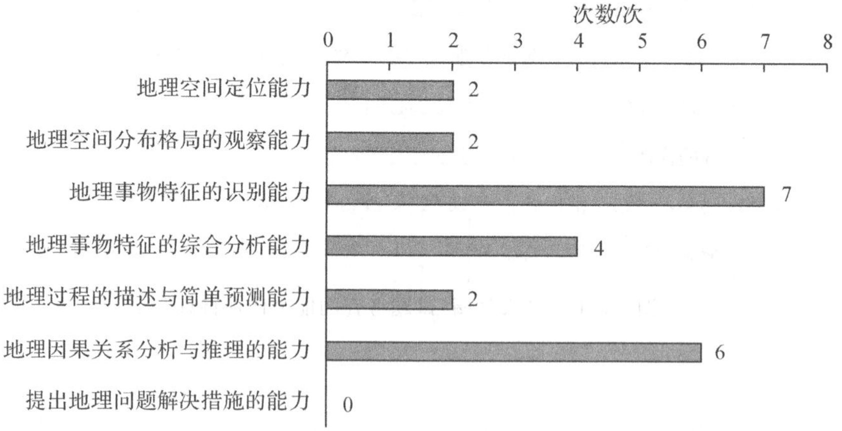

图 8-3-4-8 “自然地理环境对人类的影响”试题考查的能力体现特点

（3）人文地理能力考查。图 8-3-4-9 中体现出“人文地理”试题全面地考查了地理能力，提出地理问题的解决措施能力也有涉及。图 8-3-4-9 反映出“人文地理”内容的试题大多考查地理学科特殊能力中的地理事物特征识别能力、地理因果关系分析与推理能力以及地理事物特征综合分析能力。将图 8-3-4-9 与表 8-3-3-5 的数据进行综合分析得出，发现地理空间格局的观察能力较多体现在“人文地理”中。

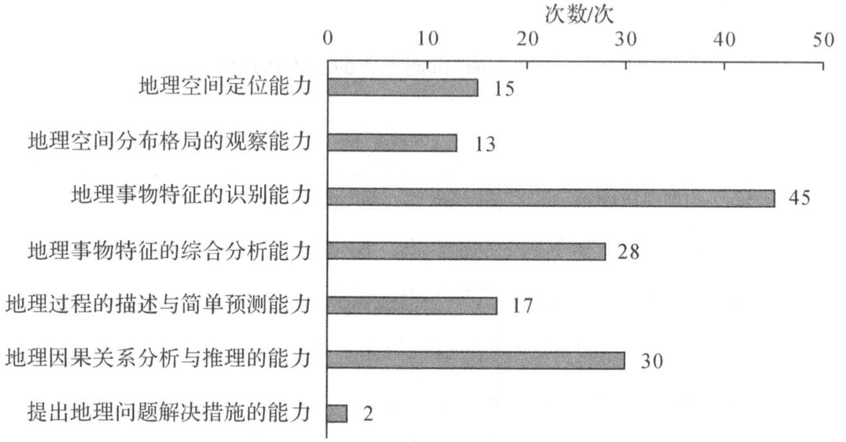

图 8-3-4-9 “人文地理”试题考查的能力体现特点

“人口与环境”较多地考查地理事物特征识别能力、地理过程的描述与简单预测能力，除了地理空间分布格局观察能力与提出地理问题解决措施的能力这两个能力外，其他能力均有被考查(图 8-3-4-10)。

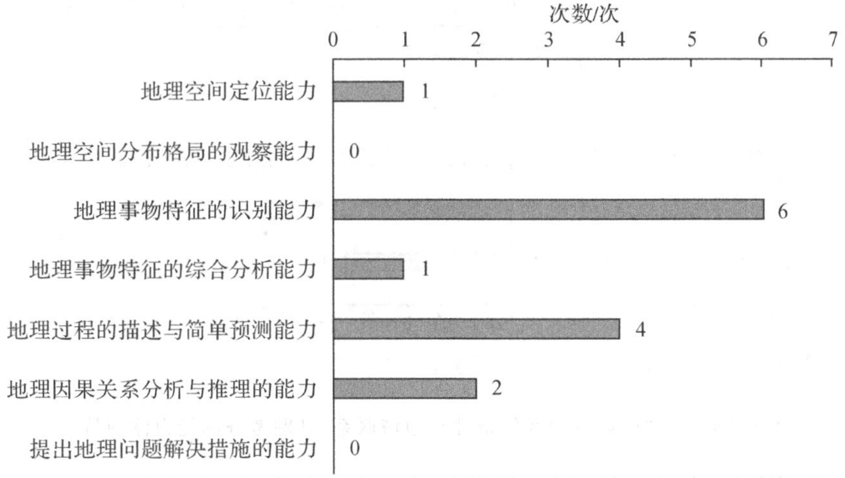

图 8-3-4-10　“人口与环境”试题考查的能力体现特点

以城市与环境为内容的试题考查的能力较为全面，除提出地理问题解决措施的能力外，其他能力均有被考查到(图 8-3-4-11)。

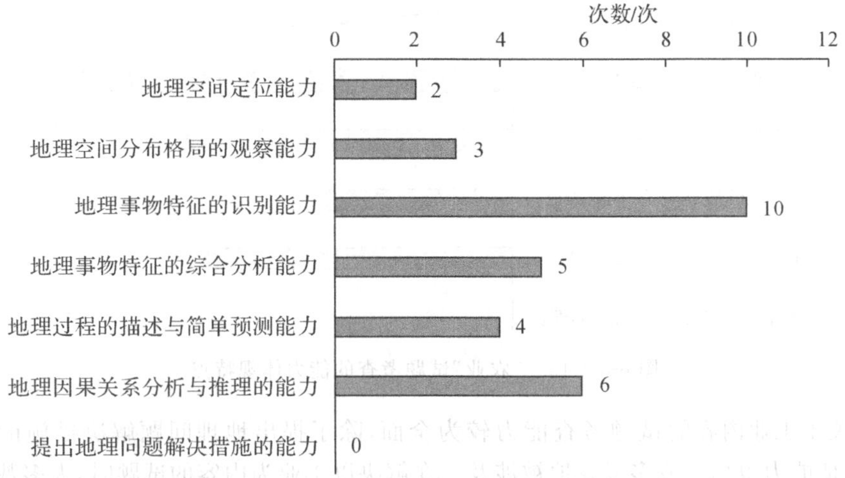

图 8-3-4-11　“城市与环境”试题考查的能力体现特点

产业活动区位条件与地域联系，全部能力都被该内容的试题考查，其中地理事物特征的识别能力和综合分析能力在此内容中尤为突出。几乎每一道涉及该学科内容的试题都会考查这一能力(图 8-3-4-12)。

农业内容试题体现的能力较为全面，仅提出解决措施的能力还未被涉及，其他均有涉及。在解决以农业为内容的试题时，大多数情况下需要地理空间定位能力、地理事物

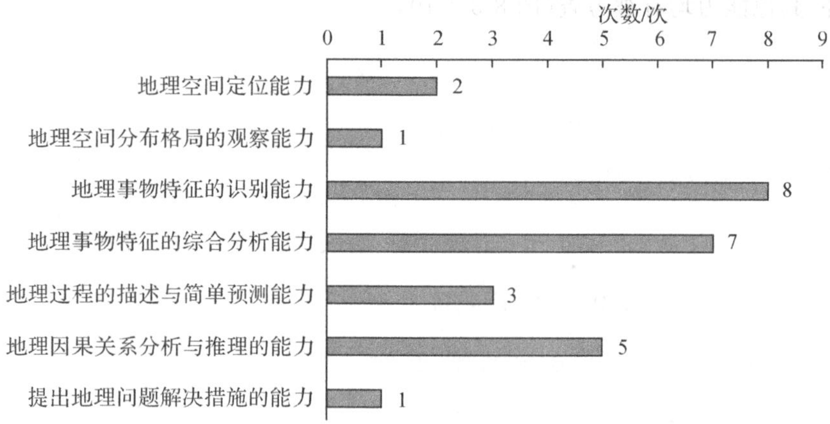

图 8-3-4-12 “产业活动区位条件与地域联系”试题考查的能力体现特点

特征的识别能力和综合分析能力、地理因果关系分析与推理的能力(图 8-3-4-13)。

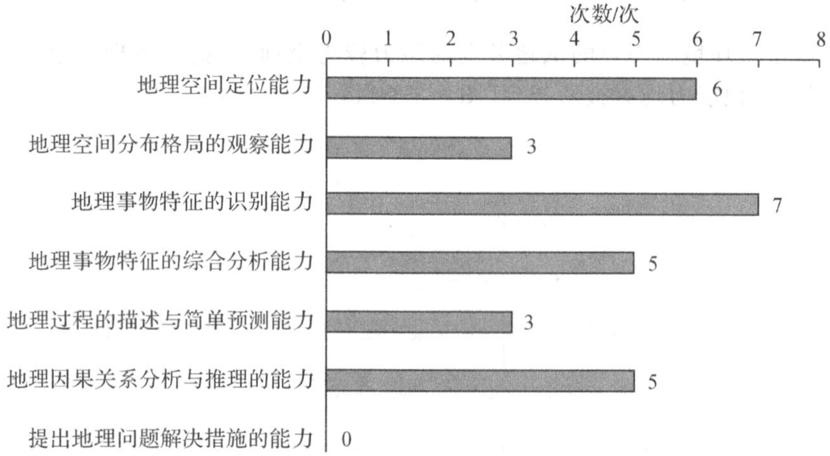

图 8-3-4-13 “农业”试题考查的能力体现特点

关于工业内容的试题考查能力较为全面,除了提出地理问题解决措施的能力外,其他能力也均有或多或少地被涉及。在解决以工业为内容的试题时,大多数情况需要地理因果关系分析与推理能力、地理事物特征综合分析能力(图 8-3-4-14)。

只要试题是关于交通运输业的内容,那么就会考查到地理空间分布格局的觉察能力、地理事物特征的识别能力和综合分析能力以及地理因果关系分析与推理的能力,其余能力没有被考查(图 8-3-4-15)。

人类与地理环境和谐发展,在考查此内容试题会涉及地理因果关系分析与推理的能力,除地理空间定位能力与地理空间分布格局的观察能力外其余能力均有涉及(图 8-3-4-16)。

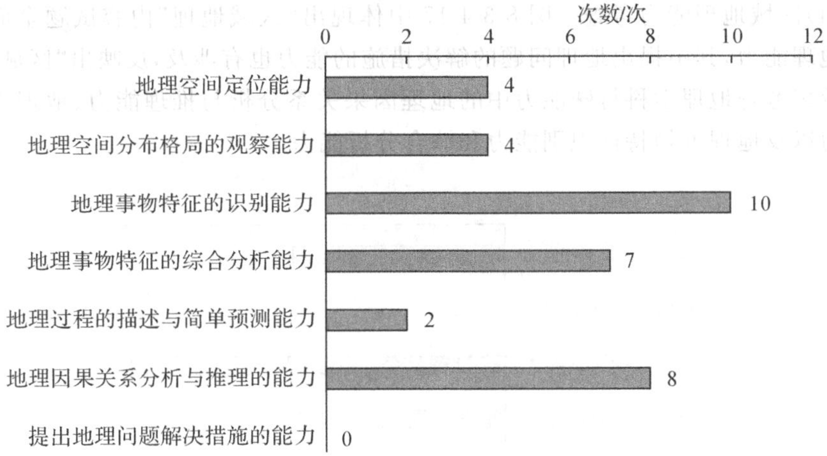

图 8-3-4-14　“工业”试题考查的能力体现特点

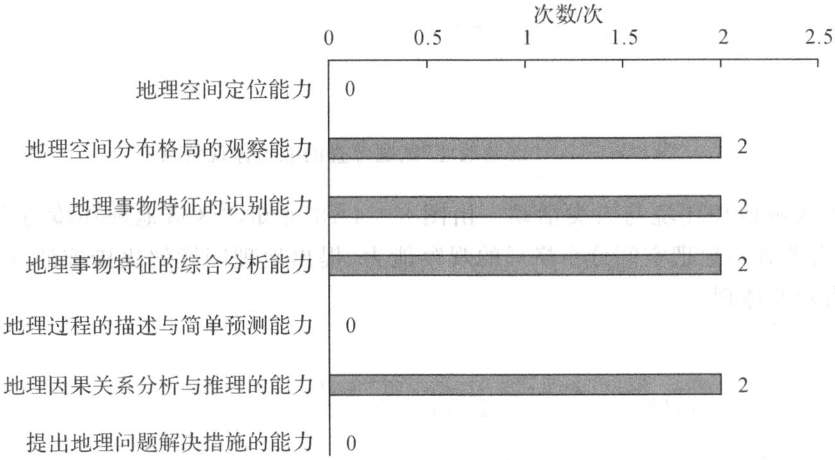

图 8-3-4-15　“交通运输”试题考查的能力体现特点

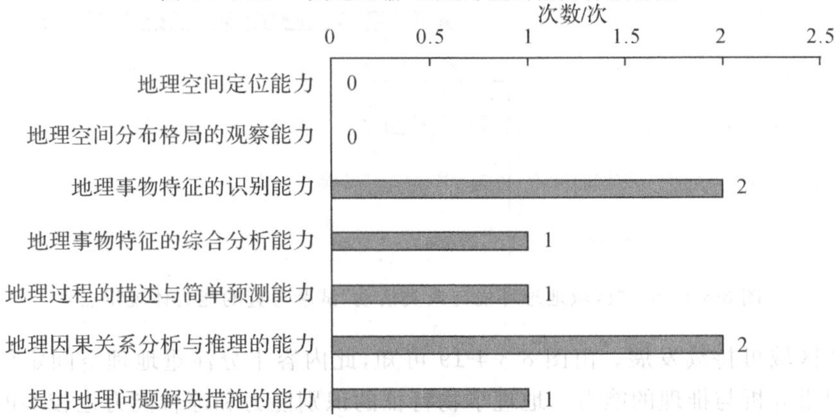

图 8-3-4-16　“人类与地理环境和谐发展”试题考查的能力体现特点

(4)区域地理能力考查。图 8-3-4-17 中体现出“区域地理”内容试题全面地考查了地理能力，其中提出地理问题的解决措施的能力也有涉及，反映出“区域地理”内容较多考查地理学科特殊能力中的地理因果关系分析与推理能力、地理空间定位能力以及地理事物特征识别能力和综合分析能力。

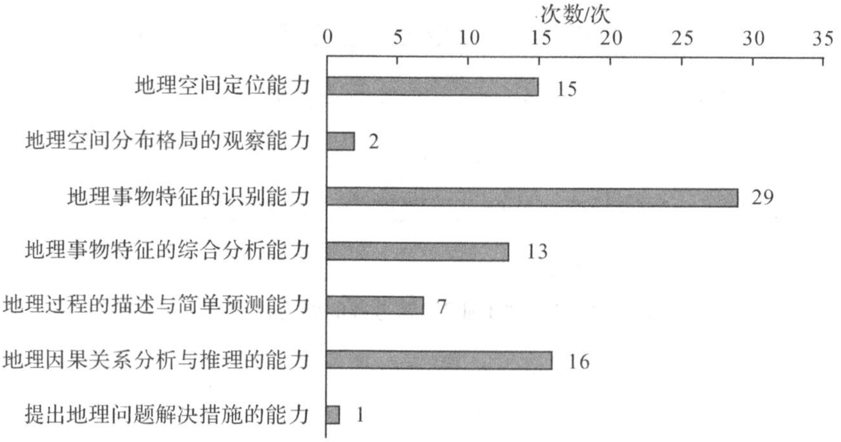

图 8-3-4-17 “区域地理”试题考查的能力体现特点

①区域地理环境与人类活动。由图 8-3-4-18 可知，“区域地理环境与人类活动”没有考查到地理空间分布格局的观察能力、提出地理问题解决措施的能力，其余能力均有体现。

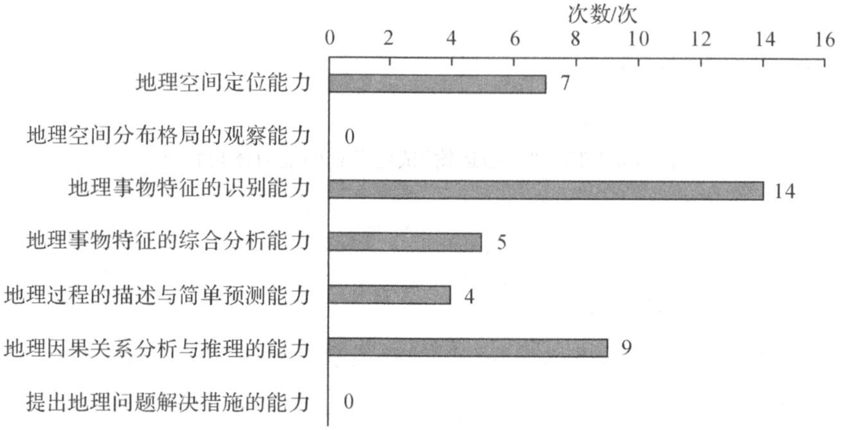

图 8-3-4-18 “区域地理环境与人类活动”试题考查的能力体现特点

②区域可持续发展。由图 8-3-4-19 可知，此内容十分注重地理空间定位能力以及因果分析与推理的能力。地理事物特征的识别能力和综合能力也较多的被考查，其余能力也均有涉及，体现的能力全面。

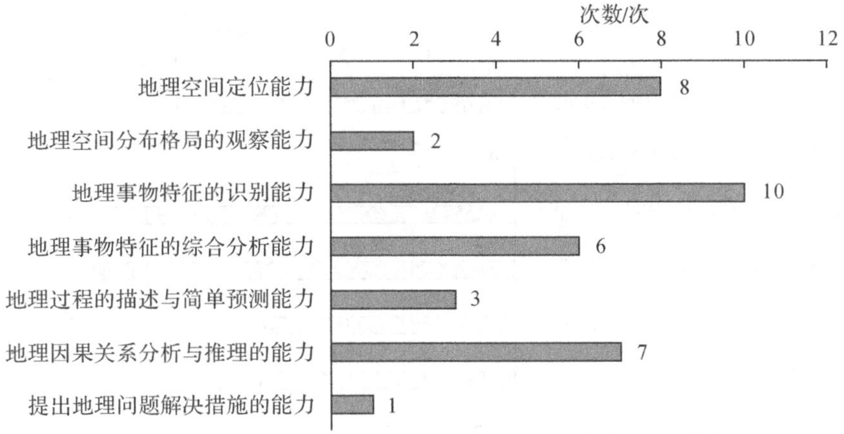

图 8-3-4-19　“区域可持续发展”试题考查的能力体现特点

③地理信息技术应用。“地理信息技术的应用”这个内容被考查时，试题有时会对地理事物特征的识别能力和综合分析能力提出一定的要求(图 8-3-4-20)。

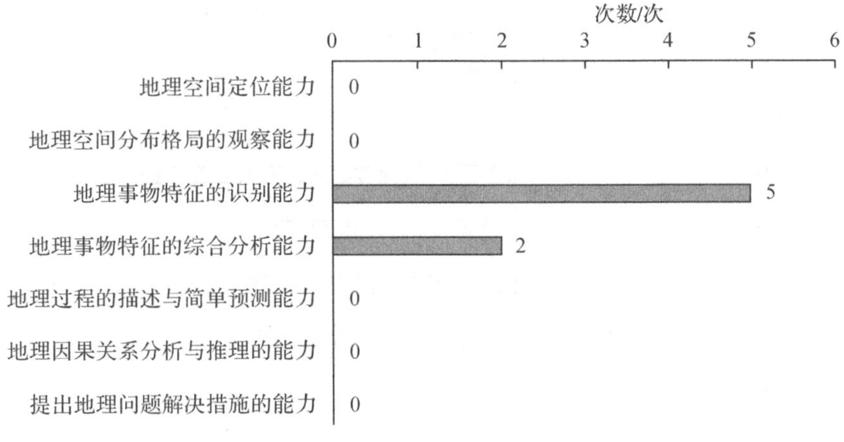

图 8-3-4-20　“地理信息技术应用”试题考查的能力体现特点

图 8-3-4-21 中体现出“选修地理”的地理能力与其他模块内容试题体现的不同，没有考查到地理空间分布格局的观察能力。每次解答考查该模块内容的试题都需要运用地理事物特征的识别能力，其余能力也较多的被涉及。

(二)地理试题体现的观点中特殊能力体现特点分析

1. 人地协调观

由图 8-3-4-22 可知，回答体现“人地协调观”的试题大多需要运用地理过程的描述与简单推理能力、地理事物特征识别能力和综合分析能力和地理因果关系分析与推理能力，有时回答少数试题也需要运用地理空间定位能力、提出地理问题解

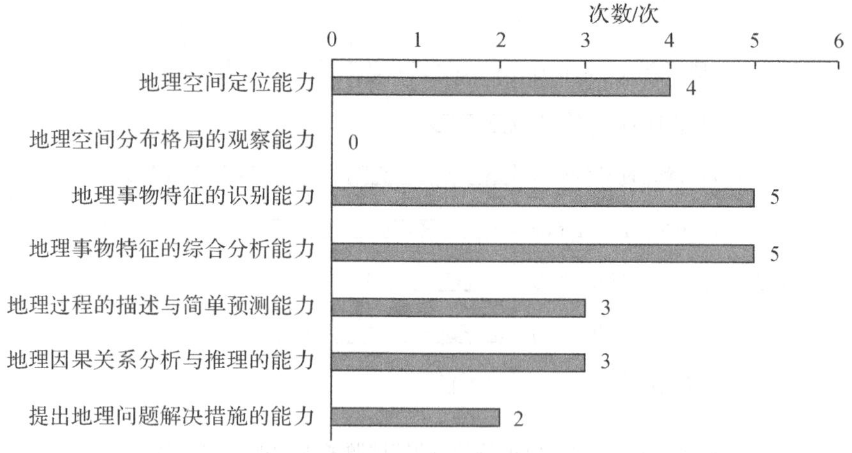

图 8-3-4-21 “选修地理”试题考查的能力体现特点

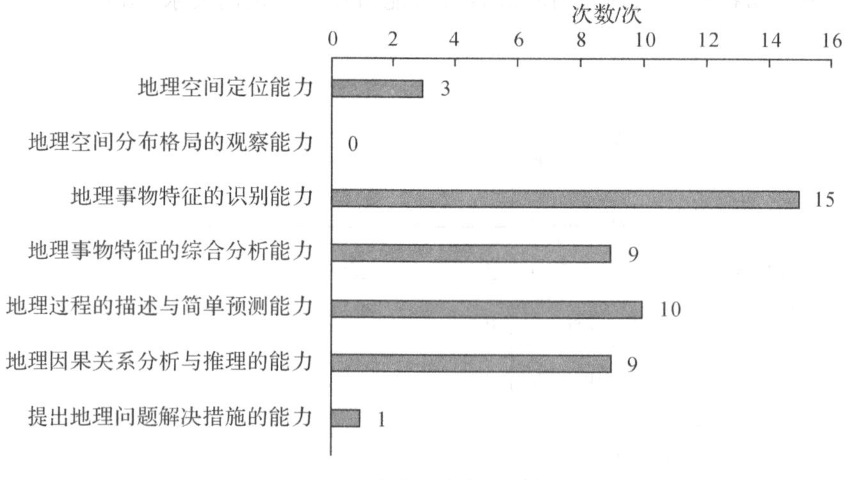

图 8-3-4-22 “人地协调观”试题考查的能力体现特点

决措施的能力。

2. 可持续发展观

由图 8-3-4-23 可知，除了地理空间分布格局能力较少被考查外，其余能力均较多被考查。综合分析图 8-3-4-23 与表 8-3-3-5 可知，运用提出地理问题解决措施能力解题时，都会需要可持续发展观点的参与。

3. 地理空间观

对图 8-3-4-24 与表 8-3-3-5 进行综合分析后，分析结果是在运用各地理特殊能力时，几乎每次都会体现地理空间观点。从图 8-3-4-24 中可知，体现地理空间观的

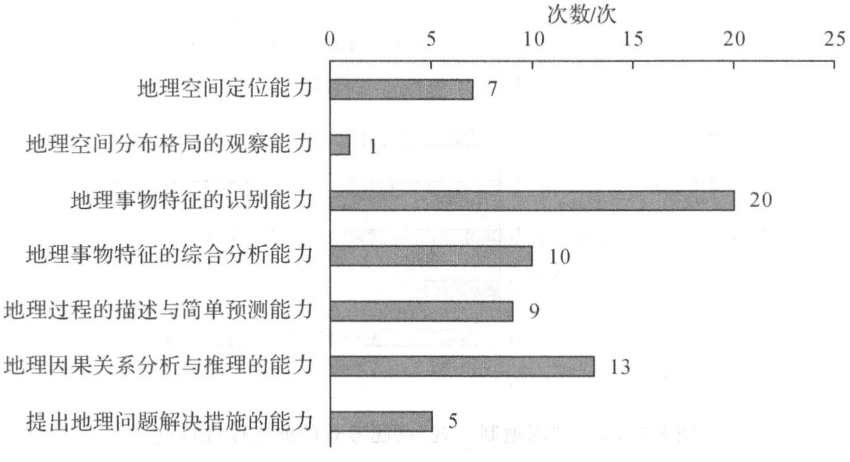

图 8-3-4-23　“可持续发展观”试题考查的能力体现特点

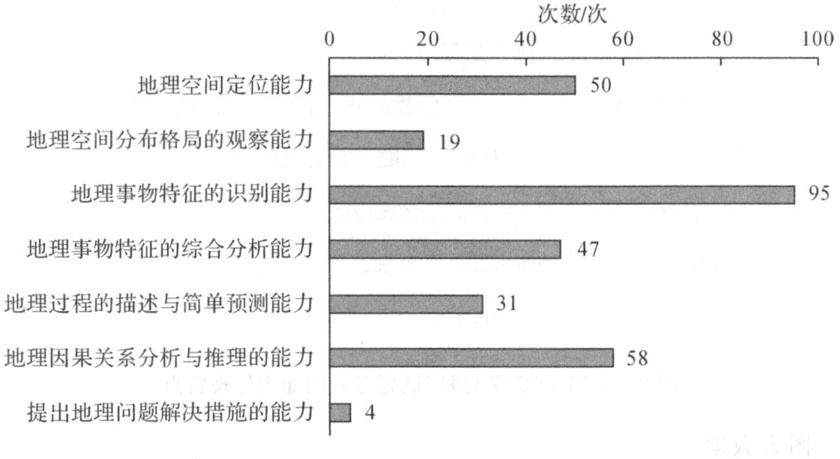

图 8-3-4-24 “地理空间观”试题考查的能力体现特点

地理高考试题较多体现地理事物特征识别与综合分析能力、地理因果关系分析与推理的能力以及地理空间定位能力。

4. 因地制宜观

由图 8-3-4-25 可知，体现因地制宜观的试题主要体现地理事物特征的综合分析能力以及地理因果关系分析与推理能力，其余能力也均有体现。

(三)地理试题情境中特殊能力体现特点分析

1. 文字材料

用文字材料设置情景的试题的能力考查非常全面，其中地理事物特征的识别与综合分析能力以及地理因果关系的分析能力较多被考查到(图 8-3-4-26)。

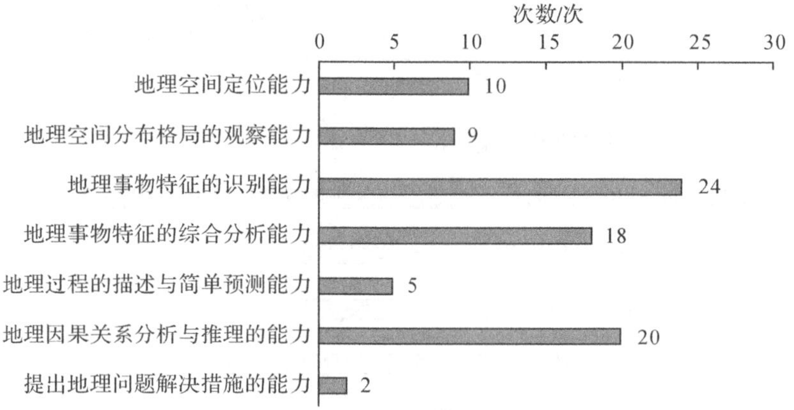

图 8-3-4-25 “因地制宜观”试题考查的能力体现特点

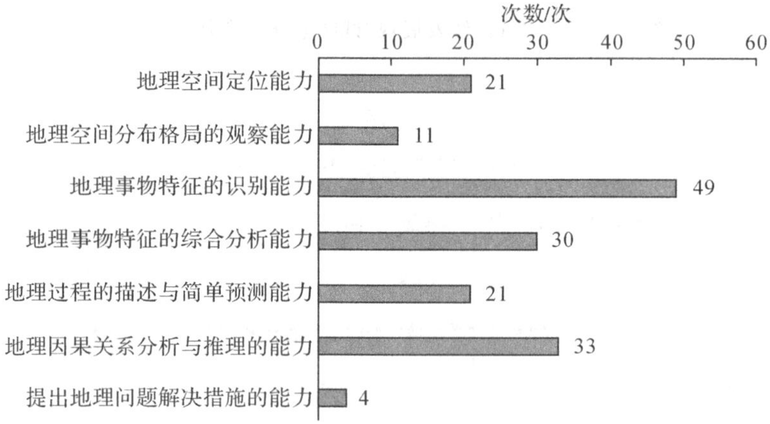

图 8-3-4-26 “文字材料”试题考查的能力体现特点

2. 图表数据

运用图表数据设置情景的试题体现的能力也非常全面且均匀，并没有特别偏重哪一个能力(图 8-3-4-27)。

3. 区域地图

用区域地图设置情景的试题考查的能力非常综合全面，各项能力都较多的被考查，不会单纯考查地理事物特征的识别能力(图 8-3-4-28)。

4. 示意图

运用地理示意图设置地理试题情景的试题体现的地理能力全面且较为均匀，仅单纯考查特征的识别能力的题目比较多(图 8-3-4-29)。

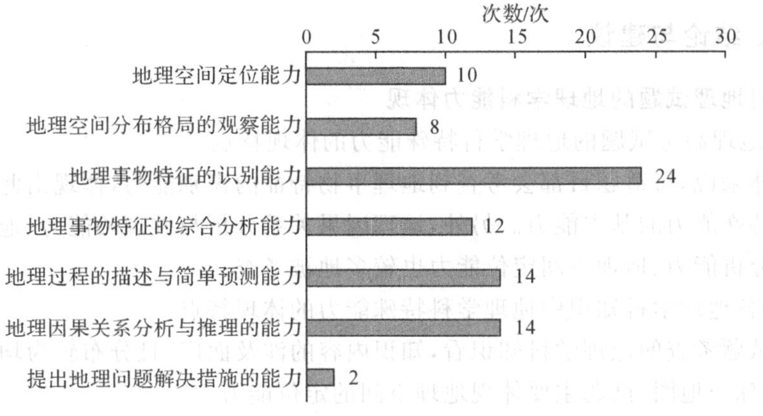

图 8-3-4-27 “图表数据”试题考查的能力体现特点

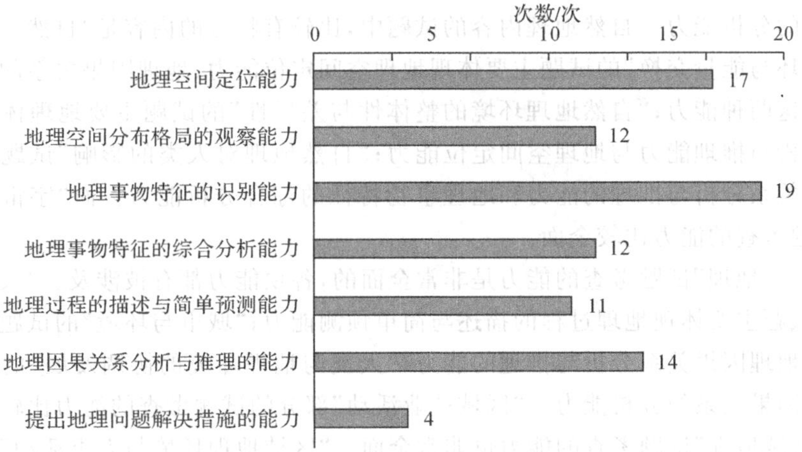

图 8-3-4-28 “区域地图”试题考查的能力体现特点

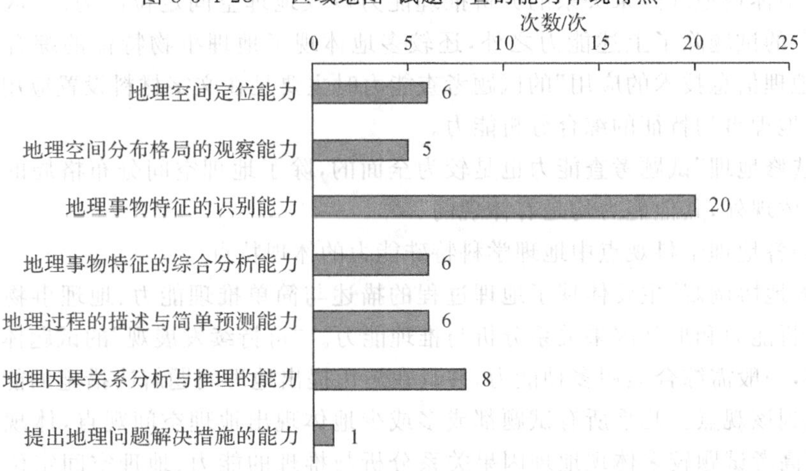

图 8-3-4-29 “示意图”试题考查的能力体现特点

五、结论与建议

(一)地理试题的地理学科能力体现

1. 地理高考试题的地理学科特殊能力的体现特点

总体来说,每道题目都会考查到地理事物特征的识别能力,体现出此能力为地理学科特殊能力的基本能力。另外,地理因果关系分析与推理的能力、地理事物特征综合分析能力、地理空间定位能力也较多地被考查。

(1)各地理学科知识中地理学科特殊能力的体现特点

从试题考查的地理学科知识看,知识内容的涉及面广,且分布较为均匀。

“地球与地图”试题主要体现地理空间的定位能力。

“自然地理”试题没有体现提出地理问题解决措施的能力,较多体现出地理因果关系的分析能力。自然地理内容的试题中,比较有特点的内容是“自然环境中的物质循环与能量交换”的试题主要体现地理空间定位能力、地理因果关系的分析推理能力这两种能力;“自然地理环境的整体性与差异性”的试题主要地理体现因果关系分析与推理能力与地理空间定位能力;“自然地理对人类的影响”试题体现地理因果关系分析与推理的能力和地理事物特征的综合分析能力。而“宇宙中的地球”试题考查的能力比较全面。

“人文地理”试题考查的能力是非常全面的,各项能力都有被涉及。“人口与环境”的试题主要体现地理过程的描述与简单预测能力;“城市与环境”的试题比较多的体现地理因果关系分析与推理的能力,“人类与地理环境的协调发展”的试题体现地理因果关系的分析能力。“区域产业活动”部分的试题考查的能力比较全面。

“区域地理”试题考查的能力也非常全面。“区域地理环境与人类活动”的试题比较多地体现地理因果关系的分析推理能力以及地理空间定位能力。“区域可持续发展”的试题除了上述能力之外,还较多地体现了地理事物特征的综合分析能力。“地理信息技术的应用”的试题考查能力时主要是在文字材料设置应用情景中体现出地理事物特征的综合分析能力。

“选修地理”试题考查能力也是较为全面的,除了地理空间分布格局的观察能力没有体现外,其他能力均是有体现的。

(2)各地理学科观点中地理学科特殊能力的体现特点

“人地协调观”主要体现了地理过程的描述与简单推理能力、地理事物特征的综合分析能力和地理因果关系分析与推理能力。“可持续发展观”的试题体现的能力较多,一般需综合运用多种能力,并且在运用提出地理问题解决措施的能力时均需要用到该观点。几乎所有试题都或多或少地体现出地理空间观点,体现该观点的地理高考试题较多体现地理因果关系分析与推理的能力、地理空间定位能力以及地理事物特征的综合分析能力;体现“因地制宜观”的试题主要体现地理因果关系分析与推理能力以及地理事物特征的综合分析能力。

(3)各地理试题情景中地理学科特殊能力的体现特点

用文字材料设置情景的试题的能力考查非常全面,其中地理因果关系的分析能力以及地理事物特征的综合分析能力较多被考查到。运用图表数据设置情景的试题体现的能力也较为全面,其中较多体现出地理过程的描述与简单预测、地理因果关系分析与推理能力,以及地理事物特征综合分析的能力这三种能力。用区域地图设置情景的试题考查的能力非常综合全面,各项能力都较多地被考查。运用地理示意图设置地理试题情景的试题体现的地理能力全面且较为均匀。

2. 地理高考试题的地理学科一般能力的体现特点

地理高考试题中每道试题都体现了地理信息的加工能力,表达交流能力主要集中在非选择题中来考查。由于地理试题条件的限制,地理实践能力不能在试题中进行考查,因此高考试题中对地理实践能力的考查,提出地理问题的能力的考查也未体现。

(二)对高考(学考)地理科目命题和地理教学的建议

1. 对高考命题的建议

(1)注重考查的地理能力的全面性,积极探索各地理学科知识中可能蕴含的地理能力

不仅仅是注重地理试题对地理学科知识考查的全面性,而且还要注重地理试题对地理能力考查的全面性。三份地理选考用试卷的试题对地理学科能力中的一般能力考查还没有全部体现出来。要积极探索、思考新的命题形式更好地考查未被考查的地理能力。另外根据各部分地理学科知识的特点,对他们进行更细致的研究分析,从中探索出各知识中考查或未被考查的地理学科能力。

(2)丰富地理试题的命题形式,运用多种方式设置命题情景

情景的设置十分有效地考查地理信息的加工能力,尤其是其中的“获取信息的能力”以及“调动和运用信息的能力”。研究发现地理景观图未被设置在其中。地理景观图是很好的一种情景,可以考查学生的地理事物特征识别能力、综合分析能力以及信息加工能力中的调运和运用知识能力。

2. 对教学的建议

(1)将全面推进素质教育作为教育教学工作的使命,全面切实地培养学生的地理学科能力,并且使学生形成有用的地理观点

处在一线的地理教师是地理新课程的主要的、直接的实施者,所以地理学课程的使命主要依靠一线地理教师去实现。尽管高考还未探索出较好的形式考查学生的提出地理问题的能力以及地理实践能力,但是在平时教学中,教师应通过有意识的设问、有意识的引导、有意识的创设情境等形式培养学生的提出问题能力;通过安排地理探究、考察地理事物等活动来培养学生的地理实践能力。结合地理知识

中的智育与德育因素，形成地理学科能力与地理学科观点，并且通过考查学生地理学科能力的运用情况对学生的地理学科观点进行考查。

(2)部分改变传统的教学形式，不仅仅是进行知识传授，而且需要结合知识能力要素对学生进行能力培养

本节分析内容表明，在进行某一模块知识的教学时，需要注重对这一模块知识着重体现的能力进行重点培养。这就更需要综合考虑各知识点背后的能力，选出比较具有代表性的知识点或者主干知识来培养学生的能力。地球与地图的知识没有被单独安排在教学中，但它较多地被地理试题所涉及。因此，平时教学中还要注重对学生的地球与地图的地理空间定位能力进行渗透式的培养。

(3)创设各种情景，培养学生信息加工的能力

教学中可创设的情景多种多样，比如仅单调的文字就有描述性的文字、原理性的文字。虽然在实际教学中视频、音频、图像比文字更有趣，对学生的吸引力更大。但是教师不能为了激发学生的兴趣而仅用视频、音频、图像创设教学情景。而是要根据教学需要，有效地创设教学情境，而且根据高考现状还要更多地用文字来创设情境。同时，也不能忽视各种类型的图像表格。

第九章　结　　语

地理教育的由来年深月久，近代地理教育产生于19世纪初至19世纪后期的德国，代表人物是德国人亚历山大·冯·洪堡(Friedrich Wilhelm Heinrich Alexander von Humboldt，1769年9月14日—1859年5月6日)和卡尔·李特尔(Carl Ritter，1779年8月7日—1859年9月28日)。正规的师范教育于18世纪初才逐渐兴起，受教育理论研究、师范教育的办学模式等因素影响，形成了各国不同的教育实践模式。中国现在实行的"理论—应用型教育实践模式"，旨在巩固师范专业学生教育思想，将学科理论知识综合应用于教学实践与教育调查活动，培养学生初步的教育教学能力。该教育实践模式并不能为地方综合性大学的师范教育带来创新，已经不适合这类学校"做精师范"的内在要求。要想把师范生培养成非师范毕业生不可代替的专利产品，必须对师范教育进行调整和改革，对师范教育实践模式进行创新。

第一节　地方综合性大学教师教育的宁波大学探索

一、宁波大学教师教育的源头与现状

纵览宁波大学建校史，可以发现宁波大学教师教育的源头是1956年成立的宁波师范专科学校，1958年更名宁波师范学院，以及1989年成立的宁波邵逸夫艺术幼儿师范学校、1990年成立的宁波师范学校。追溯依据是：(1)浙江省政府于1996年3月决定原宁波大学、宁波师范学院、浙江水产学院宁波分院联合办学，组建新的宁波大学，实行三校合并，省市共建。(2)2000年6月，根据浙教师〔2000〕101号文件，原宁波师范学校、宁波邵逸夫艺术幼儿师范学校并入宁波大学。根据市教委甬教师〔2001〕254号文件，2001年7月，宁波师范学校、宁波邵逸夫艺术幼儿师范学校合并成立宁波大学师范学院初等分院。2005年1月，宁波大学师范学院初等分院更名为基础教育学院，实质性并入宁波大学，整体搬迁至北校区办学。(3)2008年3月，由原宁波大学教育学院和原宁波大学基础教育学院合并而成的宁波大学教师教育学院，系宁波大学以促进教师教育人才培养和教育科学研究为宗旨的学科性学院。当然，原宁波师范学院的相关高等师范教育专业散落于其他学科

性学院之中，如表 9-1-1-1。

表 9-1-1-1 宁波大学的师范专业及其分布

宁波大学直属二级学科性学院	教师教育类本科专业
马克思主义学院	思想政治教育(师范)
教师教育学院	小学教育(师范) 学前教育(师范) 英语(师范·小学师资)
外国语学院	英语(师范)
理学院物理系	科学教育(师范)
理学院数学系	数学与应用数学(师范)
宁波大学昂热大学联合学院/中欧旅游与文化学院地理与空间信息技术系	地理科学(师范)，旅游管理与服务教育(师范)
体育学院	体育教育(师范)
音乐学院	音乐学(师范)
潘天寿艺术设计学院	美术学(师范)
人文与传媒学院	汉语言文学(师范)、人文教育(师范)、历史(师范)

资料来源：宁波大学本科招生网，宁波大学 2018 年本科招生政策为据。

根据宁大政〔2017〕139 号文件《宁波大学教师教育综合改革方案》(2017 年 10 月 18 日印发)，可知宁波大学目前共举办 21 个本科层次教师教育专业(或方向)，在招专业 12 个；停止招生物理学(师范)、化学(师范)、生物技术(师范)、历史(师范)、土木工程(职教师资)、人文教育、秘书学(职教师资)、财务会计教育、旅游管理与服务教育专业，每年招收 800 人；8 个硕士研究生专业(或方向)，每年招收 170 人；同时，学校承担全省中小学幼儿园教师专业发展培训约 2.1 万人次。获批建设浙江省"十二五"重点建设培养基地三个，宁波市教育局认定首批教师发展学校 54 所、湖州市教育局认定首批教师发展学校 3 所；建有国家级教师教育资源共享课程 1 门，国家教学指导委员会委员 2 人。学前教育与小学教育等专业学生报考教师资格证一次性考试通过率和首考获证率均超过 90%。

但是，宁波大学作为地方高水平综合性大学举办教师教育的优势没有充分得到发挥，宁波大学教师教育人才培养的区域影响力没有充分显现。一是各教师教育专业或方向发展不平衡，学科专业有待进一步优化，教学资源有待进一步统筹；二是教师教育相关专业分设在多个学院没有形成合力，综合性大学的学科交叉优势显现不足，教育学、心理学等相关学科的优势在人才培养中体现不足；三是师范性不强，部分学生的教师教育教学技能和教师素质培养不足。

二、宁波大学教师教育专业高考招生模式

宁波大学2012年高考招生政策显示，师范类专业分别散落在法学类、英语类、海洋科学类、数学类、文理第二批师范类（仅在浙江省招生）、体育批、艺术批中依次招收思想政治教育（师范）、汉语言文学（师范）、历史学（师范）；英语（师范）；化学（师范）、生物科学（师范）；物理学（师范）、数学与应用数学（师范）；人文教育（师范）、科学教育（师范）、地理科学（师范）、小学教育（师范）、英语（师范小学师资）、学前教育（师范）；体育教育（师范）；美术学（师范）。

根据2017年11月29日浙江考试院发布的《浙江进一步深化高考综合改革试点若干意见》，宁波大学2018年高考招生模式如表9-1-2-1。

表9-1-2-1 宁波大学2018年教师教育类本科专业高考招生模式

高考招生模型	教师教育类本科专业
“三位一体”综合评价招生	思想政治教育（师范） 小学教育（师范） 学前教育（师范） 英语（师范·小学师资） 英语（师范） 科学教育（师范） 地理科学（师范）
统一考试招生	数学与应用数学（师范） 汉语言文学（师范）
艺术类招生	音乐学（师范） 美术学（师范）
运动训练类招生	体育教育（师范）

三、宁波大学教师教育专业人才培养趋向

宁大政〔2017〕139号文件《宁波大学教师教育综合改革方案》（2017年10月18日印发）显示，宁波大学教师教育将做如下方面的改革。

（一）优化调整和发展教师教育专业

根据浙江省教师教育类专业人才需求的发展趋势和学校办学定位，充分发挥综合性大学优势，将办学资源集中在语数外主干学科和艺体美素质教育学科师资

的培养上，着力培养高素质、高层次的初等教育师资，大力发展教育专业硕士研究生教育，停止职教师资专业招生。在此基础上，加强教师教育专业建设，从专业定位、培养目标、培养方案、课程设置、课堂教学乃至实习环节加强建设、管理，并加强监督与评价体系建设，积极推进师范专业认证工作，不断提升教师教育专业的建设水平和人才培养质量。

(二)改革教师教育的人才培养模式

对教师教育类专业学生按照知识基础宽厚、专业技能扎实、国际视野开阔、师范气质浓厚、综合素质优良、就业竞争力强的目标进行培养，着力提高师范生的综合教学能力、教学研究能力和教师综合素质。从三方面推进人才培养模式改革：一是实施教师教育类学生书院模式培养，利用学生社区营造教师教育文化，建立语数外等中学师范生、学前小教与艺术师范生、体育师范生三个书院社区集中住宿与学习，开展教师素质第二课堂活动，塑造师范生完整的人格和德行；二是在有条件的专业开展师范生卓越教师培养试点工作，探索高中阶段师资本硕贯通制等新型人才培养模式，2020 年升学率达到 20%；三是探索开展教师教育专业国际化培养模式改革，试点国际化联合培养模式，并采用学分互认、培训项目等多种模式开展国(境)外交流交换学习，开阔学生国际化视野，2020 年出国(境)交换学习比例达到 15%。同时，在教育硕士培养方式上，充分发挥创新实践基地在教育硕士培养中的作用。

(三)完善学生的师德养成教育体系

围绕立德树人的根本要求，重视良好的师德培养在教师教育人才培养中的重要作用，加强学生思想政治教育，坚持正确价值导向，强化意识形态引导，重视教师教育课程中的思想政治教育作用，培育和弘扬社会主义核心价值观。以培养“有理想信念，有道德情操，有扎实学识，有仁爱之心”的四有好老师为引导，基于“知行合一”的教育理念构建“内化于心、外化于行”的师德养成体系，建立以实践为导向的师德教育体系、以书院社区为载体的环境育人工程、以学生为主体的学生自治体系、以成长档案为载体的评价工程，形成“一二三”课堂融合的系统体系，推进师德教育的系列实践活动，建立统一的师德教育评价与激励制度。

(四)完善教师教育类课程教学体系

按照《国家教师教育课程标准》、国家教师资格证考试以及新一轮基础教育课程改革的要求，参照《教育部关于实施卓越教师培养计划的意见》，在充分吸收国内外高水平大学教师教育课程改革先进经验的基础上，结合基础教育改革和本专业实际，制定教师教育课程标准，完善课程教学与评价体系，增强课程教学的前沿性、实践性、实效性和发展性。在课程内容上，秉承理论与实践并重的原则，增强前沿性、实践性、实效性和发展性；在课程形态上，建设一批适应“互联网+”背景下的在线开放课程、新形态教材；在课程实施上，改革单一讲授的教学方式，凸显问题导向的教学改革，强调探究、体验、合作等教学方法的应用。强化班主任课程的建设，用一系列教育案例、班队活动的方案设计等突出课程的实践性、可操作性，并且在课程实施过程中让中小学一线的班主任老师担任教学工作。同时，强化智慧教育的相关课程建设，让学生能够熟悉当前中小学教育信息化迅速发展的环境、掌握智慧教育的理念与技术，提升智慧教育能力的培养。加强教育硕士课程建设，强化课程教学中的案例教学方式，重视教育硕士教育见习、实习、研习等实践教学活动。

（五）提升教师教育科教融合水平

以教育学和心理学两大学科为依托，建设高水平跨学科的教学科研平台，积极推进本科生和研究生的教学法研究与学术训练。在全国教育专业学位教育指导委员会的指导下，不断开展教育硕士专业学位的培养模式改革，努力探索本硕贯通培养模式，制定"本研一体化"课程体系建设规范；鼓励教师吸收优秀学生参与课题研究，推进教学内容科研化。充分调动和发挥兼职研究生导师、一线指导教师的协同作用，在教师发展、学科建设、本科与研究生课程教学、实践能力培养等方面加强合作。

（六）构建教师教育协同育人体系

学科性学院和教师教育学院协同开展中学师资培养，共同建设课程教学标准，学科性学院负责依托学科优势与支撑进行思想政治教育、专业能力培养和学生指导管理，教师教育学院负责教师教育类理论课程的教育教学、教学通用技能的过关考核、教学竞赛的统筹组织、资格考核的培训辅导，并由教务处牵头、教师教育学院和各学科性学院协同开展教育实习的组织管理。注重和强化相关学科性学院在教师教育工作中的重要性，注重学生学科专业知识与能力基础培养和素质的全面提升。同时，与中小学与幼儿园共建教师发展学校，构建社会化协同育人体系；建立相对稳定的教育教学见习、实习基地，组建由高校教师、中小学名师和地方教育行政人员组成的教学团队；建立特级教师工作流动站，聘请中小学特级教师、名师定期授课、讲座，合作开展教学研究、课程教材建设。计划到2020年，初步形成校内、校外多方协同的育人体系，统一组织实习比例达到90％、发展学校毕业实习比例达到80％、驻点实习比例达到40％。

第二节　地理科学（师范）专业在宁波大学的发展挑战与行动策略

专业建设是高等学校教学基本建设的重要内容，也是高等学校开展人才培养和教学工作的基础。专业建设涉及教师队伍、课程和教学条件等各个方面，对人才培养和教学工作产生直接影响。专业建设情况制约着人才培养和教学工作的质量。加强专业建设，有利于促进学校教学基本建设，改善办学条件，培育办学特色，适应经济社会发展的需要。

一、宁波大学地理科学(师范)专业设置简史与办学条件

(一)专业设置简史

地理科学专业源头是宁波师范学院1982年创建地理系地理教育专科专业,1983年招收首届地理教育专科生;1994年开始招收地理教育本科生,1998年取得学士学位授予权。1996年3月,原宁波师范学院、宁波大学、浙江水产学院宁波分院三校合并组建新的宁波大学。自此,地理科学(师范)专业先后隶属于宁波师范学院地理系(1982年至1996年3月)、宁波大学地理学系(1996年3月至2000年3月)、宁波大学建筑工程与环境学院城市科学系(2000年至2017年5月,其间2016年1月系名变更为地理与空间信息技术系)、宁波大学昂热大学联合学院/中欧旅游与文化学院地理与空间信息技术系(2017年6月至今),不同阶段先后执教本专业的教职员名单如表9-2-1-1。

宁波师范学院1981—1982年筹建地理系地理教育专科专业时共8位教职员工:裘祖苏、马雪群、黄天元、马敬峰、葛越新、周波、杨晓平、叶持跃。1982年至1996年在宁波师范学院地理系任职教职员工是(未排名):裘祖苏、马雪群、黄天元、马敬峰、葛越新、周波、叶持跃、杨晓平、周茂成、许继琴、王益澄、石国本、钱方仁、张希聪、童亿勤、李伟芳、孙波、何维琪、叶明、屠传宏、徐雯、郑坤法、屈强、陈敏铭、潘为去、盛德生、郑根莲、华秀珍、黄晓春、张佩芬、楼鑫垚、李加林、刘岳峰、刘玉华等。

2010年以来,师资引进聚焦人文地理学的城市地理与城市规划、经济地理与区域规划、土地利用与规划方向;自然地理学的地貌地质、气象气候、海洋地理方向;地理信息系统的遥感与地理信息方向。2016年1月以来,地理与空间信息技术系按照学校和建筑工程与环境学院精神设置区域规划与管理研究所(李伟芳所长)、地理信息技术研究所(孙伟伟所长、杨刚副所长)、海岸带开发与保护研究所(马仁锋所长、徐皓副所长)。2018年,在联合学院框架下设置海岸带人类活动规划研究所(马仁锋所长)、海岸带资源环境研究所(高超所长)、地理信息技术研究所(孙伟伟所长)。

表9-2-1-1 执教地理教育专科、地理教育本科、地理科学(师范)专业的教职员名录

专业隶属机构	教职员名录(按入职时间序)	系主任、教工支部书记
宁波师范学院地理系(1982年至1996年3月)	裘祖苏、马雪群、黄天元、马敬峰、葛越新、周波、叶持跃、杨晓平、周茂成、许继琴、王益澄、石国本、钱方仁、张希聪、童亿勤、李伟芳、孙波、何维琪、叶明、屠传宏、徐雯、郑坤法、屈强、陈敏铭、潘为去、盛德生、郑根莲、华秀珍、黄晓春、李加林、张佩芬、楼鑫垚、刘岳峰、刘玉华	裘祖苏,周茂成,石国本,钱方仁、黄天元

续表

专业隶属机构	教职员名录(按入职时间序)	系主任、教工支部书记
宁波大学地理学系(1996年至2000年2月)	钱方仁、黄天元、王益澄、马敬峰、杨晓平、张希聪、叶持跃、李伟芳、童亿勤、叶明、郑根莲、李加林、乔观民、张佩芬、楼鑫垚	系主任:钱方仁、王益澄、马敬峰、杨晓平 书记:黄天元
宁波大学建筑工程与环境学院城市科学系(2000年3月至2015年12月)	杨晓平、叶持跃、李伟芳、王益澄、童亿勤、叶明、李加林、张殿发、邹逸江(2005)、乔观民、任丽燕、冯革群、冯秀丽、马仁锋、李冬玲、孙伟伟、徐皓、孙艳伟、刘永强、袁海红	主任:杨晓平、邹逸江、李伟芳 书记:杨晓平、李加林 副主任:李加林、李伟芳、马仁锋 人文地理学科带头人:李加林
宁波大学建筑工程与环境学院地理与空间信息技术系(2016年1月至2017年5月)	杨晓平、叶持跃、李伟芳、王益澄、童亿勤、叶明、李加林、张殿发、邹逸江、乔观民、任丽燕、冯革群、冯秀丽、马仁锋、李冬玲、徐皓、孙伟伟、孙艳伟、刘永强、袁海红、沙龙滨、戴璐、杨刚	主任:李伟芳 副主任:马仁锋 书记:李冬玲
宁波大学 宁波大学昂热大学联合学院/中欧旅游与文化学院地理与空间信息技术系(2017年6月至今)	叶持跃、童亿勤、叶明、李加林、张殿发、邹逸江、乔观民、任丽燕、冯革群、冯秀丽、马仁锋、李冬玲、孙伟伟、徐皓、孙艳伟、刘永强、袁海红、沙龙滨、戴璐、杨刚、罗旭、高超	主任:马仁锋 副主任:徐皓 书记:杨刚 地理学科带头人:李加林

注:截至2018年4月。

1996年三校合并后,地理科学(师范)专业每年招生一个班,约25～45人,目前共有全日制在校生约120人。经过近40年的发展,以地理学为基础平台,在专业建设过程中,紧密结合地理科学专业特点,从师资队伍、专业培养方案、课程与教材、教学条件等的建设以及教学管理、改革与创新等方面入手,培育专业特色,将地理科学专业初步建成为师资队伍实力较强、课程设置合理、教学管理规范、学生质量优良、专业特色鲜明的专业。地理科学(师范)专业,先后于2006年获校重点学科,2007年被批准为宁波市重点学科,2011年地理学被浙江省教育厅确定为浙江省"十二五"一级重点学科。2014年获批宁波大学地理与规划实验室建设项目,2015年纳入浙江省重点建设教师培养基地项目,2016年被评为为全国三星级专业。目前,拥有地理学一级学科硕士学位授权点和人文地理学、自然地理学、地图学与地理信息系统、海岸海洋地理学、课程与教学论(地理)、学科教育(地理)6个硕士学位授权点,共建MPA、MTA硕士点。

(二)办学条件

1. 专业师资

在师资队伍建设方面,学院坚持"数量扩充与质量提高并举,引进与培养相结合"的原则,着力提高地理科学专业师资的学历、学位和职称层次,并取得明显成效。截至2018年3月,地理科学专业现有专任教师23人,其中教授4人、副教授13人;博士21人、博士后6人;浙江省151人才工程第一层次获得者1人、浙江省151人才工程第二层次获得者2人、浙江省高校中青年学科带头人4人、省基础教育课程改革专业指导委员会学科专家1人、宁波市领军与拔尖人才第一、三层次2人、宁波市社会科学带头人2人、校浙东青年学者1人,形成了结构合理的人才梯队。同时聘有兼职教师数人(宁波象山中学俞炯志、宁波四中骆海军、宁波三中柳共和、宁波四明中学张红、宁波市教育局教研室郑宇醒),兼职教师均为一线高级职称教师。此外,还聘请了中国科学院、华东师范大学等院校的专家学者,不定期到校为本科生开设专题讲座。

2. 教学设施与实习基地

地理科学(师范)作为实践性很强的专业,实践教育是培养人才的重要环节。本专业的实验教学体系包括自然地理学各自然地理要素的实验、人文地理过程模拟实验与规划综合应用技术实践、地理信息处理实验三方面。为满足专业教学、学生实验实训和教师科研需要,在有关职能部门的大力支持下,建设有CAD&GIS实验室、校级教学"地理与规划实验室"、地质与环境分析实验室,实验用房面积约1200平方米。截至2017年6月,共有设备231台(套),涉及地质与矿物样品、GPS、气象与气候观测验证、土样与海岸带采样、水文采样与测量、GIS软件工作站等本科教学实验内容体系,总价值168.84万元(见表9-2-1-2)。实验室可开展的相关教学实验项目,基本满足地理科学专业所有专业基础课程、专业课程和专业选修课程教学实验以及教师科研的需要。

针对地理科学专业具有很强实践性的要求,我们的气象气候学、人文地理学、城市地理学、中国地理等课程教学过程中都结合课程教学组织学生作乡土地理考察,包括周边农村、气象站、甬江水系、城市中心商务区等。先后建设了四明山南部地区自然地理野外实习基地(宁波四明山地质公园、奉化溪口风景区、宁波天童山国家森林公园),地质地貌植被课程实习基地(杭州玉皇山风景区、舟山普陀山风景区、宁波植物园),秦岭—西安地区区域地理综合实习基地。2016年在浙江省"十二五"重点学科——地理学的支持下,本系教师梳理历年实习实践教学档案出版了专业实习教材《现代自然地理学实验与实习指导》(童亿勤、李加林、杨晓平编著,浙江大学出版社2016年版)和《人文地理学野外实习方法指导与案例研究》(乔观民、李伟芳、马仁锋、叶持跃等著，浙江大学出版社 2017 年版），进一步明确了地理科学专业实验与野外实习目标、教学方法和学生实践能力的培养体系。针对地理科学专业的师范性特点，建立了象山中学、宁波三中、鄞州同济中学、宁波四中、宁波四明中学等不同层次中学构成的较为稳定的教学实习基地。2016—2017 学年，宁波三中承担了 14 级地理科学师范生教育见习的课程任务，象山中学和宁波四中承担了 14 级地理科学师范生教育实习的任务。

表 9-2-1-2 现有实验设备表

设备名称	套(件数)	总价
ArcGIS Server 企业级服务器产品	5	334600
GIS 手持机	2	43580
GPS 接收机	2	8600
GPS 手持机	7	38600
Motic 相差数码摄像系统	1	39500
SuperMap GIS	4	18400
实验室用笔记本电脑	3	18300
便携式电导率仪	6	9594
便携式风向风速仪	4	6080
便携式溶解氧分析仪	6	9960
便携式自动气象站	1	36500
超纯水机	1	18300
超声波多普勒流速仪	2	89000
车载冰箱	1	7800
储藏冰柜	2	3800
低速台式大容量离心机	1	7290
地质标本	1	5400
电传风向风速仪	2	11720
电热板	1	3080
电子天平	4	6800
动槽水银气压表	3	7875
对讲机	8	24000
多参数水质分析仪	2	51560
多参数土壤样品分析测量仪	2	70600
多功能自动气象站	1	29500
分光光度计	2	5380

续表

设备名称	套(件数)	总价
付科摆	2	2850
高智能多参数测试系统	1	33000
烘箱	2	6280
机械通风干湿表	6	10920
激光粒度仪	1	30900
吉赫兹电磁辐射分析仪	1	3480
教学用电接风向风速仪	1	3050
空盒气压表	22	20720
冷冻干燥机	1	14300
毛发湿度计	10	8740
偏光显微镜	2	17711
气压表	1	1235
气压计	3	5940
轻便磁感风向风速表	5	12000
全站仪	1	19450
三杯风表	7	8141
三杯风向风速表	6	2142
手持 GPS	20	62100
手持超声波多普勒流速仪	2	40850
手持气象站	3	45220
手持式激光测距仪	2	13800
手持式气象站	3	14100
手动标准土壤柱状取样套件	2	45800
数控超声波清洗器	1	2650
数字型成像系统	1	4950
双金属温度计	4	6200
滩涂取样钻	2	3960
滩涂柱状采泥器	1	8000
天文望远镜	7	88700
通风干湿表	15	12726
通风柜	1	4650
土壤水分速测仪	1	6126

续表

设备名称	套(件数)	总价
土壤水分仪	1	4900
土壤柱状采样器	6	21000
显微镜	1	30000
旋杯式流速仪	1	3638
研究级正置显微镜	1	31500
研究级正置显微镜镜头	1	9950
研究级正置相差显微镜	1	39980
液晶显示雨量计	1	3690
直接辐射表	1	4500
浊度计	4	13200
自动气象站	2	59600

3. 学科专业自备图书资料丰富

利用学院发展基金、学科建设专项资金和特色专业建设点专项建设资金，订购了多种专业期刊、购买了专业图书，总价值 15 万元。所有这些资料面向师生开放，不仅提高了资料的利用效率，也大大拓展了学生的阅读面，提高了学生查阅、应用资料的能力。

二、宁波大学地理科学(师范)专业招生模式与生源情况

1996 年三校合并至 2015 年间，宁波大学地理科学(师范)专业为普通文理第二批招生专业，只面向浙江省招生，不参与宁波大学的专业大类及专业分流，平均每年招生人数为 30 人，2014 年本专业在浙江省的招生录取分数最低为 549 分，最高为 551 分。2015 年本专业在浙江省的招生录取分数最低为 552 分，最高为 570 分。其中，2013 级、2014 级、2015 级分别帮助新疆定向培养地理科学专业师范生 3 人、5 人、7 人。

2016 年宁波大学地理科学(师范)专业在浙江省和新疆维吾尔自治区共招生 30 人。其中浙江省招 25 人，采用“三位一体”招生，不参与专业分流，高考录取最高分为 618 分，最低分为 544 分，平均分 588.45 分，标准差 17.42。新疆维吾尔自治区共招生 5 人，本科第一批次招生，不参与专业分流，录取最高分为 505 分，最低分为 499 分，平均分 501.1 分，标准差 2.45。

三、宁波大学地理科学(师范)教师教育类课程设置情况

(一)教师教育类课程在2015年版培养方案中设置

地理科学专业自1994年开始招收本科生以来,根据培养规格和培养目标,依照课程体系合理、体现师范特色、强化能力培养、拓宽专业视野、加强实习实践的指导思想,多次对培养方案进行全面、系统的调研、修订,制定出了较为科学、合理、规范的专业培养计划。计划明确了专业培养目标和培养规格,确定了四年中开设的课程、学时和学分及开设顺序和考核要求。

2015版的培养方案修订工作,紧紧围绕专业教学计划、教学大纲、教材建设、课程结构及体系的构建、学风建设等进行了全面的改革,使人才培养质量稳步提高。地理科学专业课程体系改革的总体思路是:加强基础理论和基本知识的教学,强化学生实践能力和创新能力,提高综合素质。在课程结构上,我们更多地注意统一性和多样性的结合,课程的综合与分解并行,科学教育与人文教育并重。在教学过程中,我们一方面完成规定的教学任务,一方面注意加强对学生实践创新能力的培养,要求教师在教学中增加适量的学术成分。坚持加强基础,拓宽知识面,使课程体系不断优化。课程体系调整过程中参考了华东师范大学、北京师范大学、浙江师范大学等国内名校的地理科学师范方向的课程设计体系。2015年版课程教学大纲修订过程,通过学校教务处聘请了北京师范大学地理学与遥感科学学院王民教授、华东师范大学地理科学学院段玉山教授,进行专业评审。

2015年版地理科学(师范)专业培养方案中,教师教育专业模块课程(29.5学分),包括教育学、心理学、教育科研方法、教师语言艺术、教师书写技能、教学多媒体技术、班级管理、有效教学、学校问题研讨、课堂教学技能训练、地理学科教育学等(表9-2-3-1至表9-2-3-2)。

2015年版地理科学(师范)专业培养方案中,实践课程包括教育见习、野外专业实习、教育技能实训、教育实习、社会实践、毕业论文写作等。通过实践、实习,使学生深入、系统地掌握地理学的教育教学理论和研究方法,从而具备较为全面的地理教育素养,突出以下原则:

一是重视基本教育素养。在教师教育课程中,突出教师教育的核心课程群,包括教育学、心理学、学科教学论、教育研究方法、现代教育技术,通过这些课程的学习,使学生掌握教育教学的基本知识和基本理论,提高学生基本的教育素养,为其终身的专业发展打下全面而坚实的基础,同时也可充分应对国家教师资格考试。

二是强化职业技能训练。在教师教育课程中,为加强师范生职业基本技能训练,开设了教师口语表达、教师书写、课堂教学技能、班主任工作技能训练课程,以提高师范生的职业胜任力和就业竞争力。职业技能训练突出教学技能训练,教学技能训练课与教学技能全员达标、教学技能竞赛有机结合起来,形成体系,发挥集

成作用。

三是增强实习实践环节。在教师教育课程中，推行教育见习、实习和研习的一体化和一贯制。见习、实习和研习是教育实践的主要形式，把教育见习、实习和研习渗透到师范生培养的全过程中，实现见习、实习和研习一体化，集"看中学""做中学"和"悟中学"于一体，推进学生认识的不断提升和能力的逐步养成。

表 9-2-3-1a 地理科学(师范)专业 2014 级教师教育模块必修课程

课程名称(中、英文)	学分数	总学时	建议修读学期	修读说明
教育心理学 Educational Psychology	2	34	2.1	
教育学 Education	2.5	51	2.2	
教育科研方法 Research Methods in Education	1.5	34	3.1	
现代教育技术 The Modern Education Technology	1	34	2.2	
地理学科教育学 Subject Pedagogy of Geography	3	51	3.2	
教育见习 1 Educational Probation 1	2		3.2	2 周(含微格教学)
教育见习 2 Educational Probation 2	2		3.2	2 周(含教学技能)
教育实习 Educational Practice	12		4.1	12 周
教育研习 1 Education Workshop 1	1		3.2	1 周(含德育与班级管理)
教育研习 2 Education Workshop 2	1		4.1	1 周(学校问题研讨)

表 9-2-3-1b 地理科学(师范)专业 2015 级教师教育模块课程

类别	课程名称	学分	课堂教学	修读学期	修读说明
必修	教育心理学 Education Psychology	2	34	2.1	
必修	教育科研方法 Research Methods in Education	1.5	17	3.1	
必修	现代教育技术 The Modern Education Technology	1	0	2.2	
必修	教育见习 1 Educational Probation 1	2	0	3.2	2 周,含微格教学
必修	教育研习 1 Education for 1	1	0	3.2	
必修	教育研习 2 Education for 2	1	0	4.1	
必修	地理学科教育学 Subject Pedagogy of Geography	3	51	3.2	
必修	教育见习 2 Educational Probation 2	2	0	3.3	2 周
必修	教育实习 Educational Practice	12	0	4.1	12 周
选修	青少年心理健康教育与辅导 Adolescent Mental Health Education and Counselling	1	17	3.1	
选修	教育政策与法规 Educational Policies and Regulations	1		2.2	
选修	中外教育思想评析 On Chinese and Foreign Education Thought	1		3.1	
选修	有效教学 Effective Teaching	1		2.2	
选修	学校管理专题 In School Management	1		3.2	
选修	中学学科课程标准与教材解析 The Standard and Teaching Material Analysis of High School	2		3.2	限修

表 9-2-3-2　地理科学(师范)专业 2014 级教育模块选修课程

课程名称(中、英文)	学分数	总学时	建议修读学期	修读说明
教师语言技能 Language Skill of Teachers	1	34	2.1	
教师书写技能 Writing Skills of Teachers	1	34	2.1	
有效教学 Effective Teaching	1	17	2.2	
教育政策与法规 Education Policies and Regulations	1	17	2.2	
中外教育思想评析 Analysis of the Foreign Educational Idea	1	17	3.1	
青少年心理健康教育与辅导 Adolescent Mental Health Education	1	17	3.1	
学校管理专题 In School Management	1	17	3.2	
中学学科课程标准与教材解析 Standard and Teaching Material of Middle School Curriculum Analysis	1	17	3.2	

(二)教育类课程教学实践安排

地理科学(师范)专业实践在大一暑假安排校内地图与测量实习，在第三学期安排为期两天的杭州西郊地质野外实习，在第四学期安排为期一天的普陀山海岸地貌实习、为期三天的天目山土壤植被实习，在大二暑假安排为期一周的四明山综合野外实习，在大三暑假安排为期两周的人文与区域地理综合实习。

教育类实践在课程学习期间安排集中见习 2 周(第六学期)，由任课教师带领学生到宁波市相关高中进行教学技能与教师素养的见习；在第七学期安排 12 周的中学地理教学与班级管理实习，由学校教务处统一组织实施(表 9-2-3-3)。

表 9-2-3-3　集中性实践教学环节课程设置一览(34 学分)

课程名称	学分数	总学时	建议修读学期
军事技能训练	1	17	1.3
思政理论课实践教学二	1.5	34	2.3
思政理论课实践教学一	0.5	8.5	

续表

课程名称	学分数	总学时	建议修读学期
地图测量实习	1	1周	2.3
自然地理野外实习	2	2周	2.3
人文与区域地理综合实习	2	1周	3.3
教育研习	2	2周	6
教育见习	4	4周	6
教育实习	12	12周	7
毕业论文	8	8周	7—8

(三)师范生实践教学改革举措

1. 注重课程的教学研究

本专业教师注重课程教学研究，近年来有各类立项教研项目20余项（表9-2-3-4），其中李加林老师负责的课程“神奇的大自然”被列为宁波市与宁波大学首批优秀网络课程建设课程，“地球演化与人类环境”被列为宁波大学通识教育核心课程，获得1项省高等教育课堂教改项目，经本系教师系统梳理实践教学累积素材出版教材三部《中国交通文化概说》（叶持跃编著，机械工业出版社2011年版）、《现代自然地理学实验与实习指导》（童亿勤、李加林、杨晓平编著，浙江大学出版社2016年版）和《人文地理学野外实习指导与案例研究》（乔观民、李伟芳、马仁锋、叶持跃等著，浙江大学出版社2017年版）。

表9-2-3-4 地理科学(师范)专业教师近年承担教研项目

项目名称	负责人	项目级别
高校21世纪地理科学骨干专业课程框架及内容初探	黄天元	1999年校级一般
《世界地理学》CAI课件研制	叶持跃	2002校级一般
跨学科综合型通识课程教学模式探：以“神奇的大自然”为例	李加林	2008年校级重点
基于主体性教育理念的自然地理野外实习改革与创新研究	童亿勤	2008年校级一般
跨学科综合型通识课程：地方性普通高校通识教育改革研究	李加林	2009年宁波大学教学成果奖培育项目
宁波大学环境教育通识课程体系建设研究：基于本科培养方案课程设置的分析角度	李加林	2010年校级重点
宁波大学通识教育核心课程体系建设研究	李加林	2012年校级重点

续表

项目名称	负责人	项目级别
综合型地方高校规划类专业核心课程项目导向式教学的实践与探索:以"区域分析与规划"为例	马仁锋	2014年校级重点
非GIS专业的地理空间信息课程的教学改革与实践:以人文地理与城乡规划专业为例	孙伟伟	2015年校级一般
"自然地理学"野外实践教学改革的初步研究	李冬玲	2015年校级一般
美国大学地理学专业课程体系研究	任丽燕	2015年校级一般
慕课背景下非GIS专业的地理空间信息课程的分层混合教学模式的研究与实践	孙伟伟	2016浙江省高等教育课堂教学改革项目
基于地方资源的自然地理野外实践教学模式探讨	沙龙滨	2016年校级一般
高等师范院校地理科学专业GIS本科课程教学改革路径研究	孙艳伟	2016年校级一般
宁波大学人文地理与城乡规划专业学生地理空间思维模式构建	杨刚	2016年校级一般
"土地利用规划学"实践型教学改革助推产教研融合研究	刘永强	2016年校级一般
高中地理教学改革与地理科学专业培养方案的改进研究	徐皓	2016年校级一般
面向中学地理教学的地理科学专业GIS课程实践教学改进研究	袁海红	2018年校级一般

2. 强化教学专业技能训练与教育实践实效

在培养计划中专门设立了专业技能训练项目,与相关专业课程相结合,在第一学期至第七学期,分别由专业课教师对学生进行专业技能训练,内容包括地理板图板画与摄影、地理板书设计、地理课件制作,通过训练,使学生巩固专业思想,强化地理教师的职业技能。

狠抓实习教学,提高学生教师职业素质是地理科学(师范)专业教学工作的重要环节,也是教学改革的切入点之一。长期以来,学院一直注意强化学生的教师职业技能教育和训练,加强实践性环节,在职业技能和专业技能训练上狠下功夫。学院重点抓好如下几方面的工作:

(1)改革地理教学论课程的教学模式,注重学生能力的培养。按照"2+1+2"课时分配的模式进行地理教学论课程教学改革,即地理教学论教师每周2课时讲授基本理论,重在强化理论基础,拓宽学生视野。请中学地理教师来校上课,主要讲授中学教师如何进行备课、上课、作业批改、校本教研、成绩考核等实践性较强的教学环节；每学期到中学听课2～3节，听完课以后听授课教师谈自己的教学设计，由中学资深教师进行点评，重在增强学生对中学地理教学的感性认识。学生每周2课时模拟教学实践活动，将写教案、试教、说课贯穿于整个教学过程之中。学院每周安排3次教学实践课，每次2课时，每个学生每周参加2次教学实践活动，一次上课试教，一次听课点评。每次教学实践课将学生分成4～5人小组，每生用20分钟进行试教，其他学生参与点评，教师轮流参加各组的教学实践活动，保证每个学期能听到每个学生4～5次的课堂试讲机会；一个学期当中还到微格教室进行录像教学3～4次。

(2)注重平时训练，循序渐进，狠抓学生的教师基本技能。“三字一话”训练常抓不懈。系里不定期组织教师进行师范生技能训练和中学教学研究工作。学生开展书法比赛、教学演讲、课件设计等师范生技能竞赛。学院还出台了一些较为有力的措施，增设激励机制，学生训练热情高，效果好。

(3)布置精兵强将，保证教育实习工作有序高效展开。加强组织领导，选派有中学教学经历的骨干教师担任实习指导教师，规范管理，严格考核。认真做好教育实习的交流总结工作，努力培育塑造职业特质的氛围，与此同时，做好对地理教育的调研工作，确保实习教学质量的逐年稳步提高。

四、宁波大学地理科学(师范)人才培养特色

三校合并20多年来的建设，地理科学(师范)专业已经形成一支老、中、青结合，具有高学历、高职称的教师梯队，专业基础课和主干课程教师年龄、职称、学历结构合理，任课教师都有很强的业务素质、良好的职业操守和团结协作的精神。在这样一支治学严谨，专业功底扎实；教学经验丰富，富有敬业精神和开拓创新精神的队伍共同努力下，地理科学专业已经形成了下列特色。

(一)彰显地理专业特点，培养科学素养和人文素质兼备的高素质地理教师

地理科学是一门同时研究地球表层自然现象、人文现象和它们之间相互关系及其空间分异规律的学科体系。它以独特的视角和系统的科学架构，把传统上分离的自然科学、社会科学有机融合，从而全面、综合地认识和研究地球表层及其与人类活动的关系。在教育部颁布的《普通高中课程方案》中所设定的八个学习领域中，地理学科兼跨“人文与社会”和“科学”两大学习领域。因此，我们立足于地理科学是一个文理交叉、综合的专业，以自然地理学、人文地理学、区域地理学三大系列的课程为依托，构建学生的专业知识体系和能力体系，培养既具备良好科学素质、又具有良好人文素养的文理兼跨的高素质人才。

(二)深化课程体系改革，创新人才培养模式

根据地理科学发展和基础教育改革的趋势，我们按照“加强基础理论和基本知识教学，强化学生实践能力和创新能力培养，提高毕业生综合素质”和“密实专业基

础课程、强化专业主干课程、前移实践性课程、突出岗位能力培养”的思路，积极、稳妥地开展课程体系的改革：一是整合专业必修课程。以专业主干课程为主轴线，扩展到专业基础课程、专业选修课程和专业技能课程，形成专业基础知识、专业基本理论和专业基本技能三大体系。二是拓展专业选修课程。根据人才培养目标，在专业选修课程中，根据学生的选修方向设定专业选修课程，除为进一步深造的学生充实提高专业理论课程外，按照基础教育改革的趋势设定教育教学类专业方向模块供学生选修。三是强化专业实践。首先是加强本专业的有关课程实验、课程见习、课程论文（调研报告）、专业技能训练、专项考察和社会实践、毕业实习、学年论文、毕业论文等项目，其次是安排专业实习（考察）。通过实践、实习，使学生深入、系统地掌握学科理论、方法和技能，从而具备较为全面的专业素养。四是突出教育类课程和教育实习、实训。首先是适当增加教育类选修课程，在必修“心理学”“教育学”的基础之上，要求每个学生必选教育类等公共选修课程；其次是进行“地理教学论”课程改革，由“地理教学论”教师和具有丰富教学实践经验的中学地理教师共同完成教学任务。“地理教学论”教师侧重地理教学理论教学，平均每周讲 2 课时，聘请的中学地理兼职教师侧重中学地理教学实践，平均每周讲 1 课时，每周再安排 2 课时的“地理教学论”实践课，即在教师的指导下，学生进行备课、上课、说课、教学评价等方面的模拟实践活动。

在课程体系改革的基础上，初步形成了“1 年基础、2 年专业、1 年实践”的“121”人才培养模式，其基本框架是：一年级打基础，进行通识教育和专业基础教育，建立专业基础，巩固专业思想，夯实人文素质和科技素质功底；二、三年级进行专业教育和专业方向教育，建立系统的专业理论知识体系和专业技能体系，夯实专业知识和能力基础；四年级进行专业实训、毕业实习，并结合专业实习、调研撰写毕业论文，提升学生面向岗位的实际工作能力和开展科学研究、教学研究的能力。经过几年的实践，这一人才培养模式已取得初步成效，我们的毕业生在参加各地中学教师招聘考试、面试时大多都取得了优秀成绩。

（三）强化实践教学，培养学生发现问题、分析问题和解决问题的能力

紧密联系自然、经济和社会发展实际是地理科学专业的又一特点。为此，学院在自然地理、人文地理和区域地理课程的教学中强化理论联系实际，体现地方区域的特点。在对四明山自然环境、人文环境、甬江河流地貌等的野外考察中逐步建立起具有乡土特色的“自然地理学”“人文地理学”和“中国地理”等专业主干课程的教学模式。同时，强化四明山自然地理综合实习，结合毕业论文写作进行地理综合实习，并以此为基础确立毕业论文选题，使地理科学专业学生毕业论文的写作言之有据。

在相关课程教学中，除按照教学大纲的要求开展所有实验以外，还通过开设专题讲座，结合暑期社会实践活动，并开展地貌调查、社会经济调查、环境调查、水源监测、新农村建设调查、小城镇建设调查、中学地理教育现状调查、小区域规划设计、计算机辅助制图等活动，不断提高学生的动手操作能力和发现问题、分析问题、解决问题的能力。同时，通过课程论文、学年论文和毕业论文等教学、科研活动，强化学生的科研和科技创新能力的培养和提高。

(四)坚持服务浙东，面向浙江的基础教育，强化师范生职业能力培养，提高毕业生岗位适应能力

长期以来，学院坚持服务服务浙东(舟山、宁波、绍兴、台州)，面向浙江基础教育宗旨，以培养师范生的职业能力为抓手，以教师专业发展为目标，积极构建完善的教师职业能力培养体系，努力为地方基础教育输送"上手快、后劲足"、具有专业发展潜质的高素质地理师资。

为了提高学生的教学能力，学院在培养计划中专门设立了专业技能训练项目，与相关专业课程相结合，从第一学期至第八学期，由专业课教师对学生进行专业技能训练，内容包括地理板图板画与摄影、地理板书设计、地理课件制作等。通过训练，让学生巩固专业技能，培养教师职业技能。聘请有中学教学经历的老师担任教育实习指导老师，提高教育实习的有效性。

在"地理教育学"教学实践过程中，对学生进行研究中学课程标准、教科书的能力培养，训练学生写教案、上课、说课能力。大四年级教育实习过程中，组织学生结合中学练习册的学习和做题训练，将高中必修课做成全套课件，以复习专业课程，系统熟悉中学的全部必修课教材，一方面将所学的专业知识系统化，另一方面全面熟悉把握中学教材，为学生熟悉中学地理教学内容打下了坚实的基础。因此，学院的学生在参加各地中学教师招聘考试时大多都取得了优秀成绩，在面试环节更是优势突出。当学生走上中学地理教师工作岗位后，能够尽快实现教学新手向专家型教师的转变。

在职业能力训练过程中，按照理论大纲和训练大纲的要求，坚持"四个对接"，拓展师范生职业能力培养的"双轨"渠道：

一是坚持课内专业教学与课外技能活动对接。将教师组织的集中训练与学生自主分散训练相结合，课堂教学与课外活动、学生社团活动、文化艺术活动相结合，充分调动学生自主训练的积极性，把学生社团活动、技能竞赛等纳入实践教学环节管理。

二是坚持模拟课堂教学与实习课堂教学对接。在学科教学论课程中，在学科教学论教师课堂讲授的基础上，聘请数名优秀中学教师来校传授中学地理教学实践经验，并增加情景实训环节，将教育实习提前预演，实现模拟课堂教学与实习课堂教学对接，延伸课堂教学。

三是坚持校内实践教学与校外见习、实习对接。在注重师范生校内实践教学训练的同时，积极开辟校外教育教学见习、实习基地，建立了数量充足的教育教学实践基地，初步形成了稳定的教育教学见习、实习基地群；坚持专职教师教学与兼职教师教学相结合，力求训练内容丰富、形式多样。

四是坚持教育实践活动与社会实践活动对接。学院始终把社会实践活动作为实践教学的延伸，将实践活动纳入人才培养方案整体设计，不断充实活动内容，丰富活动形式，拓展了学生教育实践空间。广大师范生在用自己所掌握的知识技能向社会提供服务的同时，也提高了自身的综合能力，培养了回报社会、吃苦耐劳的精神。

五、宁波大学地理科学(师范)人才培养成效、问题与策略

(一)培养成效

自地理科学(师范)创建专业以来，为区域经济社会发展输送了一大批人才，师范专业毕业生遍布全省各县、市，少量为外省定向培养(如宁夏、新疆)。地理科学专业毕业生的就业单位和人才需求市场，主要集中在高中地理教师、初中科学或社会教师，部分就业于政府教育行政主管部门、教育培训机构、高校及科研院所等，另外还有一些企事业单位(表 9-2-5-1)。毕业生中涌现了一大批优秀校友，有全国劳动模范(象山中学俞炯志)，中学校长、副校长以及宁波市、金华市、衢州市三市教育局教研室教研员(郑宇醒、周红星、陈伟)。地理科学(师范)专业的毕业生对口就业率非常高，2017 届毕业生共 25 人，23 人顺利签约，主要为高中地理教师，少量为初中社会教师，2 人成功考取南京师范大学(朱宇婕，课程与教学论)和宁波大学研究生(傅杰超，人文地理学)，就业率 100％。

表 9-2-5-1　地理科学(师范)专业 2013 届至 2016 届毕业生就业与考研情况

学号	姓名	毕业年份	就业单位
96110096	陈林教	2013	杭州睿日教育咨询服务部
96110097	陈丽振	2013	胜利油田胜利工程建设(集团)有限责任公司
96110098	朱婷婷	2013	杭州龙文教育科技有限公司
96110100	俞文超	2013	宁波市鄞州区易达教育培训学校
96110101	樊莉莉	2013	绍兴市高级中学
96110102	高秋霞	2013	宁波市鄞州明杨汇宝投资咨询有限公司
96110103	陈丹青	2013	杭州市余杭中学
96110104	王梁琪	2013	杭州雅苑装饰有限公司
96110105	赵韵超	2013	丽水市实验学校
96110106	卢雪珠	2013	[研]宁波大学
96110107	傅珊珊	2013	艾青中学
96110108	洪燕娜	2013	宁波市鄞州区城南中学
96110109	胡晨慧	2013	东阳市教育局
96110110	蔡晓燕	2013	宁波市鄞州中学
96110112	赵益露	2013	宁波市江东一聪艺术培训学校

续表

学号	姓名	毕业年份	就业单位
96110114	徐珺	2013	慈溪市龙山中学
96110115	钱瑛瑛	2013	奉化市教育局
96110117	王梦烨	2013	宁波市鄞州区城南中学
96110118	严玲娟	2013	杭州百世宏纶教育咨询有限公司
96110119	张优兰	2013	绍兴市第一中学分校
96110120	柳亚文	2013	温州外国语学校
96110121	庄晓奋	2013	杭州市文海实验学校
96110122	陈健波	2013	浙江省金华市磐安县教育局
96110124	章巧玲	2013	温岭市教育局下属学校
96110125	徐立	2013	宁波市鄞州横溪自来水厂
106110001	李慧心	2014	浙江新世纪人才开发有限公司
106110002	陈积虹	2014	舟山市普陀区教育局
106110003	宓泽锋	2014	[研]华东师范大学
106110005	罗超榕	2014	慈溪市逍林镇镇西小学
106110006	林计渝	2014	宁波鼎信土地规划咨询有限公司
106110007	潘安檬	2014	宁波鼎信土地规划咨询有限公司
106110008	陈瑶瑶	2014	苍南县事业单位
106110009	缪佳芹	2014	宁波鼎信土地规划咨询有限公司
106110010	罗晓敏	2014	瑞安市安阳高级中学
106110011	俞书琪	2014	宁波华东安全科技有限公司
106110012	林彤	2014	温州乐成寄宿中学
106110013	薛丽婷	2014	德清天星岗石制品有限公司
106110014	邱宇婷	2014	扬帆培训学校
106110015	屠婷婷	2014	宁波恒平土地评估规划咨询有限公司
106110016	严慧慧	2014	北京天天享学教育咨询有限公司
106110017	李星庭	2014	金华市江南中学
106110019	程梦思	2014	金华市婺城区总工会
106110020	吴易珈	2014	义乌市峻邦纸制品有限公司
106110021	胡璐璐	2014	衢州仲尼中学
106110022	程璐	2014	开化县第二初级中学
106110023	张璐	2014	舟山市普陀区教育局下属学校
106110024	朱菲菲	2014	[研]宁波大学

续表

学号	姓名	毕业年份	就业单位
106110025	王斌斌	2014	宁波大学建筑设计研究院有限公司
106110029	李雪钦	2014	[出国读研]香港中文大学
106110030	朱燕娜	2014	杭州市萧山区义桥实验学校
116110001	宋超	2015	杭州千岛湖啤酒有限公司
116110002	羊大方	2015	[研]宁波大学
116110003	叶桂君	2015	宁波市北仑区柴桥宏博精密机械
116110004	董晓春	2015	宁波市金鸿钣金制造有限公司
116110005	林美婵	2015	中社联(北京)科技发展有限公司
116110006	黄丽丽	2015	宁波科学探索中心管理有限公司
116110007	葛锡薇	2015	宁波市鄞州区华光中学
116110008	叶梦姚	2015	[研]宁波大学
116110009	岑珊珊	2015	慈溪市学大教育培训学校
116110011	黄文榜	2015	[研]浙江师范大学
116110012	徐梨露	2015	温州市第五十八中学
116110013	谢曼露	2015	玉环县教育局
116110014	朱利国	2015	湖州市第二中学
116110015	姚晓慧	2015	宁波市鄞州区咸祥中学
116110016	蒋曼	2015	[研]宁波大学
116110017	陈露霞	2015	诸暨市越兴中学
116110018	徐磊	2015	绍兴中国轻纺城中学
116110019	俞苏娟	2015	完美(中国)有限公司
116110021	徐晖	2015	[研]宁波大学
116110022	喻婉霞	2015	金华市曙光学校
116110023	汪玉君	2015	开化县教育局
116110024	吴凯昱	2015	宁波市乐恩教育培训学校
116110025	姜忆湄	2015	[研]宁波大学
116110026	徐梦雅	2015	临海市第六中学
116110028	陈晨露	2015	温岭市大溪镇第三中学
116110029	吴燕妮	2015	[研]宁波大学
126110030	管佳伟	2016	长兴县华盛高级中学
126110003	赵柯	2016	[研]宁波大学
126110023	金玲巧	2016	诸暨教育局

续表

学号	姓名	毕业年份	就业单位
126110021	陈佳雁	2016	绍兴市柯桥区教育体育局下属学校
126110005	克依沙尔江·罗合曼	2016	新疆阿克苏地区国土资源交易中心
126110017	王海双	2016	乐清市虹桥中学分校
126110022	金佳颖	2016	绍兴市永和高级中学
126110002	何梦萍	2016	童得梦幼儿园
126110001	阿丽米热·祖尔东	2016	生源地教育局
126110025	王晖	2016	东阳市教育局下属学校
126110014	黄日鹏	2016	[研]宁波大学
126110029	胡安一	2016	临海教育局下属学校
126110026	顾婉莹	2016	浙江省东阳中学
126110015	金喆	2016	三门县第二高级中学
126110007	林凯	2016	宁波市鄞州区正始中学
126110018	顾斌杰	2016	海宁市宏达高级中学
126110016	卓雯静	2016	[研]宁波大学
126110028	蒋敏	2016	温岭市教育局
126110011	叶旭东	2016	舟山市普陀区教育局下属学校
126110024	钱伊宁	2016	杭州市塘栖中学
126110009	李琪琪	2016	诸暨荣怀学校
126110027	王玲琪	2016	台州市路桥区蓬街私立中学
126110004	侯博峰	2016	阳光豪生大酒店
126110012	毛美娟	2016	苍南中学
126110006	米热迪力·木塔力甫	2016	生源地教育局
126110010	张盈盈	2016	永嘉县永临中学
126110008	张才思	2016	青田县教育局下属学校
126110013	蔡克伦	2016	瑞安市第十中学

据浙江省教育评估院调查数据，2015 届本专业毕业生 29 名，就业率为 96%，平均工资 4125 元/月，离职率 14%，升学率 16%，总体满意度 92.8，全省排名第一。多数毕业生都与在校教师有经常性联系和沟通，适时反馈在校所学知识在工作岗位上的应用程度。毕业生对工作大多较为满意，对工作第一年待遇较低等基本能接受。地理科学专业毕业生就业方向主要是高中地理教师，也有部分毕业生成为初中科学或社会教师。本校地理科学专业应以面向中学地理教学为主要方向，在基础知识、专业理论知识和相关知识中强化地理能力的培养。

问卷调查表明，在校地理科学(师范)专业学生，对本专业培养目标的满意度为非常满意、较满意和一般的比重较高，达 94%，较不满意的为 6%；对教学计划制订的满意度为非常满意、较满意和一般达到 86.9%，较不满意的 11.9%，非常不满意的为 1.2%；对专业课的课程设置满意度为非常满意、较满意和一般为 85.7%，较不满意和非常不满意的分别为 13.1%和 1.2%。尽管学生对有关培养目标、教学计划、课程设置的满意度调查意见为非常满意、较满意和一般以上的比例达 85.7%以上，但从调查中也可看出，学生对有关培养目标、教学计划、课程设置的满意度调查意见为一般的比重在 21%～37%之间，这表明，在本科专业培养方案修订时，我们将进一步明确培养目标，制订更加科学合理的教学计划，并对相关课程设置进行全面改革，着眼于当前中学地理教师培养目标，使专业课程设置得更贴近中学应用的实际、更能培养学生的地理素质和教学能力，使学生更好地满足社会需求。

(二)主要问题

与同名的五星级专业对比分析发现，尽管我们在近几年的专业建设中取得了一定的成绩，较好地完成了专业建设相关任务，但仍存在着一些问题与不足。主要包括：(1)随着地理科学专业建设工作的深入，能够起到引领专业发展的带头人需要进一步充实。(2)地理教学论建设较为滞后。(3)课程建设和教材建设的层次及数量有待提高等。

(三)发展策略

融入宁波大学“双一流”“省重点建设高校”筹谋专业发展，具体如下。

1. 专业人才培养理念和定位

2017 年以来本专业外部环境发生较大变化：(1)宁波大学进入“双一流”学校建设行列，(2)教育部正式下达了师范专业认证标准，(3)本专业转入中欧旅游与文化学院。因此，本专业在制定 2018 版的培养方案，在新的培养方案中，培养人才的理念和定位上有较大的调整：(1)本专业主要培养人才将定位于有国际化视野的能够胜任高中地理教学、研究和管理的专门高级人才；(2)同时发挥地理学科优势，将本专业与地理学一级硕士点结合，鼓励部分有兴趣的学生继续深造，探讨专业内部本硕一贯制，产研培一体化，培养地理学科高级教学、科研人才。

2. 专业的发展规划和具体措施

本专业发展将以探索国际化、本硕一贯制和产研培一体化为规划目标。

国际化具体措施包括：

(1)利用学院国际化师资优势，积极探索引进外籍师资，将部分专业课程国际化；

(2)探索在 2018 版培养方案中设置国际化方向模块的可能，选拔部分优秀学生，采取交换学习或夏令营的方式赴欧交流，培养具有国际背景的专业高中地理师资。

本硕一贯制具体措施包括：

(1)利用地理学一级硕士点的优势，在一级硕士点下设置教育地理学(理学)二级硕士点，采用双导师制，聘请高中地理名师、特级教师担任硕士点兼职硕导。

(2)在 2018 版培养方案中设置本硕一体化模块，在本科二年级学生中选拔有志于从事教师行业的优秀学生，修读教育地理学硕士。拟采用 3.5＋0.5＋2 的培养模式，即本科课程 3.5 学年＋硕士课程 0.5 学年＋2 学年中学教育实践。

产研培一体化具体措施：

(1)鼓励专任教师积极吸收本专业学生参与自己科研项目，提升学生科研创新能力。

(2)利用本学院国际化优势，探索并申请国际化师训项目，面向中学教育界提供有本学院特色的地方社会服务。

(3)打通职前教育和职后培训，将在职教师的师训和在校师范生的师范教育有机结合。为在职教师的师训提供大量学生，现场提升在职教师教研能力；为在校师范生提供良好的教研氛围，强化学生对师范专业的认同感。

在宁波大学 2018 年本科生“三位一体”综合评价招生方案中，地理科学(师范)专业已经明确本专业除培养普通高中地理师资外，还提供卓越师资和中外地理教学对比研究两个特色方向，供学生选择攻读。(1)卓越师资方向依托地理学一级硕士学位点，在高年级课程中增设自然地理、人文地理、地理信息系统和地理教育等硕士学位点的先导课程，该方向中的优秀学生可选择优先攻读本校硕士学位。(2)中外地理教学对比研究方向，依托宁波大学昂热大学联合学院/中欧旅游与文化学院强大的国际化课程群、师资及国际交换项目，着力提升学生国际化背景，培养面向高中的国际化地理教学与管理人才，该方向中的优秀学生可在大三申请赴欧洲交换学习半年或参加暑期夏令营。

本专业学生在二年级分流后分三个方向：普通高中师资方向毕业生主要在高中担任地理教师；卓越师资培养方向优秀毕业生可选择继续攻读本校地理学硕士；中外地理教学对比研究方向为本专业特色方向，该方向将为浙江省高中国际课程提供优质师资。

参考文献

[1] 白絮飞，敖爱伶. 以推进新课标为契机改革高师地理专业的教育教学[J]. 内蒙古师范大学学报(教育科学版)，2009，22(1)：120-122.

[2] 蔡晓婷. 影响中学地理教师专业发展的相关因素研究[J]. 现代教育科学，2013(12)：72-73.

[3] 曾承，樊道慧，张晨蓉. 源起、探索、展望：高师地理科学专业卓越教师培养初探[J]. 阜阳师范学院学报(社会科学版)，2017(2)：138-141.

[4] 曾承. 新课改视野下的高师地理专业人才培养体系改革研究[J]. 宿州学院学报，2009，24(4)：118-121.

[5] 陈绪志，何启明. 地理教育专业本科毕业论文选题来源探析[J]. 北京教育学院学报(自然科学版)，2014，9(4)：43-47.

[6] 陈以藏. 芬兰与加拿大两国职前教师教育的比较与启示[J]. 现代教育论丛，2017(6)：42-46.

[7] 陈义彬. 适应21世纪地理教育需要培养师范生教师技能[J]. 嘉应大学学报，1999(4)：102-104.

[8] 程久苗，朱永恒. 高师地理科学专业野外实习成绩评价指标与评价方法探讨[J]. 安徽师范大学学报(自然科学版)，2009，32(4)：384-388.

[9] 储秀丽，高超. 三梯度问题式教学法提升高中生地理综合思维[J]. 地理教学，2017(23)：25-27.

[10] 邓磊，李源田，杨甜. 机遇与挑战：综合大学开展教师教育的SWOT态势分析[J]. 河南大学学报(社会科学版)，2013，53(3)：136-142.

[11] 董玉芝. 综合性大学学科教育师范生教学见习的策略[J]. 现代教育科学，2009(1)：145-146.

[12] 董泽芳，陈文娇. 一个值得高度关注的教育话题——新政策背景下的师范生专业技能培养[J]. 教育研究与实验，2008(2)：40-44.

[13] 范中桥，赵洪军. 人文教育专业地理野外实习几个问题探讨[J]. 高等理科教育，2009(4)：109-111.

[14] 冯忠江，葛京凤，张军海. 浅析高等学校地理教师专业发展的内容和途径[J]. 读与写(教育教学刊)，2014，11(4)：74-76.

[15] 付贺梅. 制约中学地理教师专业发展的因素分析[J]. 中国成人教育，2008

(4):101-102.
[16] 高超,金高洁,王心源.传统教学与多媒体教学融合——以“遥感导论”课程为例[J].中国地质教育,2007(4):118-122.
[17] 高超,刘微,金高洁.高校地理公选课开设的现状与问题初步研究——以“中国地理概论”为例[J].中国地质教育,2013,22(1):48-54.
[18] 高超,阮甜,谭诚.“遥感概论”课程野外实践教学改革与体系建设研究[J].中国地质教育,2017,26(2):77-81.
[19] 高秀,王明坤,靖明敏,林性勇,马仁锋.基于高中学生学习行为的中学地理教学实效研究[J].地理教学,2010(14):26-28.
[20] 高杨,徐国伟,许东升,阚朝辉.高师地理科学专业教育实习现状分析及改革研究[J].阴山学刊(自然科学版),2014,28(1):83-85.
[21] 高志军,陶玉凤.基于项目的学习(PBL)模式在教学中的应用[J].电化教育研究.2009,(12):92-95.
[22] 龚小虹.高中生地理实践能力的培养研究——以宁波市为例[D].宁波:宁波大学,2008.
[23] 顾绍琴,卡门·布里希,理查德·布恩.基于视频的教师专业发展新路径——以一项美国地理教师专业发展项目为例[J].全球教育展望,2013,42(10):86-95.
[24] 韩晋.综合性大学师范教育课程的结构设计[J].辽宁教育研究,2003(8):76-79.
[25] 何茜.综合大学教师教育发展的现实问题与路径选择[J].教育研究,2013,34(11):129-134.
[26] 赫兴无.新课改背景下地理教师应具备的教育观[J].教育探索,2011(2):114-115.
[27] 胡红兵,詹玉兰.卓越教师计划背景下地理师范生教学技能训练模式研究[J].教育教学论坛,2015(26):184-185.
[28] 胡晓东.新课改背景下高师地理科学专业课程体系改革研究[J].内江师范学院学报,2013,28(8):92-95.
[29] 胡志昕,李琳,角媛梅,等.师范类大学地理科学专业特色课程体系构建解读——以云南师范大学地理科学专业为例[J].云南师范大学学报(自然科学版),2014,34(3):70-74.
[30] 黄京鸿,胡淑飞.高师地理教师教育课程的和谐化建设研究[J].内蒙古师范大学学报(教育科学版),2007(11):91-95.
[31] 黄京鸿,孙婷,胡淑飞.地理科学(师范类)专业学生社会适应性研究[J].西南师范大学学报(自然科学版),2007(1):158-162.

[32] 黄京鸿.开设《板书与板图板画》课程的设计与实践[J].西南师范大学学报(自然科学版),1994(3):337-341.
[33] 贾玉廷.美国综合大学教师教育发展特色探析[J].黑龙江教育学院学报,2014,33(9):38-39.
[34] 姜乃力.强化实践与应用的高师地理专业实践课程体系构建[J].教育科学,2008(4):74-77.
[35] 蒋溢,陈朝镇.四川省高师校地理科学专业学生的教育实习准备调查研究[J].绵阳师范学院学报,2014,33(5):122-128.
[36] 金美福,高亚杰.日本综合大学实施新教师资格证书课程面临的问题与矛盾[J].外国教育研究,2005(2):47-51.
[37] 康晓伟.我国高水平综合大学参与教师教育的现状、问题及对策研究[J].大学教育科学,2013(2):77-82.
[38] 孔蜀祥,张洁.关于综合大学背景下加强师范教育实习基地建设的思考[J].兵团教育学院学报,2006(6):47-48.
[39] 黎婉勤.综合大学小学教育专业的优势、问题及发展策略[J].课程.教材.教法,2008(3):83-87.
[40] 李臣之,林丹华.综合性大学"师范生教育技能"培养专业化探讨[J].深圳大学学报人文社会科学版,2007(6):157-160.
[41] 李富,王纯岩.高校地理师范生教学技能培养[J].继续教育研究,2015(2):113-115.
[42] 李慧玲,孟亚.动态整合远程教育资源提升农村教师核心竞争力——以重庆市为例[J].继续教育研究,2009(3):29-32.
[43] 李加林,杨晓平,童亿勤.自然地理野外实习教学改革与实践探讨[J].宁波大学学报(教育科学版)2005,27(6):137-139.
[44] 李家清,户清丽.创新地理教学论课程模式培养专家型地理教师[J].内蒙古师范大学学报(教育科学版),2011,24(2):76-80.
[45] 李家清,李文田.新理念地理教学技能训练[M].北京:北京大学出版社,2012.
[46] 李建海.我国地理教师继续教育目标的研究[J].重庆教育学院学报,2004(2):91-93.
[47] 李俊峰.课改背景下高师地理专业新型教学实践模式探讨[J].安徽师范大学学报(自然科学版),2009,32(6):593-596.
[48] 李琳琳.教师教育实习基地建设存在的问题与对策[J].文史资料,2017(8):100-101.
[49] 李晴.地理科学(教师教育)专业实践教学改革探讨[J].辽宁师范大学学报

(自然科学版),2007(4):516-519.

[50] 李晴.高师地理专业教育实习模式研究[J].辽宁师范大学学报(自然科学版),2001(2):190-192.

[51] 李森.教师职业技能训练教程[M].北京:高等教育出版社,2009:5.

[52] 李石宝.高师地理教育实习与地理教育人才的培养[J].教育现代化,2016,3(39):5-6.

[53] 李雁飞,陆亦农.从地理教育看提高教师素质[J].新疆师范大学学报(自然科学版),2000(3):61-66.

[54] 李营.综合大学与地方教研室协同合作的教师教育模式探析[J].中小学教师培训,2016(2):10-14.

[55] 李源田,杨冰.培育农村“种子教师”,助推城乡教育统筹发展——重庆市对“国培计划”的理论认识与实践探索[J].人民教育,2011(11):33-36.

[56] 李远平,黄润,包训成.地方高校卓越地理教师培养“四维”模式创新与实践——以皖西学院为例[J].皖西学院学报,2016,32(6):43-46.

[57] 李中轩,吴国玺.高师地理专业应用型实践教学模式的构建[J].河南教育(高教),2016(10):102-103.

[58] 李中轩.地理教师教育课程设置的现状与反思[J].中小学教师培训,2016(9):14-16.

[59] 李冬玲,李伟芳,马仁锋.网络化时代的自然地理野外实习改革[J].地球,2017(2):89-90.

[60] 林培英.中学地理信息技术教学[J].课程.教材.教法,2004(7):58-62.

[61] 林宪生,吕悦.如何提高地理教师的学科教学知识水平[J].西部素质教育,2017,3(20):113-114.

[62] 刘冰,郭志永,赵正威.浅析地理师范生教育实习的问题与对策——以河南大学为例[J].教育现代化,2017,4(10):161-163.

[63] 刘春明,程耀忠.教育国际化背景下基础教育双语师资培养实验研究——长春师范学院的实践[J].世界教育信息,2011(6):30-33.

[64] 刘桂芳,卢鹤立,杨康.河南省高校地理科学专业教育类课程建设探讨[J].中国电力教育,2014(14):154-155.

[65] 刘国军.试论当前中学地理教师继续教育课程的改革[J].课程·教材·教法,2006(4):84-87.

[66] 刘兰.美国伊利诺伊州地理教师专业知识标准简析[J].课程·教材·教法,2005(12):87-90.

[67] 刘微,高超.分层教学在地理教学中的探索和思考[J].课程教育研究,2013(7):166-167.

[68] 刘学梅，陆林，李俊峰. 双导师制：理念、行动、进路——安徽师范大学国家级地理科学特色专业师范生培养的创新探索[J]. 安徽师范大学学报（自然科学版），2013，36(2)：182-186.
[69] 刘亚琳. 从《地理教育国际宪章2016》解读地理教师专业发展[J]. 产业与科技论坛，2017，16(23)：116-117.
[70] 刘永萍. 综合大学教育科学学院要服务于教师教育的发展[J]. 晋中学院学报，2006(6)：106-107.
[71] 刘长秀，蒋溢. 从实习生的角度看高师地理教育实习[J]. 科技信息，2013(4)：53-54.
[72] 卢妍.《自然地理学》课程教师专业化发展途径研究[J]. 教育教学论坛，2017(20)：17-18.
[73] 罗娅，周秋文，张朝琼. 基于实习生认知的高校地理教育实习导师职责与指导策略[J]. 贵州师范学院学报，2015，31(9)：65-69.
[74] 骆高远，张理华. 高师学生教育实习成绩考核亟待改革[J]. 浙江师范大学报（自然科学版），1994(3)：80-87.
[75] 吕殿青，杨文，刘利科. 高师地理教育实习改革创新模式研究——构建“七段全程贯穿螺旋上升式”教育实习创新模式[J]. 科教文汇，2017(5)：60-61.
[76] 马仁锋，候勃，窦思敏，张悦. 浙江高校地理学科发展特征及社会适应性改良[J]. 宁波大学学报（教育科学版），2018，40(1)：106-111.
[77] 马仁锋，叶持跃，王益澄，邱枫. 职业规划师导向与综合性大学规划类专业核心课教学改革研究论纲[J]. 宁波大学学报（教育科学版），2013，35(2)：9-13.
[78] 马仁锋，周国强，李加林. 融入研究与编制过程的区域规划教学模式构建[J]. 宁波大学学报（教育科学版），2016，38(5)：100-104.
[79] 马仁锋. 理工兼容型规划专业“区域分析与规划”教学改革[J]. 建筑与文化，2015(6)：134-135.
[80] 马新英. 顶岗实习支教：一种教学实习模式的新探索[J]. 中国民族教育，2009(Z1)：22-24.
[81] 母小勇. 综合大学举办教师教育的条件[J]. 教师教育研究，2011，23(2)：1-6.
[82] 倪婷. 高中地理教师情感教育实施状况调查分析——以信阳市为例[J]. 信阳农业高等专科学校学报，2014，24(2)：134-136.
[83] 牛超，刘玉振. 教育类课程优化下地理师范生学科教学知识建构初探[J]. 中州大学学报，2015，32(3)：98-100.
[84] 牛继强，刘明华，徐丰，杨秀花. 素质教育背景下地理教师的GIS素质构建[J]. 地理空间信息，2013，11(1)：163-165.
[85] 彭保发，陈端吕，王亚力. 湘西北中学地理卓越教师协同培养的模式与机制探

索[J]. 湖南社会科学,2015(6):189-193.

[86] 彭晓萍. 基于高师院校成为地理教师在职培训主体的思考[J]. 邵阳学院学报(自然科学版),2008(3):108-110.

[87] 齐秀江. 高师院校地理教育实践课程的现状调查研究[J]. 黑龙江高教研究,2013,31(6):177-179.

[88] 钱国旗. 综合性大学教师教育教学改革的理论研究与实践探索[J]. 青岛大学师范学院学报,2008,25(4):109-119.

[89] 钱瑛瑛. 中美高中地理课程人文地理部分设计比较研究——以浙江省湘教版(必修二)和美国 AP 人文地理课程为例[D]. 宁波:宁波大学,2018.

[90] 秦耀辰,张广花. 高校地理科学专业教育类课程设置优化研究[J]. 继续教育研究,2014(11):128-130.

[91] 秦志英,龙良碧. 中学地理教师培训的新内容——中学地理教学中灾害教育和旅游教育的重要性[J]. 重庆教育学院学报,2001(2):84-87.

[92] 阙晓华,林志恒. 如何利用教育见习培养师范生教学实践能力[J]. 广西教育学院学报,2017(4):126-128

[93] 任丽燕. 英美高校地理学本科专业课程设置与教学特点[J]. 宁波大学学报(教育科学版),2017,39(3):76-81.

[94] 邵秀英,王红,王向东,李元平. 高等师范地理教育实习现状与规范性研究[J]. 教育理论与实践,2005(14):59-61.

[95] 施良方,崔允漷. 教学理论:课堂教学的原理、策略与研究[M]. 上海:华东师范大学出版社,1999.

[96] 史璟文,朱水萍,钟志华. 我国综合大学小学教育专业人才培养述评[J]. 北京教育学院学报,2012,26(6):48-51.

[97] 苏晨,高超,赵希宁. 课程改革深化背景下高中地理课堂"深度教学"思路探析[J]. 地理教学,2017(17):13-16.

[98] 苏晨,赵希宁,储秀丽,等. 高师院校地理教育实习存在的问题与对策[J]. 教育教学论坛,2017(48):24-25.

[99] 孙玉丽. 师范生教学技能考核实践探索[J]. 宁波大学学报(教育科学版),2012,34(5):80-84.

[100] 谭诚,高超. "知识问题化"在中学地理学科教学中的运用[J]. 地理教学,2015(16):27-30.

[101] 唐伟光. 高师院校地理教育实习培养学生教学能力的探索[J]. 广西师范学院学报(自然科学版),2000(2):88-91.

[102] 童亿勤,李加林,杨晓平. 自然地理野外实习教学体系初探[J]. 教育教学论坛,2011(7):101-102.

[103] 童亿勤.野外实习安全问题探讨[J].实验室科学,2008(2):159-160.
[104] 万敏,施长君,周海瑛,马静岩.高师地理教师职业技能训练体系构建的探索与实践[J].实验技术与管理,2012,29(7):121-124.
[105] 王晨燕,李亚莉,刘哲.地理免费师范生"2+2"教学模式的内涵及实施策略[J].西部素质教育,2015,1(10):40.
[106] 王道俊,王汉澜.教育学[M].北京:人民教育出版社,2009.
[107] 王恩才,董玉芝.地理教师教育类课程教育实践体系建构与实施策略[J].延边大学学报(自然科学版),2014,40(1):49-53.
[108] 王健.美国综合大学型教师职前培养模式的"优秀标准"及其启示[J].现代教育论丛,2009(1):67-70.
[109] 王晓霞,马瑜.综合大学教师教育体系的缺失与构建[J].陕西教育(高教版),2010(Z1):51.
[110] 王心源,常月明,高超,等.21世纪高等师范院校地理专业地质学教学体系改革研究[J].中国地质教育,2006(1):98-103.
[111] 王永刚.教育环境对教师教与学状况影响程度的实证研究[J].当代教育科学,2017(3):51-55.
[112] 王雨静,蔡安宁,徐崟尧.地理师范生地图能力培养的路径研究[J].地理教学,2015(12):7-10
[113] 韦善豪,李景芬.实施新课程标准,加大高师地理教育实习的指导力度[J].广西师范学院学报(自然科学版),2003(4):93-98.
[114] 蔚东英.论可持续发展教育对中学地理教师的挑战[J].学科教育,2004(11):25-28.
[115] 魏新玲.高中地理新课程中"活动"板块的教学实效性研究——以湘教版高中地理必修教材为例[D].宁波:宁波大学,2008.
[116] 魏彦红.教育见习:教师教育的一贯性[J].河北师范大学学报教育科学版,2007,9(3):139-141
[117] 谢国忠.教育研习:一种新的教师职前教育课程形态[J].常州工学院学报(社科版),2007(6):109-112.
[118] 徐宝芳,史利杰.中学地理实验与实习教育功能研究[J].内蒙古师范大学学报(教育科学版),2005(10):106-108.
[119] 徐文基,毛加宁.高师生教师式听课行为能力的建构——教育见习听课的"四阶段活动法"研究与实践[J].乐山师范学院学报,2008,23(11):41-43.
[120] 徐振华,高超,朱云帆.内隐学习在地理教学中的应用——以"城市化"教学设计为例[J].地理教学,2013(20):7-9.
[121] 闫璟璟,门志鹏.师范院校与非师范综合大学在教师教育改革中的定位[J].

忻州师范学院学报,2007(2):84-86.
[122] 颜艳艳,郁晓华.基于项目的体验式教育研习研究——以《计算机辅助教育导论》课程为例[J].现代教育技术,2010,20(6):121-124.
[123] 杨爱荣.高师地理教育实习与地理教育人才的培养[J].中国成人教育,2009(19):129-130.
[124] 杨立杰.新课程实施下的地理教师培训对策研究[J].长春教育学院学报,2006(3):67-68.
[125] 杨铭.基于高师地理专业教师教育类课程教学内容改革研究[J].安阳师范学院学报,2016(2):136-139.
[126] 杨茜,陶志琼,陈传锋.地方性综合大学办师范教育的利弊分析[J].沈阳师范大学学报(社会科学版),2007(4):38-41.
[127] 杨淑杰,杨立杰,张天红.新课程下地理教师专业素质的培养[J].白城师范学院学报,2008(3):93-95.
[128] 杨天平,欧玉芳.21世纪以来美国教师教育研究——基于2000—2011年JTE的可视化分析[J].教师教育研究,2014,26(3):81-89.
[129] 杨小锋,刘建林,许红叶.基于BBS的交互讨论式教育实习指导模式的构建与研究[J].渭南师范学院学报,2012,27(8):27-30.
[130] 杨载田.21世纪高师地理专业实践教学改革探索[J].湘潭师范学院学报(自然科学版),2001(1):81-85.
[131] 杨载田.新时期高师地理专业综合性实践教学课程研究与实践[J].衡阳师范学院学报(自然科学),1999(6):101-107.
[132] 叶纪林.教育研习浅论[J].甘肃政法成人教育学院学报,2007(6):152-154
[133] 叶汝坤.新建本科院校地理教师继续教育模式探讨[J].高等理科教育,2013(6):50-54.
[134] 叶叶.教育见习、研习、实习一体化实践模式的问题与管理对策研究[D].上海:华东师范大学,2013
[135] 余昌海.深化高等学校创新创业教育改革的思考[J].教育教学论坛,2017(20):125-126.
[136] 俞炯志.地理课堂"问"起来[J].教学月刊·中学版(教学管理),2014(3):54-55.
[137] 俞炯志."全球气压带、风带的分布和移动"教学设计(湘教版)[J].地理教育,2010(9):26-27.
[138] 俞炯志.地理课堂学生资源的开发与利用[J].教学月刊(中学版),2010(3):5-7.

[139] 俞炯志. 构建激活学生地理思维的课堂教学空间[J]. 地理教学,2006(2):21-22.
[140] 俞炯志. 新课程下地理课堂教学中学生问答的评价策略[J]. 教学月刊(中学版下),2005(11):40-41.
[141] 俞炯志. 国际旅游新潮流[J]. 中学地理教学参考,2005(Z1):116.
[142] 俞炯志. 新课标下地理作业的基本要求[J]. 中学地理教学参考,2004(9):16.
[143] 俞炯志. 巧用课后活动内容增添课堂教学案例——以"交通运输网中的点"为例[J]. 地理教育,2003(2):14.
[144] 俞炯志. 地球上的年[J]. 地理教育,2002(4):24.
[145] 王学先. 运用空白地图帮助学生构建心理地图[J]. 地理教学,2017(1):27-28.
[146] 林曦. 展现不同学科思维方式的"混战"——中学地理、物理关于地震波传播问题的探讨[J]. 地理教学,2015(4):32-33.
[147] 黄灵敏. "人民币导入新课"引发的风波[J]. 中学地理教学参考,2015(1):49.
[148] 黄灵敏. 地理问题的创意设计[J]. 地理教学,2014(21):35-37.
[149] 黄灵敏. 高考等值线题例归析[J]. 地理教学,2014(6):51-54.
[150] 忻科科,贾学铭,郭鹏飞,等. 一题一议[J]. 地理教育,2012(Z1):80-83.
[151] 刘长奇. 四大措施破解青藏铁路千年冻土[J]. 地理教育,2011(11):62.
[152] 刘长奇. 解析相关典故学习地理知识[J]. 地理教学,2011(15):28-29.
[153] 刘长奇. 了解鸟的习性预报天气变化[J]. 地理教学,2010(21):58.
[154] 马谷峰. 走出泥潭——分析学生常见的思维误区[J]. 地理教育,2010(10):52-53.
[155] 孙增光. 关于光照图的解答技巧——六步读图法[J]. 中学地理教学参考,1993(6):23-24.
[156] 王丽芳,康同杰. 浅谈以时尚地理刊物为素材的地理模拟题的命制过程——以《中国国家地理》为例[J]. 地理教学,2018(4):47-51.
[157] 陈继革,康同杰. 专题复习阶段板书功能再提升路径[J]. 地理教育,2017(4):24-25.
[158] 罗瑛,钱海林,康同杰. 小议"逆温"——谈一道经典试题的定义错误[J]. 中学地理教学参考,2013(11):50-51.
[159] 柳共和. 浅谈高中地理教学中多元化作业的设计与应用[J]. 中学地理教学参考,2013(7):43-44.
[160] 康同杰,潘晓敏. 浅谈高中地理主题式情境教学的特点[J]. 中学地理教学参

考,2013(5):25-26.

[161] 柳共和.问题解决教学策略在高中地理教学中的应用探讨[J].新课程(教育学术),2011(4):62-63.

[162] 刘云.如何建构有效的数学课堂教学[J].中学教学参考,2010(7):88.

[163] 刘伟龙.新课程背景下地理有效阅读能力的培养[J].新课程(教研版),2009(9):145-146.

[164] 骆海军.高中地理书面作业设计探索[J].地理教学,2014(21):38-39.

[165] 邵小峰.案例教学法在高中地理课堂中的运用研究[J].新课程研究(下旬刊),2010(5):121-122.

[166] 邵小峰.高中地理教学中的读图训练[J].新课程(中学),2010(2):59.

[167] 褚荣伟."赏识教育"在地理教学中的运用[J].地理教育,2006(4):57-58.

[168] 褚荣伟.新课程标准下学生自评与互评方式探析[J].中学地理教学参考,2005(Z2):21-23.

[169] 褚荣伟.灰霾:日益加剧的城市公害[J].中学地理教学参考,2005(3):18.

[170] 褚荣伟.借你一双慧眼,把这地图看透——地理教学中突破读图瓶颈策略谈[J].地理教育,2005(2):65-66.

[171] 潘敏芳.借得白纸一张辨析山脊山谷[J].地理教学,2002(8):42.

[172] 余中元.新课程理念下高师地理教育改革探索——海南师范大学资源环境与旅游系实例研究[J].绵阳师范学院学报,2008(5):145-151.

[173] 袁天凤,卢小丽,胡晓东,等.高师地理科学专业合作教育模式研究设想[J].内江师范学院学报,2010,25(10):91-94.

[174] 张贝贝.微格教学在地理师范生教学技能培养中的应用研究[D].郑州:河南大学,2015.

[175] 张德良.关于综合大学师范教育创新的几点认识[J].井冈山师范学院学报,2002(S1):134-136.

[176] 张广花,秦耀辰,胡良民.中国7所师范大学地理专业教育类课程的设置及其优化[J].辽宁师范大学学报(自然科学版),2014,37(4):565-571.

[177] 张广花,张倩倩,胡良民.关于高校地理师范生素养的调研分析[J].辽宁师范大学学报(自然科学版),2015,38(3):415-420.

[178] 张广花,张倩倩,胡良民.基于中学调查的高校地理师范生培养研究[J].辽宁师专学报(自然科学版),2015,17(1):90-92.

[179] 张广花,邹宁,王晓俊.学科教学(地理)专业硕士课程设置优化探讨[J].当代教育理论与实践,2017,9(7):76-78.

[180] 张海燕.教育见习:问题与对策[J].新疆师范大学学报(哲学社会科学版),2008(3):90-93.

[181] 张彦,周兴.师范院校地理科学专业毕业生就业能力探讨[J].广西教育学院学报,2010(2):124-127.

[182] 张翼然.合并组建类综合性大学师范教育的回顾与思考[J].青岛大学师范学院学报,2003(2):71-75.

[183] 张勇,向云波,邓江楼.新课改背景下高师院校地理科学专业教育实践与改革[J].当代教育理论与实践,2012,4(5):111-115.

[184] 赵炳辉.综合大学教师教育的优势、问题与对策分析[J].北华大学学报(社会科学版),2007(2):3-5.

[185] 赵敬民,彭淑贞,杨炯.地理科学专业(教师教育)实践教学内容优化研究[J].高教论坛,2011(2):50-53.

[186] 赵文英.当代地理教师专业发展的制约因素及发展途径[J].山东教育学院学报,2009,24(1):83-86.

[187] 赵希宁,高超.WebQuest在高中地理信息化教学设计中的应用[J].地理教学,2017(4):58-60.

[188] 赵希宁,高超.高中地理教学中学生知识迁移能力的影响因素分析[J].中学地理教学参考,2016(18):58-61.

[189] 赵欣如,杜春光,魏章纪,等.创新教育见习模式的探索与实践[J].科教导刊,2012(3):7-8.

[190] 郑东辉.学校本位教师专业发展的内涵解读[J].教育发展研究,2011,33(18):57-62.

[191] 仲小敏.转型时期高师职前教师教育课程的重构——以地理课程为例[J].课程·教材·教法,2011,31(8):81-88.

[192] 周松秀,庄春良,田亚平,等.新课标背景下高师地理专业实践教学体系构建探索[J].衡阳师范学院学报,2008,29(6):153-157.

[193] 周松秀.新课标背景下高师地理科学专业教学改革研究[J].当代教育论坛(学科教育研究),2008(11):91-94.

[194] 朱士鹏,张美竹,张志英.新升本院校地理师范生教学技能培养的思考[J].六盘水师范学院学报,2014,26(2):86-88.

[195] 邹君.高师地理专业校外实习基地建设的思考[J].衡阳师范学院学报,2007(3):171-173.

